SILKE SCHÄFER

DER KOSMISCHE MOMENT

Mit der
Astrologie der Neuen Zeit
in die Energie jeden Augenblicks
eintauchen

Inhalt

Die Astrologie der Neuen Zeit 7

Woher kommen wir? 21

Unendliche Weiten und du mittendrin 22
Was ist Zeit – und wer sind wir? 27

Die Absicht der Seele 31

Bevor wir inkarnieren 32
Der Weg der Inkarnation 37
Der kosmische Moment in seiner Vollkommenheit 50
Der Schöpfungsprozess 51
Perspektivenwechsel 55
Neue Zeit? Die Seele führt 62

Astrologie: Pures erhebendes Potenzial 65

Die Musik des Lebens 66
Elemente und Motivation 67

Die zwölf Sternzeichen – von Widder bis Fische 73

Widder – 21. März bis 20. April 74
Stier – 21. April bis 20. Mai 89
Zwilling – 21. Mai bis 20. Juni 106

Krebs – 21. Juni bis 22. Juli 121
Löwe – 23. Juli bis 22. August 136
Jungfrau – 23. August bis 22. September 150
Waage – 23. September bis 22. Oktober 168
Skorpion – 23. Oktober bis 21. November 185
Schütze – 22. November bis 21. Dezember 203
Steinbock – 22. Dezember bis 20. Januar 220
Wassermann – 21. Januar bis 18. Februar 238
Fische – 19. Februar bis 20. März 256

Mondknoten und Planeten 275

Mondknoten – Deine Bestimmung 276
Planeten – Deine Werkzeuge 308
Aufbau eines Horoskops 318
Sternensysteme und Fixsterne 320

Wohin gehen wir? 323

Kosmische Demut 324

Glossar 329
Literaturempfehlungen 332
Zur Autorin 335

Du kamst für diese Zeit.

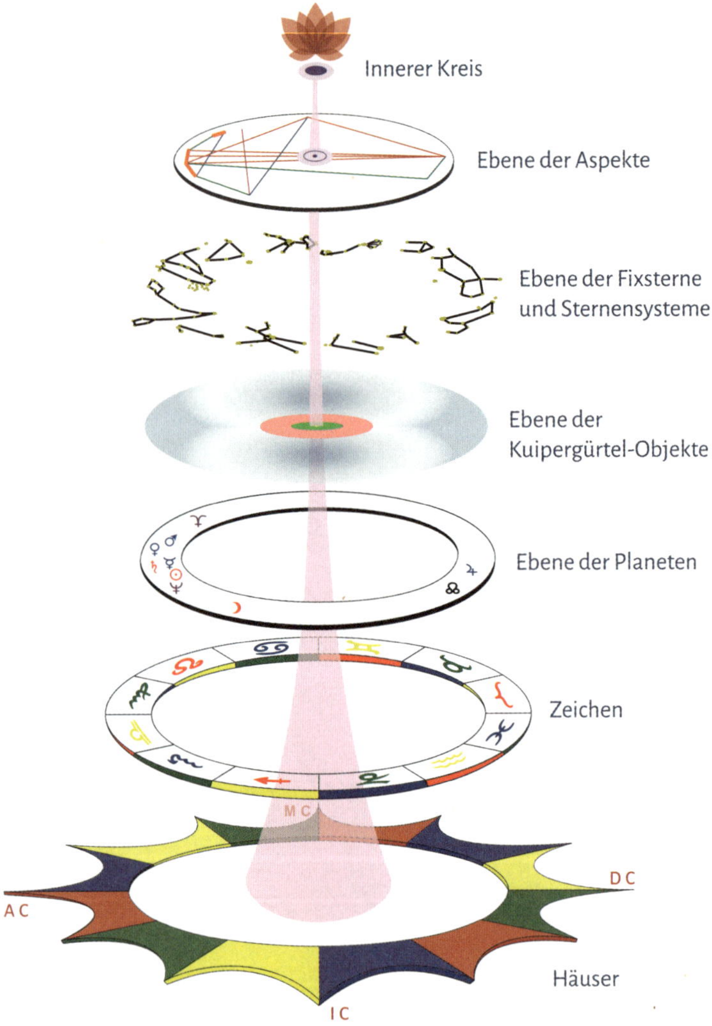

Innerer Kreis
Ebene der Aspekte
Ebene der Fixsterne und Sternensysteme
Ebene der Kuipergürtel-Objekte
Ebene der Planeten
Zeichen
MC
DC
AC
Häuser
IC

Die Astrologie der Neuen Zeit

Wirklich jeder Mensch kennt die Sterne. Beim Blick in den Nachthimmel geht von ihrer Leuchtkraft eine Faszination aus, über die schon viele Poeten geschrieben haben. Verliebte holen sich gegenseitig die Sterne vom Himmel. In der Showbranche sprechen wir von Stars. In Kinderliedern fragen wir singend, wie viel Sternlein stehen. Den Jägern und Sammlern der Frühkulturen gaben sie wichtige Hinweise für ihr Überleben. Seefahrer fanden durch die Sterne ihre sicheren Wege. Und wenn wir nicht mehr weiterwissen, verlassen wir uns darauf, dass es in den Sternen steht. Aber was steht denn eigentlich in den Sternen?

406.000.000.000.000.000.000.000 Sterne

Im sichtbaren Universum gibt es vermutlich mehr als 406 Trilliarden Sterne, also 406 Millionen Millionen Milliarden. Diese unfassbare Anzahl lässt uns erahnen, dass wir als Menschheit nur ein absolut verschwindend kleiner Teil eines gigantischen Numinosen sind. Allein unsere Heimatsonne ist nur ein Stern von etwa 300 Milliarden in unserer Galaxie, die wiederum eine von ungefähr 350 Milliarden Galaxien ist, die das Universum ausmachen. Jeglicher Versuch, die Dimensionen eines etwa 13,8 Milliarden Jahre alten Universums zu verstehen, hebelt unseren kleinen Verstand komplett aus. Und doch gab es immer Menschen, die in den Rhythmen der Sterne Naturgesetze und somit die Verbundenheit von Mensch und Kosmos erkannten.

Seit etwa 6000 Jahren jedoch scheint die Menschheit an einer Art Kollektivpsychose zu leiden: Beinahe unsere gesamte Spezies hat sich vom Kosmos abgetrennt. Unterdessen denken viele Menschen, dass ein Leben in Mangel, Stress, Negativität, Krankheit, Bedrohung, Angst und Ähnlichem der Normalzustand sei. Aber spätestens seit Corona die Welt im Sturm eroberte, entsteht im menschlichen Bewusstsein eine Offenheit gegenüber dem alten Wissen, dass der Kosmos (griechisch: »Ordnung«) das Gesamtsystems – und damit auch Planet Erde – unentwegt in Balance hält. Immer mehr Menschen suchen derzeit nach sinnvollen Antworten, wollen die Welt radikal neu denken, finden zusammen in neuen Gemeinschaften von Gleichgesinnten und öffnen sich für größere Perspektiven.

Genau hier beginnt dieses Buch: mit den Grundlagen der Harmonie des Universums, erkennbar in kosmischen Codes. Der Blick in die Sterne und deren Deutung hat sich im Laufe der Jahrtausende bis heute so weit verfeinert, dass wir die Bewegungen des Sonnensystems, in das Planet Erde eingebunden ist, wie eine Sprache lesen können. Auf der Basis von astronomischen Daten lässt sich die der Erde übergeordnete heilige Mathematik erkennen, die durch ein Horoskop (altgriechisch: »die Stunde beobachten«) für jeden Moment abgebildet werden kann. So werden Sinnzusammenhänge möglich, die unser Bewusstsein erweitern. Und ein erweitertes Bewusstsein führt immer zu Frieden.

Wir können und wir müssen das gigantische Ganze nicht verstehen. Wir können uns jedoch der Schönheit und der Schöpfungsweisheit unseres Sonnensystems öffnen, dabei unsere Wahrnehmung verfeinern und durch skalierbare Selbstähnlichkeit den größeren Plan erfassen, den schon die Alten als eines der sieben hermetischen Prinzipien erkannten.

> Das Prinzip der Analogie »Wie oben, so unten; wie innen, so außen« besagt, dass die Verhältnisse im Universum (Makrokosmos) denen im Individuum (Mikrokosmos) entsprechen und dass sie sich gegenseitig spiegeln.

Die Grundlagen der Astrologie beschreiben diese Verhältnisse und werden damit – bei entsprechender Bewusstheit – zu einem powervollen Instrument der Erkenntnis und der Charakterveredelung. Wir begreifen, dass alles mit allem verbunden und von allem durchdrungen ist. Die Feinstofflichkeitsforschung nennt es universelle Verschränkung und meint damit das Bewusstsein, dass jede noch so kleine Bewegung des Individuums immer das große gigantische Ganze beeinflusst – und umgekehrt.

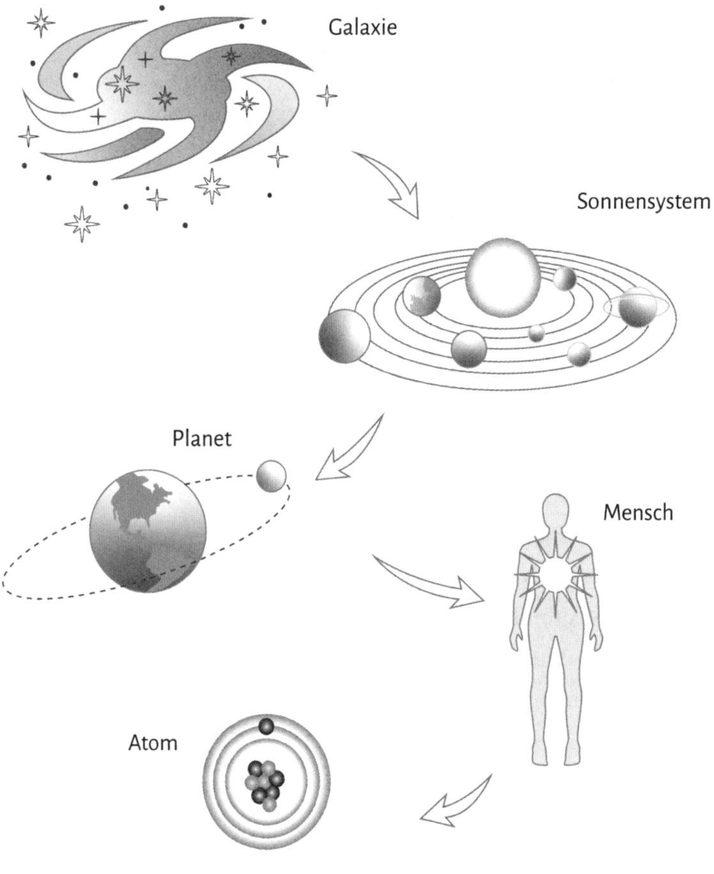

Das Erwachen hat begonnen

Spätestens mit der Ausrufung der weltweiten Pandemie in den Jahren 2020 und 2021 wurde vielen Menschen bewusst, dass wir uns an der Schwelle zu einer neuen Zeit befinden. Wir konnten fühlend die Frage stellen: Sind wir Menschen immer noch kleine abhängige, einigen wenigen Mächtigen ausgelieferte Marionetten, gefangen im krank machenden Wettbewerb einer Leistungsgesellschaft, in Unfreiheit gehalten durch zunehmende digitale Versklavung? Oder geht es hier auf Planet Erde um etwas anderes, etwas viel Größeres und etwas sehr viel Schöneres?

Es gab immer schon erwachte Menschen, Visionäre, Eingeweihte und Heilige. Aber jetzt, in einer der größten Wandlungsphasen der Gegenwartsgeschichte der Menschheit und dem damit verbundenen Wechsel in eine neue Zeit sind es die Vielen, die ihre Rückverbindung an den Kosmos erahnen, indem sie beginnen, anders zu fühlen, anders wahrzunehmen und andere Fragen zu stellen. Die Pandemie-Erfahrung, wie die Menschheit sich durch Angst und zubetonierte Vorurteile spalten ließ, wirkt hierbei als direkter Aufwachbeschleuniger. Das erwachende Bewusstsein einer allumfassenden Verbundenheit eröffnet völlig neue Perspektiven gegenüber der Schöpfung als Ganzes und damit auch gegenüber der Stellung und den Aufgaben des Menschen innerhalb des Kosmos.

Dieses Buch ist eine Einladung, unsere Weltperspektive zu erweitern. Wir verlagern den Fokus vom konventionellen einengenden materialistischen Weltbild der Spaltung und der gewohnten Hässlichkeiten (»Alte Welt«) hin zum Blick durch die Augen eines von Bewusstsein durchdrungenen Universums (»Neue Welt«). Wir skalieren sozusagen die Maßstabsebene der Frequenz unseres Blickwinkels hinauf – analog der Skala des Bewusstseins von Dr. David Hawkins, wie sie die Abbildung zeigt. Wir beginnen unsere Betrachtungen mit der Ursprungsidee der Einheit, aus der alles entsteht. Wir setzen an bei unserem höchstmöglichen Schöpfungspotenzial, das immer da ist, das allen Lebewesen in jedem Moment zugänglich ist und das in jedem Moment neues Leben in uns entfacht.

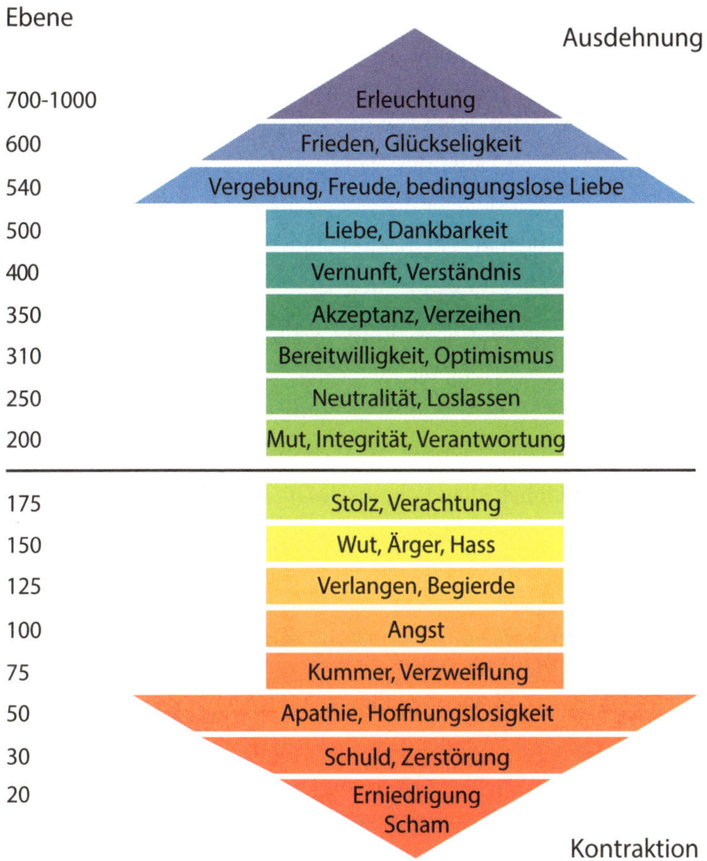

Irgendwo habe ich einmal gelesen: »The Universe comes into existence every moment.« Ja. Jeder Moment ist ein schöpferischer kosmischer Moment. Und wenn wir unter diesem Blickwinkel davon ausgehen, dass wir als eine Menschheit hier auf Planet Erde sind, um in Co-Kreation mit dem Universum Bewusstsein zu erschaffen, wird im Laufe der Zeit eine neue Beziehungskultur der Liebe, der Dankbarkeit und des Friedens am Horizont erscheinen.

Die Kunst der Astrologie kann uns hierbei unterstützen, indem sie durch verschiedene Zeitschlüssel die unsichtbaren Verbindungen und Wechselwirkungen sichtbar macht und die in den zusammenhängenden Mustern enthaltene erhabene Schönheit der Weltharmonik offenbart. So können wir uns mit »den Sternen« als Wegweiser unserer eigenen Göttlichkeit wieder bewusst werden und mit zunehmender Charakterveredelung die dichtesten Schichten des Menschseins durchlichten, in Harmonie mit dem göttlichen Plan, geführt durch ein tief in uns verankertes Gefühl der Liebe, der kosmischen Verantwortung und der Einheit allen Lebens. Das ist meine Vision.

Was du über dieses Buch wissen solltest, bevor du es liest

Dies ist ein Buch für die Neue Zeit und für jeden geistig offenen Menschen. Es ist eine Einladung, anders zu denken, fast im Sinne einer Kopernikanischen Wende: Ganzheitlich. Vernetzt. Tolerant. Auf den Punkt. In der Neuen Zeit beginnen wir, von der Ursache her zu schauen und nicht nur von der Wirkung. Dies erfordert eine Veränderung der Denkgewohnheiten, denn die Ursachen liegen immer im Großen Geist, im Spirit, im Kosmos, dessen Informationen wir nur intuitiv und niemals kognitiv erfassen können. Es ist die Intuition, die in der Neuen Zeit wieder die Führung übernehmen wird. Sensitive und hochsensitive Menschen fühlten dies immer schon und die Kinder und Jugendlichen des neuen Jahrtausends sowieso, sofern wir

ihnen Raum dafür geben. Dass wir uns in einer Wendezeit befinden, erfühlen wir daran, dass sich unsere Weltbilder in sämtlichen Lebensbereichen komplett verändern. Der Große Geist setzt neue Ursachen und in der einen Menschheit zeigt sich die Wirkung. Das eröffnet viele neue Lernfelder und noch mehr neue Möglichkeiten.
Während meiner Astrologie-Ausbildung hatte ich in den ersten anderthalb Jahren nur Kopfschmerzen und dachte: »Das verstehe ich ja nie!« Sehr komplex. Sehr kompliziert. Aber alles in mir wusste, dass die universelle Sprache meine Sprache ist. Ich musste sie nur lernen. Also fokussierte ich mich pünktlich zum ersten Saturn-Return (mit 29,5 Jahren) mit großer Freude auf das Studium der kosmischen Buchstaben, so wie ich mich damals am Gymnasium mit Leichtigkeit den kyrillischen Buchstaben der russischen Sprache gewidmet hatte.
Nach den ersten anderthalb Jahren des Astrologie-Studiums passierte dann etwas Wunderbares. Plötzlich begannen in meinem Gehirn so viele Synapsen zu feuern, dass mein Kopf über vier Monate hinweg total Karussell fuhr. Dabei konnte ich von innen zuschauen, wie ein ganzes Netzwerk an neuen leuchtenden Verbindungen entstand.

Die natürlichen mathematischen und geometrischen Zusammenhänge des Kosmos erschienen plötzlich als Bilder und Lichtlinien vor meinem inneren Auge. Sie begannen zu tanzen und Geschichten zu erzählen!

Das war und ist bis heute grandios und ließ damals ein Gefühl des Nach-Hause-Kommens entstehen. Als Kind hatte ich meine Mutter dafür bestaunt, dass sie die Schrift der Stenografie beherrschte. Ebenso staunend war ich mit meinem Vater in der Natur unterwegs gewesen, wo er mir zeigte, wie man die Spuren der Tiere lesen kann. Plötzlich konnte nun auch ich Codes lesen, ohne nachzudenken. Das änderte meinen Blick auf die Symbole radikal. Ich begann, sie zu scannen, und lernte, den Raum, der sie umgibt, also die zugrunde liegende göttliche Idee und ihre Verbindungen zu lesen. Viele meiner Gaben, die während der Regelschulzeit durch den künstlichen Leistungsstress und den Dauerzwang des Auswendiglernens systematisch verbogen oder mental von mir abgespalten wurden, fügten sich nun wieder zusammen. Es eröffnete sich mir eine neue Welt – und diese ist unerschöpflich ...

Ich schreibe dies extra, a) um dich zu warnen, dass du vielleicht manches in diesem Buch nicht sofort kognitiv verstehen wirst, und b) um dir die unnötigen Kopfschmerzen zu ersparen und dich einzuladen, deine rechte intuitive Gehirnhälfte zu aktivieren. Vorurteilsfrei.

Es gibt Unmengen von Büchern, die uns über die linke Gehirnhälfte erklären, wie wir uns von »unten nach oben« entwickeln sollten, um zur besten Version des eigenen Selbst zu werden. Sie beschreiben die Wirkung, also das Problem, und suchen im besten Fall die Ursache, also das höchste Potenzial.

In diesem Buch ist es andersherum. Ich beginne mit dem höchsten Potenzial, mit der göttlichen Ursache, und beschreibe, wie wir diese alles durchdringenden, hochkomplex miteinander interagierenden kosmischen Energien und Frequenzen durch uns im Alltag bewusst manifestieren können. Dies mag die eine oder andere Person vielleicht frustrieren, wenn der kleine Erbsenverstand in der linken Gehirnhälfte denkt: »So weit bin ich noch nicht.« In solchen Krisenmomenten hast du vier Möglichkeiten:

1. Du verschenkst das Buch an einen lieben Menschen.
2. Du legst das Buch zur Seite und versuchst es in ein paar Monaten wieder.
3. Du entspannst dein Gehirn und gehst ein paar Runden im Wald spazieren, bevor du weiterliest und fühlend erkennst, was ich mit »Neue Zeit« meine.

4. Du liest mit einem Lächeln auf dem Gesicht einfach weiter und lässt dich neugierig auf die größeren Perspektiven ein, ohne (!) dass dein Ego die Führung übernimmt. Die Synapsen für das intuitive Verstehen blitzen mit jedem Aha-Moment auf und werden mit der Zeit immer aktiver.

Und jetzt kommt die Steigerung: Ich lade dich ein, während des Lesens immer die zwölf Tierkreiszeichen als ein Ganzes zu betrachten, als ein Team, als eine Menschheit, deren Teil du bist, genau wie deine Eltern, deine Kinder, deine Bekannten, wie alle, die du nicht magst, und alle die, denen du noch nie begegnet bist. Jedes Tierkreiszeichen übernimmt in unserer Weltgemeinschaft einen Aspekt des Göttlichen, was zu einer bunten Vielfalt in der Einheit führt. Manchen von ihnen fühlst du dich verbunden, weil Resonanzen entstehen. Andere magst du vielleicht nicht besonders, weil sie Themen in dir zum Schwingen bringen, die du lieber nicht anschauen möchtest. Mit manchen hast du Seelenverträge, denen du nicht ausweichen kannst.
Es gibt aber kein besseres oder schlechteres Zeichen. Es gibt nur unterschiedliche Aufgaben und Grade des Bewusstseins. Alle zwölf Zeichen sind gleichwertig und bedingen einander, so wie in deinem physischen Körper alle Organe und Extremitäten eine Einheit bilden. Was wäre ein Fußballteam ohne den Torwart? Warum sollte im Orchester die Oboe wichtiger sein als das Cello? Dieses Buch könntest du nicht lesen, wenn du die Hälfte des Alphabets ausgrenzen würdest. Nicht jeder hat einen »grünen Daumen« oder eine Affinität für Buchhaltung oder Panzerfahren. Ein Kunde von mir wollte Konzertpianist werden, musste aber die Technikfirma des Vaters übernehmen; am Schluss waren alle unglücklich. Meine vielen Jahre in der freien Filmbranche fand ich toll, weil jeder an seinem Platz war und die Aufgaben der anderen respektierte. So haben wir gemeinsam Kunstwerke erschaffen, in denen aber nur die wenigsten aus unserem Team vor der

Kamera standen und dann auf der Leinwand zu sehen waren. Wie in jedem Team sind die Aufgaben auch in der Weltgemeinschaft unterschiedlich verteilt, was niemanden dazu berechtigt, sich selbst anderen gegenüber zu erhöhen oder zu erniedrigen oder andere zu etwas zu zwingen.

In der Schule der alten Zeit fand die ganzheitliche Sicht keine Berücksichtigung. War ein Kind nicht in die gesellschaftlichen Standards eingemittet und fiel intellektuell durch die Maschen, kam es in Förderklassen oder in ein Heim für schwer erziehbare Kinder, begleitet von der Häme der anderen. Heute erhält es Drogen, die es ruhigstellen und die Eltern wieder durchschlafen lassen. Auch Hochbegabung wurde bis jetzt entweder stigmatisiert, nicht erkannt oder mit »Elite« gleichgesetzt und durch den Ehrgeiz der Eltern qualvoll überhöht. Oder man schickt die »Schlaumeier« aufgrund der Angst vor der eigenen Unzulänglichkeit in die gesellschaftliche Verbannung der »Hochnäsigen«, für die man nur Spott übrighat.

Seit unsere Leistungsgesellschaft vor etwa 6000 Jahren ihren Siegeszug antrat, haben wir unendlich viel Potenzial vergeudet und auf allen Seiten sehr viel Leid erzeugt. Wir steckten Menschen in mentale Schubladen und in physische Konzentrationslager, weil wir mit zubetonierten Vorurteilen den Gesamtzusammenhang weder sehen noch leben konnten. Dabei ist es so einfach, jeden Menschen so zu sehen und zu verstehen, wie er wirklich ist, angefangen bei dir selbst und deiner Familie. Es braucht nur ein bisschen Lust auf Kombinatorik, ein Gefühl für die unantastbare Würde eines jeden und eine Kultiviertheit, um mit den Augen der Quelle zu schauen.

Um deinen Bezug zum Welt-Team für diese Inkarnation herzustellen und deine Position im Kosmos zu »verorten«, brauchen wir, wie beim GPS im Auto, nur drei Koordinaten: deinen Geburtstag, deinen Geburtsort auf Planet Erde und deine Geburtszeit. Durch den kosmischen Moment der Geburt erhalten wir eine in jede Richtung skalierbare Himmelskarte, wie die Franzosen sagen: Carte du ciel. Auf ihr sehen wir durch die Anordnung der Planeten in den Zeichen und Häusern die kosmischen Schwerpunkte, mit denen ein Mensch gesegnet ist. Wir sehen die Temperamente, die (Hoch-)Begabungen, die Aufgaben, das Karma, den Seelenplan und einiges mehr in einem ganzheitlichen, kosmischen, lebendigen Gefüge. Und im größeren Bild macht alles plötzlich Sinn. Alles. Ein paar Dinge sehen wir allerdings nicht: a) den Grad des Bewusstseins, b) das Geschlecht und c) wie ein Mensch sich entscheidet.

Wir alle sind von den Frequenzen des ganzen Kosmos durchdrungen, die in einer Art Basisprogramm in zwölf Tierkreiszeichen aufgeschlüsselt sind.

Jeder kennt die Energie, den ersten Schritt zu gehen (Widder), etwas manifestieren zu wollen (Stier), in Kommunikation zu treten (Zwilling), Geborgenheit zu schaffen (Krebs), selbstbewusst aufzutreten (Löwe), die heilige Ordnung herzustellen (Jungfrau), das Gleichgewicht zu halten (Waage), durch Krisen zu gehen (Skorpion), große Einsichten zu gewinnen (Schütze), Eigenverantwortung zu übernehmen (Steinbock), mit Gleichgesinnten die Welt zu verändern (Wassermann) und inneren Frieden zu finden (Fische). Je nach Vorliebe, Veranlagung und Interesse setzen wir privat und beruflich unsere Schwerpunkte, was im besten Fall zu Begeisterung, Erfüllung und einem tollen Teamgeist führt. In Schulklassen zum Beispiel ist ein Blick auf die Horoskope der Kinder sehr hilfreich, da man durch die Position der Lernplaneten Jupiter und Saturn das Lernverhalten einer ganzen Klassengemeinschaft sehen und gezielt fördern kann. Und so ginge das in allen Lebensbereichen.

Du kannst schon mit ganz wenigen Informationen zu einem größeren Verständnis kommen, angefangen mit den drei Tierkreiszeichen, in denen die Sonne (Identität), der Mond (Freude und Bedürfnisse) und der Aszendent (Seelenaufgabe) stehen. Die Richtung des Mondknotens in Haus und Zeichen beschreibt deine Bestimmung in dieser Inkarnation, also die Frequenz, die du hier auf Planet Erde lernen willst, was absolut faszinierend ist. Übe dich darin, zu erkennen, wer welche Gaben und Aufgaben übernimmt, insbesondere in deinem engeren Familien- und Freundeskreis. Dann schau dich um in der Welt und entdecke, wer mit welchen Energien gesegnet ist, auch in deinem beruflichen Umfeld. Und dann erkenne, dass die ganze Menschheit ein einziges Team ist. Es gibt keinen besseren oder schlechteren Menschen.

Es gibt nur unterschiedliche Grade des Bewusstseins.
Alles gehört zusammen. Das ist Neue-Zeit-Denken.

Mir hat es große Freude bereitet, mich gegenüber der Seele dieses Buches zu öffnen und aus der Sicht der Neuen Zeit über unsere höchsten Potenziale zu schreiben, die perfekt und sinnvoll eingebettet sind in ein gigantisches, unfassbares Universum. Dieses Buch konzentriert sich aber bewusst und in Kurzform nur auf das Wesentliche und das Höchste, um dir die Möglichkeit zu bieten, dich aus der Perspektive der göttlichen Idee kennenzulernen und dein eigenverantwortliches Streben in diese Richtung zu lenken. Es ist kein Rezeptbuch mit Lebensanleitung, was du zu tun hättest, sondern eine Einladung an deine Selbstständigkeit, denn die Neue Zeit ist eine Zeit der Selbsteinweihung durch ganzheitliches Sehen. Jeder Mensch, der sich ein bisschen für seine innere Natur und seinen Bezug zum Kosmos interessiert, kann spielerisch mit dem Forschen und Staunen beginnen, ohne gleich alles verstehen zu müssen. Und »alles« steht sowieso nicht in diesem Buch. Es ist eher eine Einladung, deine Intuition zu schulen, dein kleines Ich führen zu lernen und ganz ohne Kopfschmerzen in deinem eigenen Tempo Verknüpfungen herzustellen, so wie es Immanuel Kant 1788 formulierte: »Zwei Dinge erfüllen das Gemüt mit immer neuer Bewunderung und Ehrfurcht, je öfter und anhaltender sich das Nachdenken damit beschäftigt: Der bestirnte Himmel über mir und das moralische Gesetz in mir. Ich sehe sie beide vor mir und verknüpfe sie unmittelbar mit dem Bewusstsein meiner Existenz.« Dieses Buch ist ein Einstieg in den Kosmos. Deine Aha-Erlebnisse weisen dir den Weg.

So gilt mein großer Dank ganz besonders Anja Schmidt und Ulrich Ehrlenspiel für ihren Mut, dieses Buch in Auftrag gegeben zu haben und es zudem auch noch als erstes astrologisches Werk in ihr neu gegründetes Label Unum aufzunehmen. Weitere Bücher werden folgen.

Eine umfassende Vertiefung der Astrologie biete ich über die Lern-Videos in meiner kostenpflichtigen Community an, über kostenfreie Videos auf meinem YouTube-Kanal und über verschiedene andere Angebote, einsehbar im Shop auf meiner Website SilkeSchaefer.com.

Es ist mir wahrlich eine Ehre, als Brückenbauerin unsere Zeitenwende auf diese Art mitprägen zu dürfen und das, was wir »Aufstieg« nennen, mit Rückerinnern und kosmischer Demut gleichzusetzen.

In unzerstörbarer Verbundenheit, von Herzen
Silke Schäfer

WOHER KOMMEN WIR?

Unendliche Weiten und du mittendrin

Es ist immer eine Frage der Perspektive. Jeder einzelne Moment unseres Daseins steht in einem Zusammenhang. Nur in welchem? Und kann man das messen? Oder benennen?
Um geboren zu werden, brauchen wir:

2 Eltern
4 Großeltern (1)
8 Urgroßeltern (2)
16 Ururgroßeltern (3)
32 Urururgroßeltern (4)
64 Penta-Großeltern (5)
128 Hexa-Großeltern (6)
256 Hepta-Großeltern (7)
512 Octa-Großeltern (8)
1.073.741.824 Ahnen (29)

In nur ungefähr 300 Jahren, bevor wir uns hier auf Planet Erde geboren haben, sind uns elf Generationen von 4.096 Ahnen vorausgegangen. In der 19. Generation sind es schon eine Million direkte Vorfahren. In etwa 700 Jahren in der 29. Generation sind es eine Milliarde Verwandte … Die Erbforschung befasst sich intensiv mit den Genen, die in diesen langen Folgen weitergegeben werden, also mit dem »menschlichen Material«. Meist wird hier auch Ausschau gehalten nach vererbten Talenten: musikalisch, künstlerisch, mathematisch, sportlich. In der Astrologie entspricht dies den vier Temperamenten Feuer, Erde, Wasser und Luft.

Doch was wissen wir über das Leben? Und was wissen wir über den Sinn des Lebens? Um ein Verständnis für den tieferen Sinn aller lebendigen Prozesse unseres Planeten Erde und all ihrer derzeit knapp acht Milliarden Menschen zu gewinnen, müssen wir unseren Geist ausdehnen. Planet Erde ist nicht nur unser Heimatplanet für eine gewisse Zeit, sondern die Erde ist mit ihren 4,5 Milliarden Jahren auch unsere kosmische Adresse als Teil des Sonnensystems, das vor fast 5 Milliarden Jahren entstand. Unsere Heimatgalaxie, in der sich unser Sonnensystem befindet, ist die Milchstraße. Das Milchstraßensystem gehört zu einer Lokalen Gruppe, zu der auch unsere Nachbargalaxie, die Andromeda-Galaxie, gehört. Die Lokale Gruppe wiederum ist Teil des Virgo-Superhaufens, eines Supergalaxienhaufens. Jede Galaxie enthält Milliarden von Sonnen und unzähligen Welten.

Selbst der gesamte Virgo-Superhaufen bildet aber nur einen kleinen Teil des Universums. Der Kosmos im größten Maßstab, den wir kennen – also das beobachtbare Universum – ist eine Art Netzwerk von hundert Milliarden Galaxien. Unsere Heimatgalaxie ist eine davon. Unser kosmischer Horizont ist das, wie weit wir in der Raumzeit sehen können. Jenseits davon liegen Teile, die zu weit entfernt sind, als dass uns ihr Licht hätte erreichen können in den 13,8 Milliarden Jahren dieses Universums, das sich ständig verändert: Jeden Tag entstehen 275 Millionen neue Sterne und Planeten. Ebenso viele erreichen ihr Ende. Und alle sind unentwegt in Bewegung.

Das menschliche Auge erkennt nur einen kleinen Teil des Lichts im Kosmos. Viele Menschen vermuten jedoch, dass all die Welten, Sterne, Galaxien und Superhaufen des beobachtbaren Universums nur eine kleine Blase in einem unendlichen Ozean anderer Universen sind. Ein Multiversum. Welten ohne Ende.

Wir wohnen also ganz am Rand einer unbedeutenden Galaxie, irgendwo in einem ausgedehnten Multiversum, und sind vollkommen unscheinbar in einer überwältigenden Unermesslichkeit, die niemand in seiner Gesamtheit begreifen kann. Im realen Universum gibt es so viele Sterne, wie es Wassertropfen in allen Meeren des Planeten Erde oder Sandkörner an allen Stränden und in allen Wüsten unseres Planeten gibt. Unsere Heimatsonne ist nur ein Stern von ihnen. Sind wir angesichts solcher astronomischen Maßstäbe nicht unbedeutend?

Die kosmische Perspektive ist recht neu

Es ist tatsächlich erst 400 Jahre her, dass sich unsere kosmische Perspektive änderte. 1599 »wusste« jeder, dass wir mit einem stillstehenden Planeten Erde im Mittelpunkt eines kleinen Universums stehen, das für uns gemacht ist. Sonne, Planeten und Sterne waren nur Lichter am Himmel, die sich um die Erde drehten – bis der Astronom Nikolaus Kopernikus (*19.2.1473) den radikalen Vorschlag machte, dass wir nicht der Mittelpunkt des Universums sind. In der Idee, dass die Erde sich um die Sonne drehen würde, sahen viele, auch Luther, einen skandalösen Affront gegen die Heilige Schrift, aber die Ablösung des bis dahin gültigen geozentrischen Systems nach Ptolemäus war eingeleitet. Dann tauchte ein junger Dominikanermönch in Neapel auf. Der herausragende Denker Giordano Bruno (*Januar 1548) wollte die Geheimnisse des Universums verstehen und begann, verbotene Bücher zu lesen, in die die Kirche fast die gesamte wissenschaftliche Literatur eingebracht hatte, die nicht der biblischen Geschichte entsprach. Mit 30 hatte er eine Vision von einer neuen Sicht des Kosmos und förderte das heliozentrische, sonnenzentrierte Weltbild des Kopernikus. Nachdem er eine Offenbarung der Grenzenlosigkeit erlebt hatte, wurde Bruno zum Prediger und verbreitete seine kosmologischen Heilsbotschaften in ganz Europa, wurde jedoch überall ausgeschlossen, denn seine Gedanken schienen für diese Zeit zu unglaublich. Seine Wahrheit war die Unendlichkeit des Weltraums und die Überzeugung, dass es auch andere Welten gab – damals zu revolutionär!

Bruno lebte in einer Zeit, in der es keine Trennung von Kirche und Staat gab und auch nicht die Vorstellung, dass Redefreiheit das heilige Recht eines jeden Menschen ist. So dauerte es nicht lange, bis er in die Fänge der Gedankenpolizei geriet, denn er hatte sich gegen das kirchliche Dogma ausgesprochen. Die römisch-katholische Kirche unterhielt das Gerichtssystem der Inquisition, dessen einzige Aufgabe es war, jeden zu verfolgen und zu drangsalieren, der es wagte, abweichende Meinungen zu äußern. Wenn Bruno mit seinen Enthüllungen über das Universum recht hätte, wären die Heiligen Schriften und die Autorität der Kirche anfechtbar. Brunos Weg endete schließlich am 17. Februar 1600 in Rom auf dem Scheiterhaufen, da er sich auch in den Fängen der Inquisition standhaft weigerte, seinen Thesen abzuschwören. Giordano Bruno wurde bis heute von der Kirche nicht rehabilitiert.

Blicke durchs Teleskop – auf die kosmische Realität

Knapp zehn Jahre nach Brunos Märtyrertum blickte der italienische Universalgelehrte und Astronom Galileo Galilei (*15.2.1564) zum ersten Mal durch ein Teleskop und erkannte, dass Bruno vollkommen recht hatte. Dieser kosmische Moment im Dezember 1609 war die Geburtsstunde der modernen Astronomie und besiegelte eine monumentale Zeitenwende. Galilei war imstande, das heliozentrische Weltbild zu beweisen, womit er das Weltbild der Kirche ins Wanken brachte. Der darauffolgende Streit mit der Kirche endete mit dem juristischen Sieg der Gedankenpolizei. Die Angst vor Folter und Scheiterhaufen bezwang ihn: Am 22. Juni 1633 schwor Galilei vor der Inquisition ab und begründete damit ein problematisches Verhältnis zwischen Kirche und Naturwissenschaften.

Von seiner Überzeugung, dass sich nicht die Sonne, sondern die Erde bewege, ließ er trotz des Widerrufs nicht ab. »Eppur si muove! Und sie bewegt sich doch!« soll Galilei gemurmelt haben, als er nach seiner Verurteilung den Raum verließ. Erst 360 Jahre später, am 31. Oktober 1992, rehabilitierte ihn die katholische Kirche durch Johannes Paul II. Ein wahrlich kosmischer Moment.

Weltharmonik und die Geometrie der Schöpfung

Mithilfe des deutschen Astronomen und Astrologen Johannes Kepler (*27.12.1571) konnte sich das heliozentrische Weltbild theoretisch widerspruchsfrei begründet auch im Bewusstsein der Öffentlichkeit durchsetzen. In seiner Astrophysik gelang es ihm, die im Makrokosmos wirksamen geometrischen Formprinzipien zu entdecken, und er formulierte die drei Keplerschen Gesetze über die Bahnen der Planeten um die Sonne.

Keplers wichtigstes Werk wurde die »Weltharmonik« (»Harmonices mundi«) aus dem Jahr 1619. Darin beruft er sich auf die Philosophie der Pythagoräer: In Gottes Bau der Welt seien Proportionen, Formen und Strukturen maßgeblich; Gesetz, Ordnung, Sinn und Rechtmäßigkeit seien in den Zahlen der Mathematik zu finden. Ähnliche Gedanken fänden sich schon in der Bibel: »Du hast alles nach Maß, Zahl und Gewicht geordnet« (Weisheit XI, 21). Kepler verstand geometrische Verhältnisse buchstäblich als »Gedanken Gottes«, als eine Art Logos: die heilige Geometrie vor der Schöpfung im Gedanken Gottes, der noch nicht manifest ist, sowie die heilige Geometrie der Schöpfung als Archetypus des Kosmos. Diese Weltharmonik und ihre Ordnung im Sonnensystem kennen wir heute als die Signatur der Sphären und die Basis der Astrologie. Die gleichen geometrischen Figuren, die wir in Blüten, Kristallen und Schneeflocken finden, entstehen als Sternfiguren von grandioser Schönheit durch die Bewegungsbeziehungen der Planeten (mehr dazu im Glossar unter dem Begriff Sternfiguren).

Was ist Zeit – und wer sind wir?

Wie können wir Menschen, die wir kaum mehr als 100 Jahre leben, nun darauf hoffen, unseren Platz im Kosmos, geschweige denn die Zeit zu begreifen, die die Geschichte des Kosmos umfasst und irgendeinen Sinn enthält? Um nur ein Gefühl für die kosmischen Dimensionen zu erhalten, können wir die Lebensdauer des Universums von etwa 13,8 Milliarden Jahren herunterskalieren auf ein Kalenderjahr. Die Geburt des Universums legen wir auf den 1. Januar des kosmischen Kalenders, auf den Moment, an dem unser gesamtes Universum aus einem einzigen Punkt hervorging.

In diesem Kalender entstand unsere Milchstraße vor etwa 11 Milliarden Jahren, das war der 15. März des kosmischen Jahres. Der Geburtstag unserer Sonne war der 31. August. Vor 4,5 Milliarden Jahren entstand die Erde. Am 21. September, also vor 3,5 Milliarden Jahren, begann das Leben auf Planet Erde. Am 17. Dezember erschienen die ersten Tiere. Am 28. Dezember erblühte die erste Blume. Und wir Menschen erschienen erst am 31. Dezember um 23:59 und 46 Sekunden. Das heißt, die gesamte überlieferte Geschichte der Menschheit umfasst nur die letzten 14 Sekunden des kosmischen Kalenders.

Wir sind absolute Neulinge im Kosmos!

In diesen letzten Sekunden des kosmischen Kalenders waren wir während 40.000 Generationen Nomaden, Jäger und Sammler. Unser Überleben hing davon ab, die Sterne lesen zu können, um das Anbrechen des Winters und die Wanderung von Wildtieren vorhersagen zu können. Vor etwa 10.000 Jahren kam es zu einer Revolution in unserer Lebensweise: Unsere Vorfahren lernten, ihre Umwelt zu gestalten. Sie kultivierten Pflanzen, zähmten Tiere, machten Land urbar und wurden sesshaft. Das änderte alles! Dieser grundlegende Wandel beschreibt den Wechsel vom Zwilling-Zeitalter in das Stier-Zeitalter.

Erst zwei Sekunden vor Silvester entdeckten wir, dass die Erde aus zwei Halbkugeln besteht. Und in der allerletzten Sekunde dieses kosmischen Kalenderjahres begannen wir, mithilfe der Wissenschaft die Geheimnisse der Natur und ihrer Gesetze zu enthüllen.

In nur vier Jahrhunderten nach Galileos erstem Blick durch ein Teleskop gelang es uns, durch Raum und Zeit zu sehen und anhand von Fixsternen, extragalaktischen Radioquellen und supermassereichen Schwarzen Löchern (Quasare) zu erkennen, wo wir im Kosmos stehen. Der Ursprung unseres galaktischen Koordinatensystems, über das die Generalversammlung der Internationalen Astronomischen Union (IAU) in Wien entscheidet, wurde in das Schwerkraftzentrum unseres Sonnensystems gelegt, also in den Mittelpunkt unserer Sonne – ein kleiner Stern von etwa 1,8 Milliarden Sternen, die bisher mit dem Weltraumteleskop Gaia der ESA aufgenommen wurden. Das neue James-Webb-Weltraumteleskop der NASA startete am 25.12.2021 und wird nun tiefer ins Universum hineinschauen als jedes Teleskop zuvor.

Jenseits aller Technologien wissen wir heute durch unsere sich stets erweiternde spirituelle Perspektive, dass wir eine geistige Gemeinschaft sind, die bis zurück zu den Sternen reicht. In unseren physischen Augen gibt es mehr Atome als Sterne im Universum. Mit jedem Atemzug atmen wir so viele Moleküle ein, wie es Sterne im sichtbaren Universum gibt. Sie waren schon in den Lungen aller Menschen, die vor uns gelebt haben. Unser Atem wird über alle Kontinente verteilt. Viele alte Schriften erzählen davon, dass es ein universelles Bewusstsein gibt, das den ganzen Kosmos als lebendes Wesen durchzieht, dass wir eine kleine Zelle in diesem größeren lebenden Wesen sind und die heilige Geometrie die Grundlage aller Formen im Universum bildet. Das Feld um unsere Sonne herum ist aufgebaut wie ein riesiger Torus und die Muster der einzelnen Himmelskörper in diesem Feld ergeben in Ablauf und Form immer wieder geometrische Grundmuster und Proportionen, wie sie Leonardo da Vinci in seinen Zeichnungen sichtbar machte. Die hermetischen Gesetze, die ich dir noch einzeln vorstellen werde, stellen eine Sammlung von Grundregeln zum Aufbau des Universums dar. Im Feld des Bewusstseins sind alle Welten und Universen vorhanden, nur getrennt durch unterschiedliche Schwingungsfrequenzen.

Und wo geschieht die Verbindung von allem mit allem? Am heiligsten Platz des ganzen Universums: in unserem Herz. Wir alle gehen hervor aus dem Einen und das Eine manifestiert sich in uns vielen. In jedem gegenwärtigen Moment. Immer im Jetzt. Dies zu erkennen ist die Geburt unserer kosmischen Verantwortung und der Beginn der Erinnerung an den Weg nach Hause.

★

DIE ABSICHT DER SEELE

Bevor wir inkarnieren

Die Seele in jedem von uns wird von einer Vielfalt von kosmischen Gesetzen geführt. Eines dieser Gesetze ist das Gesetz des Dienstes. Jede Seele möchte die in ihrer Natur liegende Weisheit und Liebe durch die Persönlichkeit, das tiefere Selbst, ausdrücken, ohne dass ihr das Ego in den Weg kommt. Dies geschieht dadurch, dass sie einen aufbauenden Beitrag für etwas leistet, das über sich selbst hinausgeht, und das nennen wir den Dienst am Planeten. Dieser Dienst ist die Grundlage für das Verständnis eines seelenerfüllten Lebens. Je mehr wir mit der Seele in Kontakt sind, desto mehr erscheint ganz natürlich der Wunsch, der Welt zu dienen. An der Stärke dieses Wunsches können wir quasi unseren Grad des Erwachens erkennen. Und dies ist ein großer Sprung in der Bewusstseinsevolution der Menschheit.

Über Tausende von Jahren ist die Seele für uns unbewusst. Über viele Inkarnationen haben wir unsere Persönlichkeit, unser Ego, entwickelt, während die Seele hinter den Kulissen wartete. Irgendwann im Laufe der evolutionären Reise erreichen wir einen Punkt, wo wir das erste Mal in Kontakt mit der Seele kommen. Diesen grandiosen Moment nennen wir Erwachen. Dies ist ein monumentaler Moment im Leben eines jeden Menschen, denn wir kommen in Kontakt mit etwas Größerem, mit einer Art innerer, angeborener Weisheit jenseits unseres Verstandes. Es ist der besondere kosmische Moment, wo du zum ersten Mal deine eigene Dualität erkennst, das Höhere und das Tiefere Selbst. Es taucht diese Ahnung auf, dass es da etwas in dir gibt, das du zu werden bestimmt bist. So beginnt eine neue Qualität von Disziplin und eine Überzeugung erwacht, dass du dies leben willst. Der anstrengende Teil der Transformation des Egos beginnt, damit das Ego der Seele dient – und nicht andersherum. Lass uns also in diesem Buch vom Idealfall aus der Sicht der Seele ausgehen.

Die Präzision des kosmischen Momentes

Zu gegebener Zeit beabsichtigt die Seele, mit einem Aspekt von sich auf dem wunderbaren Planeten Erde zu inkarnieren, um in dieser Inkarnation (*in carne*: »Fleischwerdung«) neue Wachstumsschritte erleben zu können. Für ihre Geburt wählt die Seele vorausschauend sehr sorgfältig die exakte Geburtszeit und den korrekten geografischen Ort auf Planet Erde. Diese Präzision ist deswegen so bedeutungsvoll, da es sich bei jeder Geburt um einen ganz besonderen Moment handelt, der eine ganz spezifische Energie beinhaltet, die den Weg der Seele prägt. Wir können dies mit einer Wanderung vergleichen. Bevor du startest, wird alles, was du für deinen Weg brauchst, sorgfältig vorbereitet. Und dann heißt es: Auf die Plätze – fertig – los. Bevor es losgeht, ist alles fertig.

Genauso verhält es sich mit dem Moment unserer Geburt. Auf den unsichtbaren Ebenen wird für unsere Geburt alles das akkurat vorbereitet, was wir für diese Inkarnation brauchen. Dann naht der besondere Geburtsmoment, der bewusst in Zeit und Raum für einen ganz bestimmten Ort auf Planet Erde gewählt wird, sodass die sehr akkurate Vorbereitung in diesen heiligen Moment des Beginns hineinfließen kann. Die Geburtsumstände – egal, wie schön oder »nicht schön« sie sein mögen – bilden den Boden für die Entfaltung unseres inneren Seelenwissens, das wir mitbringen.

Ich kann es gar nicht oft genug wiederholen: Durch die Absicht der Seele kommt es zu einer bewussten Wahl des kosmischen Geburtsmomentes, der es der Seele erlaubt, ihrer Absicht zu folgen und im Laufe der Inkarnation genau die Menschen zu treffen und genau die Schicksalswendungen zu wählen, die für ihre Entwicklung als Seele und für die Entwicklung der ganzen Galaxie wichtig sind. Der Geburtsmoment ist somit absolut perfekt abgestimmt auf alle Faktoren und Einflüsse, die für diesen Menschen und durch diesen Menschen wichtig sind.

Um dies zu erreichen, geht es jedoch um sehr viel mehr als nur um eine Seele, die sich als eine unter vielen inkarniert. Damit die Seele während der gesamten Inkarnation auf ihrer Spur bleiben kann, kommen noch weitaus größere Einflüsse hinzu. Diese Aufgabe übernehmen insbesondere die Planeten des Sonnensystems, deren Beziehungen zum Menschen auf Planet Erde im Horoskop sichtbar werden.

Das Leben ist kein Zufall

So gesehen sind der exakte Geburtsmoment und die Geburtsumstände für einen Menschen von entscheidender Wichtigkeit, um auf all die unendlich vielen Faktoren und Einflüsse, die die Gesamtheit seines Lebens ausmachen, reagieren zu können, damit die Absicht der Seele erfüllt werden kann. Es muss also aus der Seelenperspektive alles akkurat stimmen – sowohl für die Seele, die sich inkarniert, als auch für sämtliche kollektiven und galaktischen Erfahrungen, die mit dem kosmischen Moment der Geburt zusammenhängen. Und dies gilt natürlich für alle Seelen, die sich inkarnieren. Es ist ein gigantisches, nicht fassbares »logistisches« Unterfangen mit 82 377 000 Babys, die jedes Jahr weltweit geboren werden, also mit 157 Geburten pro Minute (Stand: 2020) und allen Familienmitgliedern mit wiederum all ihren eigenen Seelenplänen, die durch die Ankunft eines Babys im perfekten Moment einen neuen Einfluss erfahren.

Es spielt somit bereits vorgeburtlich alles in einer hochgradigen Komplexität zusammen, die unseren kleinen Erbsenverstand schlicht und einfach sprengen würden. Aber – und das ist das Wunderbare – wir können die Komplexität herunterskalieren, mithilfe eines Horoskopes darstellen und in den Seelenplänen lesen wie in einem Buch.

Wir alle werden für eine ganz bestimmte Zeitspanne mit einer ganz bestimmten Aufgabe, einem unendlichen Potenzial und ebenso unendlichen Möglichkeiten geboren, die in verschiedenen Zeitlinien und Bewusstseinsebenen sich miteinander beeinflussend gelebt werden können. Um dieses Potenzial im höchsten Maße ausschöpfen zu können, ist das gesamte Universum in steter, direkter Kommunikation mit der Seele eines jeden von uns, die wir hier in dieser physischen Welt inkarniert sind. Die zwei magischen Schlüssel für das Erfüllen der Seelenpläne sind der Respekt gegenüber dem Universum und die Co-Kreation mit der Schöpfungsordnung.

Auch wenn der Himmel bedeckt ist und wir weder die Sonne noch die Planeten sehen können, sind deren Einflüsse immer da, sowohl individuell als auch kollektiv. Wir fühlen es durch eine innere Führung, durch ein inneres Drängen, durch unsere innere Stimme, insbesondere dann, wenn wir an eine Weggabelung kommen und unser Leben eine neue Richtung nehmen will.

Wenn wir nur einen Bruchteil dessen erahnen, was in einem Menschenleben durch die schöpferische Co-Kreation mit dem Universum möglich werden kann, können wir fühlen: Es ist wahrlich eine Ehre, als ein kleiner, aber wichtiger Teil des Universums hier auf Planet Erde inkarniert zu sein. Und wir können fühlen, dass die Geburt eines Menschen etwas ausgesprochen Heiliges ist, dem wir mit größter Dankbarkeit und höchster Wertschätzung begegnen sollten.

Während der Schwangerschaft mit meiner Tochter war ich zutiefst berührt, als ich solch eine Ehrerbietung direkt und einfach so erfuhr. Hochschwanger begegnete ich auf meinem Weg ins Dorf einem Herrn in seinen Achtzigern. Es war Anfang April, die Sonne schien, und der Herr strahlte immer stärker, je näher wir uns kamen. Sein freundliches Wesen und seine langsamen Bewegungen luden mich ein, auf dem Sandweg am Rand der saftigen Wiese stehen zu bleiben und seinen Worten zu lauschen. Er schaute zunächst auf meinen kugelrunden

Bauch und dann in meine mit Liebe gefüllten Augen und sagte in ruhigem Ton: »Sie sind gesegnet. Sie tragen eine heilige Frucht.« Dann verneigte er sich und ging seines Weges.

Elternschaft

Auch die Seelen der zukünftigen Eltern kennen den Plan und inspirieren die zukünftige Mutter und den zukünftigen Vater, ein inneres Wissen zu entwickeln, zu gegebener Zeit Eltern zu werden. Irgendwann steigen schöne Gefühle auf und aktivieren ihre Bereitschaft, sich für das Göttliche zu öffnen, was im Horoskop der werdenden Eltern durch Transite, Progressionen und den Alterspunkt erkennbar ist.
Noch ahnen sie nicht, dass sie als Eltern in die höchsten Himmel der Liebe emporgehoben und in die tiefsten Krisen gestürzt werden durch die Schönheiten des Universums, die plötzlich in ihrer Welt sichtbar werden und alles Gewohnte auf den Kopf stellen werden.
Aber dann naht der Moment, in dem die magnetische Liebe zueinander und die Freude füreinander so groß sind, dass es zur Vereinigung kommt. Ein kosmisches Fest wird gefeiert, wenn zwei Menschen aus der Tiefe ihrer Liebe Ja sagen zu ihrer Verantwortung, miteinander Eltern zu werden. Ihre Seelen stehen in direktem Kontakt mit der Seele (oder den Seelen), die zu ihnen kommen wird. Ein Freudentanz herrscht auf den Ebenen des Unsichtbaren, denn es bereitet sich ein heilender Segen vor, der über Planet Erde kommen wird.
Hellsichtige können diese vorkörperliche Kommunikation von Seele zu Seele sehen. Der begnadete visionäre Künstler Alex Grey nimmt uns in seinem Bildband *Sacred Mirrors* mit in genau diese Welt, indem er uns die gesamte Bandbreite der menschlichen Erfahrung vor Augen führt – von der vorkörperlichen bis zum Tod – und sie mit seiner »Vision vom kosmischen Bewusstseinsgitter« verbindet. Dieser faszinierende Bildband aus dem Jahr 2008 ist mittlerweile zum Kult geworden.

Mitunter tauchen Fragen nach dem besten Zeugungsmoment auf. Oder es werden neugierige, auf Angst und Kontrolle basierende Fragen nach dem perfekten Geburtsmoment gestellt: »Es wird zu einem geplanten Kaiserschnitt kommen und ich darf zwischen vier Terminen wählen, an denen der Arzt operiert. Welcher Termin ist der beste?« Selbstverständlich lehne ich die Beantwortung solcher Fragen kategorisch ab, denn auch wenn ich es könnte, werde ich nicht eingreifen in die heilige Schöpfungsharmonik, die in sich bereits den perfekten kosmischen Moment kennt. Dies anzuerkennen erfordert ein hohes Maß an Demut seitens aller Beteiligten.

Der Weg der Inkarnation

Egal, ob es sich um eine Galaxie, ein Sonnensystem, einen Planeten, einen Menschen oder um ein Atom handelt – der Weg der Inkarnation ist in seinem Ablauf immer der gleiche: vom Feinstofflichen ins Grobstoffliche und wieder zurück ins Feinstoffliche, mit einem volleren Bewusstsein.

Die Inkarnation als Mensch beginnt in dem Moment, in dem die Seele einen Impuls zur Inkarnation aussendet. Durch diesen Impuls verlässt ein Seelenaspekt die formlose Einheit und inkarniert in die dichteste Dichte der Materie. Aber wir alle wissen, dass wir nicht nur aus unserem physischen Körper bestehen, sondern aus verschiedenen Körpern, die uns energetisch durchdringen. Diese Körper werden durch die Seelenenergie gebaut, da die Grundqualität der Seele immer magnetische Liebe ist. Die Seele ist sozusagen die Vermittlerin, die den göttlichen Funken (Geist) und das Menschwerden (Körper) zusammenführt und durch ihren Magnetismus Geist, Seele und Körper zur heiligen Trinität verbindet.

Zyklus der Inkarnationen

A. Die Seele sendet den Impuls zur Inkarnation aus

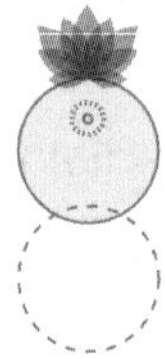

B. Gestaltung des Mental-Körpers

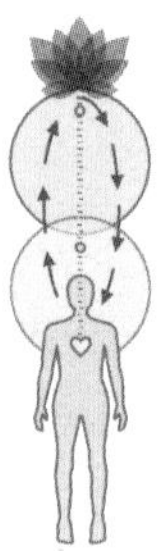

F. Das individuelle Leben erweitert sein Bewusstsein

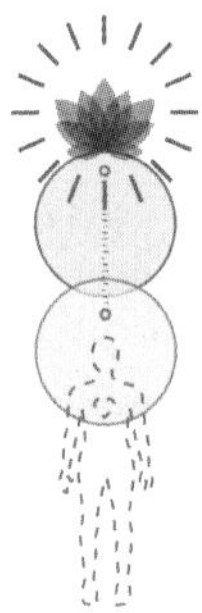

G. Beim physischen Tod zieht die Seele den Lebensfaden (Silberschnur/ Sutratma) zurück

K. Wenn die Zeit gekommen ist, sendet die Seele von Neuem den Impuls zur Inkarnation aus

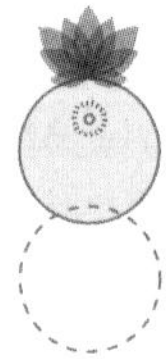

L. Ein neuer Mental-Körper entsteht

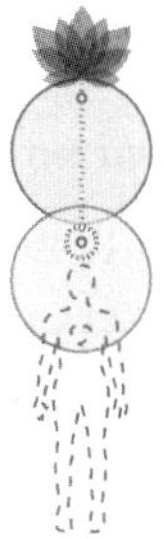

C. Gestaltung des Astral-Körpers

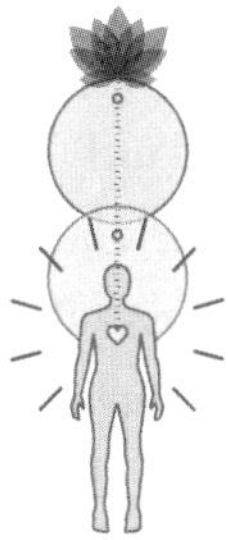

D. Gestaltung des physischen Körpers

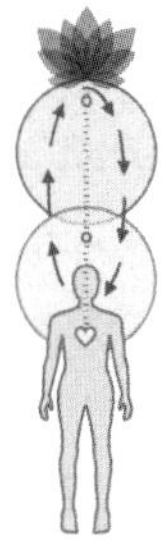

E. Die Persönlichkeit wird nach 9 Monaten geboren

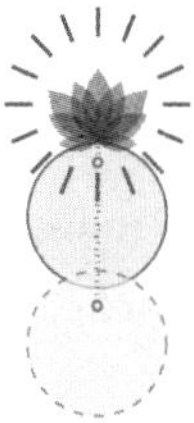

H. Der Astral-Körper löst sich auf

I. Der Mentalkörper spaltet sich auf

J. Die Seele bleibt in ihrer eigenen Bewusstseinssphäre und wartet

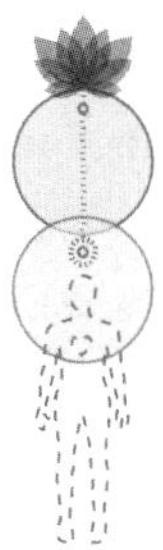

M. Ein neuer Astral-Körper entsteht

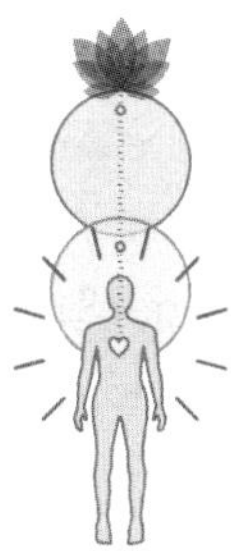

N. Eine neue Persönlichkeit wird geboren

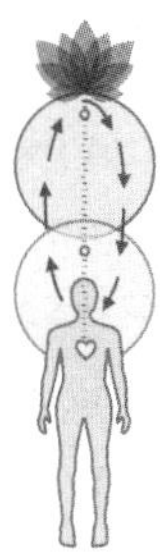

O. Ein neues Leben wird gelebt

Zunächst wird der Mentalkörper erbaut, das Fluidum, in dem später unsere Gedanken aufsteigen. Anschließend wird der Astralkörper für die Frequenz der Gefühle gebaut. Erst dann nimmt der physische Körper Gestalt an und wächst im Bauch der Mutter. Bevor wir uns also gebären, entsteht bereits auf der energetischen Seite ein pränataler Raum, den wir im Horoskop sehen können: Unsere Bewusstseinsreise beginnt mit dem Moment der Zeugung am MC (Himmelsmitte). Der Weg der pränatalen Phase verläuft dann mit dem Uhrzeigersinn über den DC (Du-Punkt) und den IC (Himmelstiefe) bis zum AC (Ich-Punkt), dem Moment der Geburt.

Da wir im Laufe des Lebens immer mehr erfassen und unseren Bewusstseinsring erweitern, sind wir im kosmischen Moment des Todes voller im Bewusstsein als im Moment der Geburt, und dies fühlt sich am Ende der Inkarnation immer sehr erfüllend an.

Sobald sich die Seele wieder ins Feinstoffliche zurückziehen will, zieht sie ihren Lebensfaden (auch Silberschnur genannt oder Sutratma) aus der Form zurück und der physische Körper zerfällt. Anschließend lösen sich zunächst der Astralkörper und danach der Mentalkörper auf und das während dieser Lebensspanne erweiterte Bewusstsein zieht sich innerhalb von heiligen drei Tagen als Essenz zurück in die Bewusstseinssphäre der Seele. Hier ruht die Seele im Sein. Wenn die Zeit gekommen ist, sendet die Seele einen neuen Impuls zur Inkarnation aus. Ein neues Set von Körpern wird erschaffen, eine völlig neue Persönlichkeit wird geboren und ein anderes Leben wird gelebt, was im Horoskop über die Mondknotenachse nachvollzogen werden kann. Die Reinkarnation war übrigens auch der frühen Kirche bekannt, wurde jedoch um 550 n. Chr. beim Konzil von Konstantinopel aus der Bibel herausgestrichen. So waren wohl die

Kontrolle der Menschen und der Ablasshandel einfacher durchzusetzen.
Die Aufgabe einer Seele in ihrer Gesamtheit ist dann erfüllt, wenn sich all ihre Aspekte in vielen verschiedenen Inkarnationen als Mensch erfahren haben. Anschließend löst sich dann auch die Seele auf und geht in die Monade (reiner Geist) ein, aus der sie einst hervorgegangen ist. Der Unterschied zwischen einer jungen »Baby«-Seele und einer »alten« weisen Seele liegt jedoch nicht in der Zeit oder in der Anzahl der Inkarnationen, sondern im Grad ihrer Bewusstheit.

Junge oder alte Seelen

Im Horoskop können wir vieles, aber nicht alles sehen. Wir können zum Beispiel nicht sehen, ob es sich um eine junge oder eine alte Seele handelt, wir können es nur in der Gegenwart des Menschen wahrnehmen. Das energetische Potenzial ist für alle gleich, jedoch sind wir durch unterschiedliche Bewusstseinsfrequenzen und unterschiedliche Inkarnationserfahrungen an unterschiedlichen Orten auf unserem Weg, und das Spektrum zwischen jungen und alten Seelen ist sehr groß. Aber alle haben sowohl eine höhere als auch eine niedrigere Natur, das heißt ein höheres Potenzial aus der Seele und eine niedrigere Tendenz aus der Persönlichkeit.
Wir sprechen von einer jungen Seele bei Menschen, die in vielerlei Hinsicht ums Überleben kämpfen, sich von der öffentlichen Meinung leiten lassen, die nach einer autokratischen Führung verlangen, die ihnen Lösungen verspricht, und dadurch manipulierbar sind. Die Angst spielt in ihrem Dasein eine große Rolle. Hier dominiert die Persönlichkeit, die sich in Richtung Seelenbewusstsein entwickeln will.
Nach verschiedenen Zwischenstadien sprechen wir dann am anderen Ende des Bewusstseinsspektrums von alten oder weisen Seelen. Hier dominiert die Energie der Seelen, die durch die Persönlichkeit wirken

wollen. Sie haben sich vom spaltenden Gut-Böse-Denken gelöst und bauen die Brücke zwischen den opponierenden Sichtweisen. Sie sind stets bemüht, die Bedrohung in allem zu synthetisieren, indem sie versuchen zu erkennen, dass alle Elemente sowohl Wahrheit als auch Verzerrung in sich bergen. Sie sehen die Beziehung zwischen Licht und Dunkel aus verschiedenen Perspektiven und relativieren die Art und Weise, wie Entscheidungen getroffen werden können – aus dem Bewusstsein, dass jeder Mensch etwas zu geben hat und jede Ursache auch aus einer Verzerrung heraus gesetzt werden kann. Sie dämpfen die Tendenz zum Ego und erzeugen ein größeres Verständnis für eine ganzheitlichere, holistische Sichtweise auf der Basis der essenziellen Göttlichkeit des Menschen. Aus diesem Bewusstsein heraus ergeben sich alle anderen Dinge. Diese Seelen sind gekommen, um die nächste Ebene von Entscheidungsträgern zu erreichen.

Wenn bei einer Vergewaltigung ein Kind gezeugt wird

Nicht jede Zeugung eines Kindes ist romantisch. Vergewaltigung ist ein Thema, das wir mit hoher Achtsamkeit und Würde angehen sollten, denn auch hier kommen zwei Menschen und ihre zwei Seelen zusammen und zeugen unter Umständen ein Kind. Die Zeugungsenergie, die am MC erkennbar ist, ist nicht nur Teil des Lebensplanes der Eltern, sondern auch des Kindes.

Sehr oft sind diese Kinder sehr starke und mutige Seelen, die gekommen sind, um tiefste Heilung in ein dunkles Kapitel der Menschheit hineinzubringen. Deswegen ist es wichtig, dass wir darauf achten, nicht zu urteilen, sondern mitfühlend die größtmögliche Unterstützung bieten, damit dieser dunkle Aspekt der Seelenverträge durch alle Beteiligten in Frieden geführt werden kann.

Die Bedeutung der heiligen Zeit der Schwangerschaft

Aufgrund der absoluten Verbundenheit von allem mit allem bildet die ganze Phase der Schwangerschaft inklusive der Art der Zeugung die Grundlage für die Biografie des neu inkarnierten Menschen, was später in seinem Horoskop sichtbar ist. Alles, was der Mutter während der Zeit der Schwangerschaft widerfährt, alles, was sie fühlt, denkt und tut, nimmt Einfluss auf den heiligen Prozess der Menschwerdung und wird gewissermaßen eingebaut in die Matrix des werdenden Kindes.

Ich erinnere mich noch gut an ein Gespräch mit einer Kundin, die während der Schwangerschaft mit ihrem Sohn ins Koma fiel und an einem Tumor operiert werden musste. Es war für uns alle sehr berührend, wie wir später im Horoskopevergleich von Mutter, Vater und Sohn die Bedeutung dieser besonderen Umstände erfassen und alle Ängste und Befürchtungen der Eltern in Heilung führen konnten.

Man könnte meinen, es sei reine Magie – aber aus der höheren Perspektive ist bereits vorgeburtlich alles im Feld als Erfahrungsqualität enthalten. Umso wichtiger wird in der Neuen Zeit ein Bewusstsein von größtmöglichem Respekt und höchster Achtsamkeit für diese ausgesprochen heilige Zeit der Schwangerschaft, die nicht nur die Verbundenheit und Liebe zwischen Kind und Mutter/Vater prägt, sondern auch zur Grundlage einer neuen liebenden Gesellschaft wird.

Die pränatale Phase

Derzeit nutzt unsere westliche Welt Ultraschall in der Schwangerschaft, und zwar nicht unbedingt zum Wohle des Kindes, sondern mehrheitlich, um die Ärzte vor möglichen Klagen zu schützen, speziell in den USA. Der Sicherheitswahn sitzt in vielen Köpfen. Sie glauben, man müsse während der Schwangerschaft alles kontrollieren, damit das Kind gesund zur Welt kommt. Und wenn es nicht gesund zur Welt kommen würde, wird es zuvor entsorgt.

In der Neuen Zeit wird die größere Perspektive selbstverständlich. Die Ankunft einer Seele in dieser Welt und die Begleitung des Kindes auf seinen ersten Schritten durch diese Welt sind ein Akt von hoher kosmischer Verantwortung und größter Demut, geprägt durch all die mächtigen Faktoren in diesem universellen Zusammenspiel, die viel größer sind als wir. Während der pränatalen Phase wandern wir bereits durch das Horoskop, das es auf unserer irdischen Bewusstseinsfrequenz noch gar nicht gibt, da es ja erst im Moment der Geburt erstellt werden kann. Sobald wir aber das Horoskop kennen, sehen wir rückblickend den pränatalen Weg und das gesamte Potenzial, also die göttliche Idee dieser Seele. Magie?

Das Weben des Körpers

Auf wirklich magische Weise vollzieht sich im Bauch der werdenden Mutter ein Wunder der Schöpfung. Jedes heranwachsende Embryo ist ein Spiegelbild des ganzen Kosmos, da beim Weben des physisch dichten Körpers die universellen Energien in ihrer Perfektion auf ihrer eigenen Frequenz aktiv sind. So wie im Großen in der Weite alles enthalten ist, ist es in der Dichte auch im Kleinen, was sich über den Tierkreis auf den physischen Körper herunterskalieren lässt.
Da auf der Energieebene alles von allem durchdrungen ist, wird auch das Weben des physisch dichten Körpers durch die Energie der vier Elemente und der zwölf Energien des Tierkreises beeinflusst:

- Widder: Region Kopf | **Feuer**
- Stier: Region Nacken | **Erde**
- Zwilling: Region Schultern und Arme | **Luft**
- Krebs: Region Brust | **Wasser**
- Löwe: Region Herz und Solarplexus | **Feuer**
- Jungfrau: Region Gedärme | **Erde**

- Waage: Region Nieren und Nebennieren | **Luft**
- Skorpion: Region Genitalien | **Wasser**
- Schütze: Region Oberschenkel | **Feuer**
- Steinbock: Region Knie | **Erde**
- Wassermann: Region Knöchel | **Luft**
- Fische: Region Füße | **Wasser**

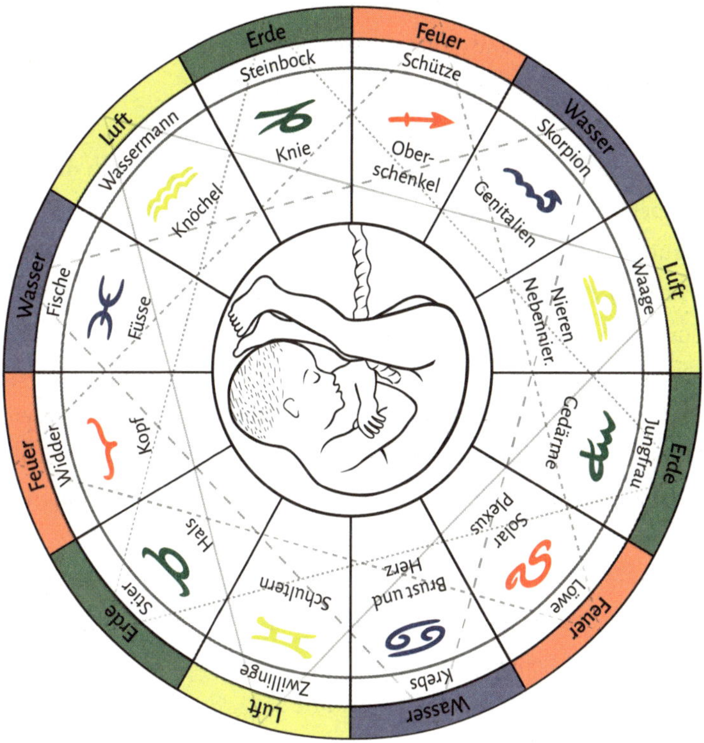

Natur und Kosmos

Innerhalb dieses magischen pränatalen Raumes steht alles mit allem in direkter Beziehung und absoluter Verbundenheit. Auf der Basis des Körperwebens können wir mithilfe der Elemente energetische Zusammenhänge der Körperregionen erkennen, die in direkten Energielinien miteinander korrespondieren:

- **Feuer**: Kopf | Herz und Solarplexus | Oberschenkel
- **Erde**: Nacken | Gedärme | Knie
- **Luft**: Schultern und Arme | Nieren und Nebennieren | Knöchel
- **Wasser**: Brust | Genitalien | Füße

Alle gesundheitlichen Themen, die sich später im physisch dichten Körper zeigen, können unter anderem auf die pränatale Phase zurückgeführt werden, also auf die Erlebnisse, die der Mutter widerfuhren und die Qualität des Körperbaus ihres Kindes beeinflussten. So können wir in der Naturheilkunde und in der medizinischen Astrologie ein bestimmtes Krankheitsbild einem Tierkreiszeichen oder auch einem Planeten zuordnen und mit diesem Hinweis über das Horoskop des Patienten in die Tiefe gehen, um bis zur Ursache vorzudringen und sie in Heilung zu führen, sofern es zum Seelenplan gehört.

Hochinteressant in der Analyse sind natürlich auch Krankheitsbilder, die bei Pandemien auftauchen, da es hierbei um kollektive Bewusstseinsthemen geht, denen eine kollektive Ursache zugrunde liegt, die meist sehr weit in der Historie zurückliegt.

Während der Mikroben-Krise in den Jahren 2020/2021 ging es stark um Lungenkrankheiten und Atemwegsprobleme. Während dieser Phase zeigte der kosmische Fokus in das Luft-Zeichen Zwilling, das mit Atmen, Sprechen, Schweigen und Kommunikation zu tun hat und über eine Zeitlinie von etwa 500 Jahren bis zur Inquisition und damaligen Gedankenpolizei zurückging, wo das öffentliche Sprechen oder Widersprechen mit dem Tod bestraft werden konnte. Diese ganzen Zusammenhänge zwischen Natur und Kosmos im Persönlichen wie auch im Kollektiven sind ein äußerst spannendes und sehr komplexes Fach- und Forschungsgebiet, das früher jeder Arzt, der auch Astrologe war, beherrschte, und das in der Neuen Zeit eine Renaissance erleben wird.

Vom MC zum AC – Von der Zeugung zur Geburt

Während der MC die Zeugung abbildet, zeigt der AC den Moment der Geburt. In den neun Häusern dazwischen sehen wir – im Uhrzeigersinn von Haus 9 bis Haus 1 – den pränatalen Raum mit den klassischen neun Monaten der Schwangerschaft:

- Das 9. Haus entspricht dem 1. Monat.
- Das 8. Haus entspricht dem 2. Monat.
- Das 7. Haus entspricht dem 3. Monat.
- Das 6. Haus entspricht dem 4. Monat
- Das 5. Haus entspricht dem 5. Monat.
- Das 4. Haus entspricht dem 6. Monat.
- Das 3. Haus entspricht dem 7. Monat.
- Das 2. Haus entspricht dem 8. Monat.
- Das 1. Haus entspricht dem 9. Monat.

War die Schwangerschaft kürzer oder länger als neun Monate, wird der Raum vom MC bis zum AC entsprechend eingeteilt. Sofern ein oder mehrere Planeten direkt am MC stehen, erhalten wir zusätzlich zum Zeichen (Temperament) einen Hinweis auf die Art der Zeugung, gemäß der Energie des oder der Planeten dort. Zusätzliche Hinweise auf die Geburtsumstände erhalten wir, sofern ein oder

mehrere Planeten direkt am AC stehen. Auch ist am AC die Atmosphäre der Geburtsumstände sichtbar, ob es eine sanfte Geburt war, ob Gewalt angewendet wurde oder geschnitten werden musste. Aber egal, wie ein Mensch in diese Welt kommt – jeder Weg ist richtig und jeder Mensch ist wichtig. Der feine Unterschied bei den vielen Geburtsmöglichkeiten liegt darin, ob die Mutter das Kind geboren oder entbunden hat.
Mit der physischen Geburt beginnt dann, erstmalig getrennt von der Mutter, die Reise des Menschen in einem eigenen physischen Körper.

Das Horoskop entsteht in dem Moment, wenn das Baby den Körper der Mutter verlassen hat, auch wenn die Nabelschnur auspulsiert und noch nicht durchtrennt ist.

Wichtig zu wissen ist, dass die Geburtsumstände eine Prägung für alle Übergänge im Leben mit sich bringen. Immer dann, wenn wir auf unserer Lebensspur etwas Neues beginnen (Umzug, neue Arbeitsstelle, neues Projekt und so weiter), tauchen wir wieder ein in die (unbewusste) Erinnerung an unsere Geburtsumstände.

Der verlorene Zwilling

Das Thema des verlorenen Zwillings ist noch nicht sehr lange bekannt und erforscht. Wir wissen aber, dass es einen enormen Impakt auf den Seelenplan hat, wenn während der Schwangerschaft einer der Zwillinge oder Mehrlinge im Bauch verstirbt. Die werdende Mutter mag es oftmals gar nicht bemerken, außer ihr ist das Thema bekannt und sie nimmt die kleine Zwischenblutung wahr.
Im Horoskop ist der verlorene Zwilling meist erkennbar an harten Planetenaspekten im Bereich der Häuser 6, 7, 8 und 9, oft im Zusammenhang mit Uranus, Neptun, Pluto, Chiron, Saturn und dem Mondkno-

ten. Wir gehen aber erst auf die Suche nach diesem Trauma, wenn sich die damit verbundenen Themen im Leben des oder der verbleibenden Geschwister zeigen. Solange dieses Trauma unbewusst bleibt, zieht es viele stressige Ausdrucksformen nach sich: Man entwickelt eine starke Angst, allein zu sein. Man will alles perfekt machen, um niemanden zu verlieren. Man schuftet für zwei. Man gibt sich selbst für andere auf. Man bleibt in einer Partnerschaft »kleben«, auch wenn sie schon längst nicht mehr gut ist. Man sucht immer und überall den Seelenpartner und vieles mehr.

Ich durfte schon einige Menschen in solch einen heiligen Moment hineinbegleiten, in dem der schwere Verlust der Geschwisterseele fühlbar wurde. Meist löst die Erkenntnis dieses Traumas zunächst eine unsagbare Trauer aus, führt dann aber zu einer großen Befreiung und schlussendlich zu innerem Frieden.

Wer mehr hierzu erfahren möchte, dem empfehle ich neben guter Literatur (siehe Literaturverzeichnis am Ende dieses Buches) den Disney-Film »Souls« von 2020. In diesem wunderschönen Animationsfilm wird der Aspekt des verlorenen Zwillings sehr berührend dargestellt.

Wenn es zu einer Fehlgeburt kommt

Abgesehen vom verlorenen Zwilling gibt es auch Seelen, die innerhalb der Schwangerschaft zurückgehen, sodass es zu einer Fehlgeburt kommt. Die Seele entscheidet in solchen Fällen, sich wieder zurückzuziehen. Ihr geht es soweit gut, aber bei den werdenden Eltern wird aus irgendeinem höheren Grund durch dieses tief bewegende Erlebnis etwas in Bewegung gesetzt, was in ihren Horoskopen aufgrund der Transite und des Alterspunktes erkennbar ist. Dies im gemeinsamen Gespräch zu erforschen ist sehr heilig und sehr heilend.

Der kosmische Moment in seiner Vollkommenheit

Der kosmische Moment ist ein in sich absolut vollkommener Moment innerhalb der immer fortwährenden Bewegung des Universums. Es ist ein Moment der Ganzheit und er beinhaltet sämtliche Informationen des gesamten Universums. So reihen sich Moment an Moment und jeder ist in sich magisch, denn er enthält die vollständige göttliche Idee für diesen einen Moment.

Der kosmische Moment ist immer eine Momentaufnahme im ewigen Jetzt des Universums.

Somit ist auch im Moment einer jeden Geburt das volle Potenzial der Schöpfung enthalten, denn alles Formlose, das Form wird, ist Teil der Urenergie und somit ein Aspekt des Ganzen. Wir werden also als Repräsentanten der Vollkommenheit hineingeboren in die physischen Dimensionen von Zeit und Raum. Die göttliche Idee nimmt Gestalt an – und über das Horoskop wird das ganze Potenzial sichtbar als ein Aspekt der absoluten Vollkommenheit.
Dies gilt natürlich für alle Formen, die geboren werden. Es kann die Eröffnung einer Ausstellung sein, der Anpfiff eines Fußballspiels, der Handschlag für eine Abmachung, der erste Spatenstich für einen Neubau, der erste Kuss, die Bekanntgabe einer Erfindung, der Ausbruch eines Krieges, das erste Schürfen des Bitcoins, das Erscheinen eines neuen Planeten und vieles mehr.
Alles, was einen Anfang hat, wurde geistig vorbereitet und erscheint zum perfekten kosmischen Moment, um etwas in Bewegung zu setzen, was das gesamte Universum beeinflusst, weswegen Premieren meist dieses spezielle Kribbeln oder gar Lampenfieber mit sich bringen. In

jedem Anfang ist übrigens immer auch schon das Ende enthalten, da beide ein untrennbares Ganzes sind. Denn alle Formen sind vergänglich – das ist ein kosmisches Gesetz des Zyklus. Vom ersten Moment der Inkarnation ist der Tod unser Begleiter und macht uns wach. Doch den Moment des Todes sehen wir nicht im Horoskop. Wir sehen das Karma durch Saturn, die Bestimmung durch den Mondknoten, die Auflösung durch Neptun, den Schock durch Uranus, den Wandel durch Pluto und den persönlichen Lernschritt durch den Alterspunkt.

Der Schöpfungsprozess

Unser volles Potenzial zu leben heißt, die Absicht unserer Seele zu leben und zu Wunderwirkenden im Dienste des Ganzen zu werden. Der direkte Weg hierfür ist die stete Kommunikation mit unserem Höheren Selbst, in der Vertikalen gewissermaßen. Bei Neugeborenen und Kindern ist diese Verbindung noch weit offen, weswegen durch sie oft Worte gesprochen werden, die uns tief im Herzen berühren, denn Seelenenergie ist pure Liebe. In diesem Zustand ist das Wunder der Normalzustand.

Die Seele ist erfüllt von einer hohen kreativen Absicht und immer perfekt in ihrem Potenzial. Sie pulsiert und erreicht uns rhythmisch, zyklisch und in Wellen. Dabei bietet sie immer magische Gelegenheiten zur Synchronisation zwischen dem Höheren und dem Niederen Selbst. Das heißt, die Seele spricht zu uns in formlosen Mustern, deren Bedeutung wir durch unsere reine hochgöttliche Intuition erfassen können. Da ist zum Beispiel ein Windhauch in unserem Gesicht und plötzlich »wissen« wir, ohne gedacht zu haben.

Im kreativen Schöpfungsprozess des direkten Wissens können wir drei verschiedene Bereiche unterscheiden:

- **Der Denker** empfängt die Intuition und beschäftigt den Verstand.
- **Der Prozess des Denkens** erzeugt Bewegung.
- **Die Gedanken** entstehen im Prozess der Bewegung und werden durch Gefühle magnetisch und erhebend.

Zunächst empfangen wir intuitiv aus der Seele eine Idee auf einer bestimmten Frequenz. Im Prozess des Denkens bauen wir eine Gedankenform um die Intuition herum, ohne die Idee darin zu zerstören. Anschließend können wir die neue Gedankenform mit erhebenden Gefühlen als eine Funktion des Dienstes und des kreativen Ausdrucks in die Außenwelt tragen. Sobald wir einen neuen Gedanken erschaffen haben, sollte es jedoch zu keiner Identifikation mit der Gedankenform kommen. In dem Moment, in dem wir eine Idee für uns beanspruchen – »Das ist meine Idee« –, übernimmt das Ego und wir bleiben in unseren eigenen Gedanken gefangen. Ab hier verliert die göttliche Idee ihre Kraft.

Das fühlende Bewusstsein

Um unser Seelenpotenzial erfolgreich in die Welt zu bringen, sollten wir in Ruhe entscheiden, wie eine neue Idee in die Welt kommen will. Einerseits ist es wichtig, die Emotionen führen zu lernen, sodass nicht sie die Führung über uns übernehmen. Andererseits dürfen wir lernen, genau zu wählen, wann die beste Zeit ist und welches die richtigen Umstände sind, um eine schöne Gefühlsnatur um einen Gedanken herum bilden zu können.

Die Meisterschaft beginnt in dem Moment, wenn wir bewusst wählen, wann wir die Idee fühlen möchten und wie viele Gefühle wir zulassen mögen, um die neue Idee nicht zu zerstören. Im Zusammenspiel zwischen dem Feuer des Geistes (Idee) und dem Wasser der Gefühle kann die Vision durch den entstehenden Dampf von zu viel Hand-

lungsimpulsivität verschleiert werden. Wenn wir andererseits zu wenig Lebendigkeit leben, kommt die Idee nicht in Bewegung, verdurstet und trocknet aus.
In der Neuen Zeit der Kreativität werden wir achtsam die richtige Menge an Gefühlen aktivieren, um einen neuen Gedanken zu bauen und in die Welt zu bringen. Die Fähigkeit, bewusst pausieren zu können, innezuhalten und die Emotionen sich setzen zu lassen, zeigt dann den Unterschied, ob die Persönlichkeit (Ego) oder ob die Seele kreativ ist.
Kreationen aus der Persönlichkeit vergehen schnell wieder. Der Erfolg ist meist nur kurzfristig und bricht dann wieder ab. Kreationen aus der Seele hingegen sind nicht nur langfristig, sondern können sogar für die Ewigkeit erschaffen werden, da sie in direkter Verbindung mit der Seele der Menschheit stehen und somit in das kollektive Menschheitsgedächtnis eingehen.

Das Spiel der Kreativität

Um unser volles Potenzial richtig und langfristig in die Welt zu bringen, sollten wir zwei Dinge lernen:

- Wir konzentrieren uns auf unser wahres Selbst und beobachten von hier unsere Gedanken und Gefühle, die innerhalb unseres Bewusstseins aufsteigen.
- Wir lernen, unser Denken umzukehren, indem wir pausieren, um das richtige kosmische Timing zu berücksichtigen.

Darüber hinaus können wir mithilfe der Astrologie erkennen, wann bestimmte und eventuell auch ungewöhnliche Gelegenheiten da sind, um eine Idee in eine Form zu bringen. Es scheinen drei Fragen die größeren Herausforderungen zu sein:

- Wann ist die passende Zeit, um eine Idee zu erschaffen und voranzubringen?
- Wie fügt sich diese Idee in die rhythmische Natur des größeren lebenden Systems ein, dem wir nicht nur zu dienen versuchen, sondern in dem wir selbst eine kleine Zelle sind?
- Wie ist das eigene ätherische Timing? Das heißt: Wann ist unser eigenes Energiesystem aufgeladen und wann nicht? Dies ist erkennbar an der Aktivität der Chakren als Bindegliedern zwischen der Außenwelt und dem physischen Körper.

Insbesondere das ätherische Timing, das wir Biorhythmus nennen, wird in der Neuen Zeit immer mehr Bedeutung erhalten und unser gesellschaftliches Timing verändern. Kinder und Jugendliche als Objekt unserer Bildungsmaßnahmen bereits morgens um 7:20 Uhr mit einem noch schlafenden Ätherkörper in die Schule bestellen? Das wird es nicht mehr geben, sobald das gesellschaftliche Bewusstsein den Reichtum des natürlichen Potenzials erkennt, wir die Kinder wieder in Liebe in unsere Mitte nehmen und gemäß ihren kosmischen Anlagen individuell unterstützen.

Geboren, um zu manifestieren

Als Trägerinnen und Träger des Lichts sind wir geboren, um zu manifestieren, entsprungen dem großen Nichts, dem Nothing, dem No-Thing (»kein Ding«), dem wir aufgrund der Begrenztheit der Worte den Namen »Gott« gegeben haben. Denn Gott ist kein »Ding«.
Wir sind hier, um das höchste Potenzial, das für uns gemäß unseres Bewusstseins erreichbar ist, in den schönsten Formen, Farben, Tönen und Bildern sichtbar zu machen, damit Brücken zu bauen, der Menschheit zu dienen und mit jeder Erfahrung mehr vom großen Bewusstsein zu erfassen. Wir sind zum perfekten kosmischen

Moment dem Impuls unserer eigenen Seele gefolgt und mit einem Potenzial ausgestattet, das einmalig und in sich vollständig ist und einen kleinen Teil innerhalb eines gigantischen bewussten Wesens ausmacht. Deshalb ist jeder Mensch wichtig. Und deshalb liebe ich die kosmische Sprache, die wir lesen können wie eine Heilige Schrift und die uns auf der Basis der Heiligen Geometrie und durch den »Blick von oben« den fühlenden Zugang zur Schöpfungsweisheit ermöglicht.

Perspektivenwechsel

Um die Astrologie der Neuen Zeit zu verstehen und für sich und andere nutzbar zu machen, braucht es einen Perspektivenwechsel im Sinne einer Kopernikanischen Wende. Bisher dachten wir von unten nach oben, von außen nach innen, von der Wirkung zur Ursache. In der Neuen Zeit werden wir uns wieder auf die Ursachen als Potenzial besinnen und aus dem Blickwinkel des erschaffenden Bewusstseins von oben nach unten oder von innen nach außen schauen, denken und handeln. Denn die Fähigkeiten, die wir jetzt am Anfang des 21. Jahrhunderts besitzen und einsetzen, sind nur der Schatten unserer wirklichen Stärke.

Unser größtes Potenzial kommt aus dem hoch schwingenden Licht, aus der Frequenz unserer Seele (Ursache), während die tiefer schwingende Persönlichkeit, das Niedere Selbst, die Ausführung übernimmt (Wirkung). Wir können fühlen, dass die aus der Seele kommenden Aufgaben andere sind als die, die unsere Persönlichkeit uns diktiert. Menschen, die es beherrschen, aus dem Herzen zu denken und bewusste Ursachen zu setzen, können gut mit dem Widerstand des Egos umgehen, indem sie sich auf ihre Essenz konzentrieren, sich in Ver-

trauen in den Flow begeben und bewusst ihr Ego führen, im Dienste des Ganzen. Menschen, die ihr Bewusstsein noch nicht für die wahren Ursachen öffnen, bleiben bis zum Perspektivenwechsel mit ihren Themen in der Wiederholungsschlaufe.
Im Alltag erkennen wir unser größtes Potenzial in den lebendigen Ur-Informationen der Planeten, der Mondknoten, der Achsen und der Frequenzen der zwölf Sternzeichen, mit denen wir alle gesegnet sind. Da alle zwölf Zeichen und ihre Leitplaneten miteinander ein nicht teilbares großes Ganzes bilden, sind alle zwölf Zeichen gleichwertig, wie bei einer Torte mit zwölf gleich großen Stücken. Die Bedeutung finden wir aber nur mit dem Blick auf das Ganze, das wiederum den kosmischen Naturgesetzen unterliegt. Wir kennen sie als die hermetischen Gesetze, die schon den alten Weisen bekannt waren und die heute durch das steigende Interesse an den zeitlosen Weisheiten von immer mehr Menschen angewendet werden. Ja, wir stehen heute an einem ähnlichen Wendepunkt wie vor 500 Jahren. Der Trend, dass sich immer mehr Menschen mit den kosmischen Gesetzen beschäftigen, ist ein sehr erfreulicher, denn ein tieferes Verständnis der Astrologie und der eigenen Bestimmung sind nur mit Kenntnis dieser unveränderlichen Naturgesetze möglich.

Kybalion – Die sieben hermetischen Gesetze

Unser Leben wird von Ur-Gesetzen geformt. Sie wurden in den uralten Schriften durch den griechischen Gott Hermes unter der Bezeichnung *Hermes Trismegistos* als universelle Weisheiten formuliert. Es ist wichtig, diese geistigen Prinzipien zu kennen und anzuwenden, da sie direkten Einfluss nehmen auf die Ergebnisse (Wirkung) unserer Ursachen, die wir unbewusst oder bewusst setzen.

1. Das Prinzip der Geistigkeit

Alles ist Geist. Alles beginnt im Geist. Das gesamte Universum und alle Lebensformen bestehen aus einem allumfassenden Geist. Geist ist Bewusstsein und Energie, was unlängst durch die Quantenphysik bestätigt wurde. Geist ist überall, in jedem Stein, in jeder Blume, in jedem Tier, in jedem Menschen, in jedem Projekt. Alles Manifestierte hat einen geistigen Ursprung. Wir erschaffen unsere Wirklichkeit mit unserem Geist durch unsere Gedanken, Worte und Taten. Wenn alles Geist ist, ist alles miteinander verbunden. Alles ist eins. Hier beginnt die schöpferische Macht unserer Gedanken und die Bedeutung dessen, dass wir unsere geistigen Kräfte führen lernen. Das heißt: Durch jeden von uns fließt Energie, die ihren Ursprung im Geistigen hat, aber nicht nur in unserem eigenen Geist, sondern im großen, uns allen übergeordneten Geist, dessen Teil wir sind. Dieses erste Prinzip gehört zu den Grundlagen der Astrologie als Ganzes.

2. Das Prinzip der Resonanz, der Entsprechung

Gemäß dem uralten Axiom »Wie oben, so unten. Wie im Großen, so im Kleinen. Wie innen, so außen« erleben wir, wie unser Inneres alles verursacht, was wir im Außen erleben. Mit diesem Prinzip können wir vom Bekannten zum Unbekannten Schlüsse ziehen und daraufhin unser inneres Programm so ändern, dass wir im Außen zu anderen Ergebnissen kommen. Die alten Hermetiker betrachteten dieses Prinzip als eines der wichtigsten geistigen Werkzeuge, mit denen der Mensch Hindernisse beiseite räumen kann, um wieder klar zu sehen. Dieses zweite Prinzip gehört zu den Grundlagen der Astrologie und ihrer Skalierbarkeit.

3. Das Prinzip der Schwingung

Nichts ist in Ruhe. Alles im Universum ist in ständiger Bewegung. Alles schwingt in unterschiedlich hohen Frequenzen. In der Naturphilosophie spricht man von Hylozoismus im Gegensatz zum Materialismus. Je höher die Schwingung, desto höher ist die Position in der Skala des Bewusstseins: Liebe, Dankbarkeit und Freude schwingen höher als Neid, Traurigkeit und Hass. Die Schwingung des Geistes hat einen so unendlichen Stärkegrad und eine solche Schnelligkeit, dass sie sich praktisch in Ruhe befindet. Je höher unser Bewusstsein und unser Umfeld schwingen, desto harmonischer und näher leben wir am Ausdruck unserer Göttlichkeit; je niedriger, desto weniger. Wer dieses Prinzip versteht, kann die eigenen Schwingungen sowie die der anderen beherrschen, sowohl für das Gute als auch für das Ungute. Dieses dritte Prinzip gehört zu den Grundlagen der Astrologie für alle zwölf Sternzeichen und ist eng verwoben mit dem Zeichen Wassermann und seinen schnellen Schwingungen.

4. Das Prinzip der Polarität

Gegensätze sind identisch in ihrer Natur und haben den gleichen Ursprung, sie sind nur verschieden im Grad. In allem gibt es zwei Pole, zwei Seiten derselben Medaille. Alles hat ein Gegenstück. Wer dieses Prinzip beherrscht, versteht es, Böses in Gutes zu verwandeln durch die Kunst, sowohl die eigene Polarität zu ändern als auch die der anderen. Dieses viertes Prinzip gehört zu den Grundlagen der Astrologie.

5. Das Prinzip des Rhythmus

Alles ist vorhersehbar rhythmisch und unterliegt einer abgemessenen, in sich vollkommenen Pendelbewegung. Einatmen und ausatmen. Ebbe und Flut. Ruhe und Aktivität. Aktion und Reaktion. Aufstieg und Untergang. Geburt und Tod. Entstehen und Vergehen. Wer ein gewisses Maß an Selbstbeherrschung erreicht hat und anwenden kann, kann die Wirkung der Rhythmen, also das ständige Auf und Ab, innerlich ausgleichen, dadurch neutralisieren und den Rhythmus nutzen, um Veränderungen bewusst zu gestalten, ohne unnötig Energie zu verlieren. Dieses fünfte Prinzip galt bei den Hermetikern als besonders wichtig und gehört mit seinen Zyklen zum bedeutungsvollsten Zeitschlüssel der Astrologie.

6. Das Prinzip von Ursache und Wirkung

Jede Ursache hat ihre Wirkung. Jede Wirkung hat ihre Ursache. Zwischen Ursache und Wirkung können Sekunden, Minuten, Stunden, Tage, Jahre oder mehrere Inkarnationen liegen. Alles geschieht gesetzmäßig. Zufall ist nur der Name für ein unbekanntes Gesetz. Ist ein Mensch ohne innere Stabilität, wird er von den Ursachen anderer bewegt, wie eine willenlose Figur auf dem Schachbrett des Lebens. Wer dieses Prinzip jedoch beherrscht, wird zum Spieler statt zu einer Spielfigur. Weise und bewusst angewendet liegt in diesem Prinzip ein immenser Reichtum für eine blühende Evolution des ganzen Universums. Dieses sechste Prinzip gehört ebenfalls zu den Grundlagen der Astrologie, speziell zur karmischen, und ist eng verwoben mit dem Zeichen Stier (säen und ernten), mit dem Zeichen Waage (absolute Gerechtigkeit) sowie mit dem Zeichen Steinbock (Verantwortung).

7. Das Prinzip des Geschlechts

Alles besteht immer aus männlichen (Yang) und weiblichen (Yin) Energien und ist somit in sich dual. Die Vereinigung des Männlichen (Geist) mit dem Weiblichen (Gefühl) ist die Basis aller Schöpfung. Keine Schöpfung physischer, geistiger oder rein geistiger Art ist ohne dieses Prinzip möglich. Das dynamische Gleichgewicht, das es zwischen diesen beiden Energien zu halten gilt, bildet die Grundlage der Weltharmonik des Universums.

Dieses siebte Prinzip gehört zu den Grundlagen der Astrologie, drückt sich aus in den sechs Paaren, die die zwölf Sternzeichen bilden, und ist im Besonderen eng verwoben mit dem Zeichen Waage (Balance) sowie mit dem Zeichen Skorpion (mächtige Zeugungsenergie).

Die Totalität des kosmischen Momentes

Im Folgen der Naturgesetze ist die kosmische Ordnung voller Leben und Dynamik. Dadurch verändern sich alle Formen permanent: Die Form wird geboren, erblüht und zerfällt. Alles ist instabil in der Waagerechten (Zeit), aber in sich total und sehr kraftvoll in der Senkrechten (Ewigkeit). So ist auch der heilige Akt einer Geburt eine einzigartige Momentaufnahme innerhalb der dynamischen Totalität des Bewusstseins. Alles ist da. Das gesamte Potenzial ist im Geburtsmoment vorhanden und erhält durch uns seine Individualität, während wir in Raum und Zeit weiterschreiten.

Unser Bewusstsein ist jedoch nicht an unseren physischen Körper gebunden, weswegen die Wissenschaft so lange nichts über Bewusstsein findet, wie sie auf der physisch-materiellen Ebene forscht. Es ist der Geist, der sich als Seele in einem physischen Körper in Zeit und Raum auf Planet Erde manifestiert. Mit jeder Inkarnation werden wir zu Informationsträgern des Geistes, gemäß unserer Reife und unseres Seelenalters. Und da es im Universum nichts Getrenntes gibt, sprechen wir vom Feld – der Raum, in dem »es« passiert. Das Feld ist der Raum, in dem der Event stattfindet. Wenn wir Milliarden kosmische Momente aneinanderreihen, entsteht das Feld-Bewusstsein. Dies ist vergleichbar mit einem Ton. Nimm ein Weinglas und bring es zum Klingen, indem du mit einem Löffel sanft an den oberen Rand schlägst. Sehr oft habe ich dies bei unseren Familienfeiern erlebt, wenn mein Vater aufstand und seine Rede für die anwesende Gesellschaft mit solch einem Ton einleitete. Der Ton erklingt im Raum. Wo war er vorher? Der Ton erscheint für eine limitierte Zeit im Bewusstseinsfeld und irgendwann vergeht er wieder. Was bleibt, ist der Raum,

in dem der Ton erschienen ist. Und die Erinnerung an die Rede, die dem Ton folgte. So, wie meine Tochter es im Alter von fünf Jahren formulierte: »Der Kuss ist weg, aber die Liebe bleibt.«
Doch bevor die Töne im Raum erklingen, ist schon etwas da, das jedoch unser Verstand nicht begreifen kann. Es ist die Ruhe vor dem Ton, die allen Ereignissen und jedem Menschen vorausgeht. Wir haben in Ermangelung der passenden Worte dieser Ruhe vor dem Ton in unserer christlichen Tradition den Namen Gott gegeben, wobei auch dies nicht zutreffen kann, da das Unmanifestierte, das Nichtbenennbare, das Bewusstsein, das No-*Thing* kein »Ding« ist und keine Form hat. So können wir uns einfach in das Nicht-Wissen hineinentspannen, im Bewusstsein: Die Seele kennt den Plan. Und der Schlüssel ist die Hingabe.

Im Flow

Mit dem Perspektivenwechsel beginnt etwas Wunderbares: Du kannst fühlen, wie deine Essenz – dein Potenzial aus dem Höheren Selbst – mehr und mehr durchkommt und deine Ego-Verstand-Struktur immer mehr die Führung abgibt, nach entsprechenden inneren Kämpfen. Dies kann geschehen, wenn du dich entscheidest, mit dem Wahren, dem Guten und dem universellen Schönen zu kommunizieren, das im Herzen eines jeden Menschen verborgen ist. Der Flow, der so entstehen kann, ist wie ein innerer Strom, der dich von selbst zum Ort deiner Bestimmung trägt. So sind der persönliche Wandel und die Abkehr vom alten Zustand auf das Engste sowohl mit dem gesellschaftlichen Wandel als auch mit dem Wandel des gesamten Universums verwoben.

Neue Zeit? Die Seele führt

Jegliche Formen der Negativität und des Krieges beruhen auf der Trennung von der Ganzheit und dem Irrglauben, der Kosmos sei in Einzelteile gespalten. Dieses alte Paradigma aus dem 3D-Bewusstsein wird sich in der Neuen Zeit ab dem 5D-Bewusstsein nicht mehr halten können. Denn wir Menschen werden uns wieder gegenseitig in unserer Würde und kosmischen Ganzheit wahrnehmen und uns achtsam begegnen. Das Ich-Gefühl wird sich in ein Gefühl des Teilhabens an etwas Größerem verwandeln, verbunden mit dem natürlichen Wunsch, mit den eigenen Gaben der Menschheit im Erwachen zu helfen. Dabei geht das kleine Ich nicht verloren. Wir verbinden nur, was vorher getrennt war. Mitunter kommt diese Verbundenheit durch Synchronizität an die Oberfläche, und dann fragen wir uns: Wie kann das sein? Ganz einfach:

Die Seele führt uns durch unser Leben, und zwar absolut synchron mit dem eigenen Horoskop!

Während des ganzen Lebens, sogar schon pränatal, können wir mithilfe der Astrologie erkennen, wie das Höhere Selbst immer wieder Hinweise hinterlässt. Anhand des Horoskopes können wir diese Botschaften zuordnen, unmittelbar und voll in den Alltag integrieren und dadurch bewusst anwenden – was wesentlich wirkungsvoller ist als unbewusst.

Auch wenn du nichts von Astrologie verstehst, der Plan der Seele ist in dir, in deinem Herzen. Denn: Die Seele führt. »Stay as an open invitation«, sagte vor langer Zeit einer meiner Lehrer. Wenn wir die Liebe zu uns einladen und den Hinweisen der Seele folgen, kommen Dinge zusammen, statt auseinanderzufallen, und es treten Menschen in unser Leben, die uns unterstützen, statt uns zu behindern. Warum? Weil wir Menschen dazu bestimmt sind, uns miteinander und in Co-Kreation mit dem Universum für das höchste Gut zu verbinden und durch die Manifestation unserer höchsten Potenziale höheres Bewusstsein zu erschaffen. Das, was daraus folgt, ist nichts Geringeres als der Aufstieg des gesamten Planeten Erde. Hier wollen wir beginnen.

★

ASTROLOGIE: PURES ERHEBENDES POTENZIAL

Die Musik des Lebens

Astrologie ist pures Potenzial. Sie übermittelt uns archetypische Muster in der irdischen Zeit und bildet die Energie jedes Augenblicks ab, durch die sich das Eine in uns Vielen manifestiert. Diese Energiemuster sind wie Musikkompositionen, die darauf warten, von uns in ihrem ganzen Potenzial gespielt zu werden. Sie werden aber erst dann lebendig, wenn wir als Individuen und auch als Kollektiv mit ihnen in unserer eigenen Frequenz interagieren.

Wir müssen also unser Instrument aktiv in die Hand nehmen, um die Komposition wirklich zum Leben zu erwecken. Indem wir beginnen, mit der eigenen Frequenz das für uns vorgesehene Musikstück zu spielen, erschaffen wir eine Realität. Entweder spielen wir lustlos und unharmonisch wie auf einer kaputten Geige, was meist zu Frustration führt. Oder wir spielen so, wie jemand anderes es von uns verlangt, und landen irgendwann im Burn-out. Oder wir nehmen ein Instrument, das gar nicht für uns vorgesehen ist, und werden krank.

Wenn wir aber in wahre Co-Kreation mit dem Universum gehen und die Komposition in ihrem schönsten Potenzial zum Klingen bringen, ist dies immer erhebend, seelenerfüllend und sehr ermächtigend. Wir können es fühlen, wie unsere Gaben durch die Seele belebt werden, unsere Talente aus der Persönlichkeit einschwingen und unsere Fähigkeiten beides miteinander verbinden.

Wir können lernen, unseren Fokus bewusst auf das Erhebende zu lenken, um so den bestmöglichen Ausdruck des eigenen Potenzials zu erschaffen. Mit diesem Fokus kommen wir in unsere Kraft und werden erfahren, dass wir selbst es sind, die die Zukunft gestalten – durch die Entscheidungen, die wir treffen. Denn die Zukunft ist nicht schicksalhaft festgelegt. Die Zukunft ist weitestgehend offen. So wie eine heutige Situation das Ergebnis unserer Taten aus der Vergangenheit ist, so wird jede Entscheidung im Jetzt ein Teil der Zukunft der einen Menschheit. Deshalb müssen wir auch nicht die Welt verbessern wollen. Wir brauchen nur bewusste Ursachen setzen, indem wir unser volles Potenzial in den schönsten Klängen einspielen – und dann wird die Welt automatisch zu einem schöneren Ort.

Ja, wir können die Zukunft ändern, im Rahmen der Grundregeln zum Aufbau des Universums, anhand derer sich die ganze Schöpfung innerhalb einer unübertrefflichen Ordnung zur Vollkommenheit weiterentwickelt. Die Astrologie zeigt hierfür die eine Hälfte des Bildes, das reine Potenzial, die Idee Gottes. Sie zeigt das Ur-Energiemuster unserer Seele, das nur darauf wartet, durch unsere Frequenz aktiviert zu werden. Sich mit der co-kreativen Astrologie zu beschäftigen, ermöglicht es, unser Bewusstsein auszudehnen, unseren Platz im Kosmos zu finden, unseren edelsten Motiven zu folgen, unsere Mitmenschen besser zu kennen und anzunehmen, ihnen besser zu helfen und sie tiefer zu lieben.

Elemente und Motivation

Alles ist Energie! Diese eine allumfassende fließende Lebensenergie, die das gesamte Universum durchdringt, können wir mit unseren Sinnen (noch) nicht sehen, aber wir können sie in unserem Körper fühlen und in allem Lebendigen erkennen. Ohne Lebensenergie gibt es keine Bewegung, keine Form und keine Erfahrung. Wir haben der Lebensenergie die Namen Chi, Qi, Ki, Prana und Kundalini gegeben. In der westlichen Astrologie ist sie erkennbar an den vier Elementen Feuer, Erde, Luft und Wasser. Das fünfte Element Äther wird noch nicht berücksichtigt, aber zu gegebener Zeit miteinbezogen.

Elemente und Motivationen sind Eigenschaften, die uns in dieser Inkarnation zur Erfüllung unserer Aufgaben gegeben wurden. Alle Frequenzen der Tierkreiszeichen und der Planeten erhalten durch die Lebensenergie eine besondere Auswirkungsart. Um uns selbst, aber speziell auch unsere Kinder und allgemein unsere Mitmenschen besser zu verstehen, ist der Blick auf die Energieverteilung von großer Bedeutung, was vor allem in den Schulen der Zukunft Berücksichtigung finden wird. So hat ein Kind mit einem Widder-Merkur (kardinales Feuer) einen anderen Lernzugang als ein Kind mit einem Fische-Merkur (veränderliches Wasser). Dies zu erkennen, die Individualität zu unterstützen und dabei nicht zu urteilen, ist die Grundlage des Haussegens und des Weltfriedens, denn kein Element ist besser oder schlechter als das andere.

Die vier Elemente

Feuer: Widder, Löwe und Schütze

- Sehr intuitiv und kreativ
- Aktiv, initiativ, starker Glaube an sich selbst
- Spontan, direkt, willensstark, entschlossen
- Zerrform: herrschsüchtig, ungeduldig, taktlos, übertreibend, zerstörend, stolz

Erde: Stier, Jungfrau und Steinbock

- Sehr sinnlich und tatkräftig
- Praktisch, bodenständig, realistisch, sachlich, gewissenhaft
- Ausdauernd, pünktlich, geduldig, standhaft, verantwortungsbewusst
- Zerrform: stur, schwerfällig, geringschätzend, konservativ, unflexibel, träge

Luft: Zwilling, Waage und Wassermann

- Gedanklich sehr begabt und schnelle Kombinatorik
- Flexibel, rasche Auffassungsgabe, inspirierend, intelligent, vernetzt denkend
- Objektiv, voller Leichtigkeit, kooperativ, kommunikativ, wachsam
- Zerrform: unentschlossen, unzuverlässig, zu viele Gedanken, unehrlich, gefühlslos

Wasser: Krebs, Skorpion und Fische

- Sehr fühlend und medial veranlagt
- Mitfühlend, zärtlich, einfühlsam, ruhig, fantasievoll
- Hingebungsvoll, friedvoll fürsorglich, meditativ
- Zerrform: abhängig, hypersensibel, teilnahmslos, beleidigt, abweisend, kalt

Du kannst mithilfe der Horoskope deiner Familienmitglieder zu diesen Eigenschaften forschen, ihr könnt sogar ein Spiel daraus machen. Ihr werdet merken, dass die Energieverteilung in eurem Familiensystem seitens des Universums perfekt komponiert ist, damit ihr alle eure Lernschritte gehen könnt. Und ihr werdet fühlen, wie euch die Erkenntnisse in eure Mitte führen und mehr Raum für Kreativität und Liebe freisetzen.

Die drei Kreuze: Unsere Motivation

Unsere innere Motivation ist in den drei Kreuzen erkennbar und führt uns zu verschiedenen geistigen Zielsetzungen. Der Ablauf in den Kreuzen ist immer der gleiche und spiegelt sich in jedem Projekt, das ins Leben gerufen wird: Energie, Form, Erkenntnis. Wie in einem großen Welt-Team sind die drei Hauptaufgaben Kardinal/Fix/Veränderlich auf verschiedene Tierkreiszeichen verteilt, was natürlich immer im Kontext des gesamten Horoskopes betrachtet werden muss. Jeweils vier Zeichen bilden ein Kreuz.

Kardinal: Wille | Energie | Macht
Thema: Energie

- Kardinale Zeichen: **Widder** | **Krebs** | **Waage** | **Steinbock**
- Setzen Impulse, die Macher, »Alpha-Tiere«
- Viel Initiative, um etwas in Bewegung zu bringen
- Neues beginnen, Führung übernehmen, viel Eigeninitiative
- Brauchen viel Raum für Ideen!
- Kardinale Häuser: 1, 4, 7, 10

Fix: Sicherheit | Substanz | Reinheit
Thema: Form

- Fixe Zeichen: **Stier** | **Löwe** | **Skorpion** | **Wassermann**
- Nehmen Impulse auf und formen sie
- Gleichbleibender, ruhiger, stabilisierender Energiefluss
- Sind ausdauernd und bleiben an einer Sache dran
- Fix = umsetzen, etwas fixieren
- Fixe Häuser: 2, 5, 8, 11

Veränderlich: Liebe | Bewusstsein | Weisheit

Thema: Gedanke/Erkenntnis

- Veränderliche Zeichen: **Zwilling** | **Jungfrau** | **Schütze** | **Fische**
- Vollenden das, was durch Impuls und Form ins Leben gerufen wurde
- Durch hohe Anpassungsfähigkeit zur Erkenntnis
- Sehr flexibel und eher wenig Eigeninitiative
- Veränderlich = dabei sein, mitmachen, erleben, vollenden
- Veränderliche Häuser: 3, 6, 9, 12

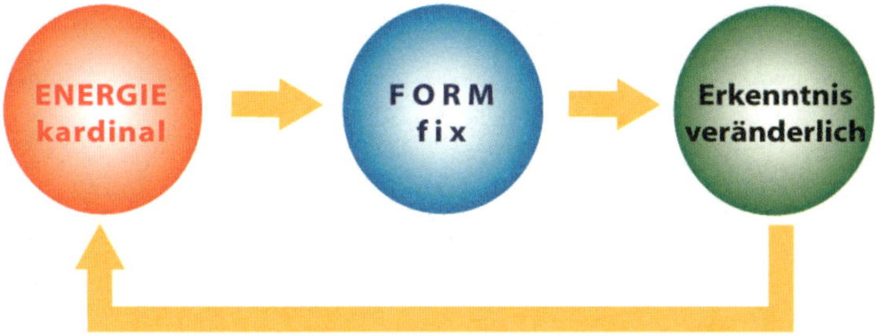

DIE ZWÖLF STERNZEICHEN

VON WIDDER BIS FISCHE

WIDDER

21. MÄRZ BIS 20. APRIL

- **Träger der kosmischen Impulse**
- **Türöffner für das Unbekannte**
- **Spirituelle Helden**

Die wichtigsten Merkmale der Widder-Frequenz

Tierkreiszeichen sind wie Tore, durch die ein Strom von kosmischen Energien umgewandelt wird in bestimmte Frequenzen, die wiederum auf uns Menschen unterschiedlich einwirken. Die wichtigsten Merkmale der Widder-Frequenz sind:

- Element: **Feuer**
- Motivation: **Kardinal** (Impulse setzen)
- Exoterischer Leitplanet: **Mars** | Strahl: **6**
- Esoterischer Leitplanet: **Merkur** | Strahl: **4**
- Galaktischer Leitplanet: **Uranus** | Strahl: 7
- Sternensystem: **Großer Bär**
- Duales Zeichen: **Waage**
- Harmonisch unterstützt durch **Löwe** und **Schütze**
- Herausgefordert durch **Waage**, **Krebs** und **Steinbock** auf dem kardinalen Kreuz
- Seelisch verwandt mit **Skorpion** und **Schütze** (Mars), **Zwilling** und **Jungfrau** (Merkur), **Waage** und **Wassermann** (Uranus)
- Entspricht im Lebensraum: **Haus 1**
- Strahl: **1** – Wille & Macht
- Strahl: 7 – Magie & Ordnung
- Meisterin: **Kwan Yin**, die Meisterin des Mitgefühls

Träger der kosmischen Impulse

Die Frequenz des Zeichens Widder gilt als der Geburtsort göttlicher Gedanken. Wenn die feurige kardinale Energie pulsiert, ist dies durch eine ausgeprägte Intuition fühlbar. Menschen, die speziell mit dieser Kraft gesegnet sind, sind Trägerinnen und Träger der kosmischen Impulse und übernehmen die hohe Verantwortung für den Stein des Anstoßes. Es ist die Kreativität des Universums, die diese Menschen mit ungeteilter Aufmerksamkeit als starke schöpferische Impulskraft wahrnehmen und in der Folge auch umsetzen können. Alles, was entstehen will, ist zuvor im Geiste bereits geschehen. So nimmt die Widder-Energie die erste Ursache auf, um neue Energien auf Planet Erde zu verankern und Potenziale hervorzuholen, die noch gar nicht vorhanden sind. Durch diese Gabe erhält das Leben eine größere Wichtigkeitsform für uns alle.

Das kosmische Feuer wird als reines Bewusstsein beschrieben, aus dem die gesamte Schöpfung hervorgeht – von der größten Galaxie bis zum allerkleinsten Atom. Aus dem kosmischen Feuer entspringt alles! Deswegen besteht hier auch eine energetische Verbindung zu Shamballa, einem ätherischen Kraftzentrum über den höchsten Bergen der Welt, dem Himalaja. Shamballa wird auch das »Eingangstor göttlicher Energien« genannt und ist der Aufenthaltsort der Meister der Weisheit. Sobald ein Mensch damit in Verbindung steht und das Ego sich führen lässt, wird die Intuition (Feuer) außergewöhnlich stark. In solch einem Zustand werden seelenzentrierte Menschen bewusste Verantwortung für den richtigen Gebrauch ihres Willens übernehmen, denn sie erkennen intuitiv den Evolutionsplan und richten ihre Tätigkeiten ganz danach aus.

Und jetzt wird es spannend:

Im kultivierten Bewusstsein der Neuen Zeit wird die Kraft (Mars) gebündelt, um neue Gedanken (Merkur) zu erschaffen.

Als Träger der kosmischen Impulse werden neue Ideen wie Samen in das Bewusstsein der Menschheit gesät, um zu neuen Lebensleitlinien zu werden. In gewissem Sinne geschieht hier eine Grenzüberschreitung in höhere Dimensionen des Wissens. Und dieses erfordert Mut. Denn wenn wir unserer Intuition folgen, wissen wir nie, wo wir landen. Wir werden in Bereiche vorstoßen, die noch kein Mensch betreten hat. Wir werden »auf Ideen kommen», die noch niemand zuvor gedacht hat. Wir werden die Grenzen unseres derzeitigen Wissens einfach durchbrechen und Räume erschließen, die außerhalb unseres bisherigen Fassungsvermögens liegen.

Wenn das niedere logische Denken und das höhere abstrakte Denken (Intuition) miteinander schwingen, kann die Denkkraft sehr mächtig werden. Und nichts ist bekanntlich mächtiger als eine Idee, deren Zeit gekommen ist. Ein Träger der kosmischen Impulse – also ein Mensch mit Widder-Energie – ist sich dessen bewusst. Und je mehr von ihnen zum multidimensionalen Wahrnehmen erwachen und die entsprechenden Impulse in die Welt einspeisen, desto leichter und höher werden die Schwingungen auf Planet Erde, was wiederum einen gigantischen Einfluss auf das ganze Universum hat. Das heißt, unser Bewusstsein bestimmt die Qualität unserer Handlungen und so formen wir die Welt.

Türöffner für das Unbekannte

Wir alle sind mindestens zu einem Zwölftel mit der Widder-Frequenz gesegnet. Aber speziell mit Planeten, Hauptachsen oder Mondknoten, die als Brennpunkte der Widder-Energie wirken, werden wir zu Trägern dieser Kraft, da die Feuer-Energie in uns direkt synchronisiert wird mit dem kosmischen Feuer, aus dem alles entsteht. So werden einige von uns zu Türöffnern und Wegbereitern für die vielen. Ihre Ideen sind im Ursprung spirituelle Impulse, die kreativ, zielgerichtet und mutig sind und immer wieder aufs Neue umgesetzt werden wollen. Sobald diese Menschen mit der Kraft des exoterischen Leitplaneten Mars die eigene Persönlichkeit führen können und die Seelenenergie durch den esoterischen Leitplaneten Merkur die Lebensausrichtung lenkt, beginnt ihr »Licht im Kopf« zu leuchten, sodass rhythmisch neue Gedanken (Merkur) einfließen, um sie gezielt

(Mars) umzusetzen. Dabei werden sie als Botschafter des Göttlichen nicht müde, ihr Werk zu tun. Die Beschäftigung mit jeder Art von Sprache (auch Programmiersprache), Wort, Schrift und Mimik wird ein zentraler Faktor in ihrem Schöpfen.
Sobald sie jedoch nutzlose Gedanken denken müssen, werden sie müde und total unkreativ, was insbesondere im Schulsystem der Neuen Zeit als Erstes berücksichtigt werden wird: Verliere keine Energie und keine Zeit mit unnötigen Gedanken!
So werden stark vom Widder inspirierte Menschen durch den ständigen Kontakt mit dem kosmischen Feuer zu Pionieren und Bewusstseinsbeschleunigern, da sie die Herausforderungen lieben und nichts sie aufhalten kann, wenn sie entschlossen sind. Denn sie haben etwas ganz tief verinnerlicht: Ohne Herausforderungen werden wir in unserer Bewusstseinsentwicklung zurückfallen. Daher übernehmen sie bewusst die Führung, haben große Freude daran, Türen zu öffnen, Bewegung ins Spiel zu bringen und Impulse zu setzen. Sie sind hierfür bereit, das Risiko einzugehen, alte Formen zu zerstören. Sie setzen ihre Power ein, bis die Egoschale der anderen bricht.
Einer der Schlüssel zum Erfolg ist speziell bei so viel feuriger Schubkraft das richtige Timing. Das kosmische Feuer brennt, wenn es brennt, und die erste Ursache muss durch die Disziplinierung des Emotionalkörpers präzise in Bewegung gesetzt werden, sodass daraus ein ganz neuer Ablauf entstehen kann, der allen dient. Das heißt:

- Beginne nicht zu früh, sonst verliert die Idee ihre Kraft.
- Warte nicht zu lange, denn dann haben andere Themen die Führung übernommen.
- Spüre den perfekten kosmischen Moment. Und dann starte.

Menschen, die die Verantwortung für die Widder-Frequenz übernehmen, bieten jeder Schwierigkeit die Stirn und lassen sich nicht von ihrem Ziel ablenken, das sie intuitiv erfassen können. So werden von den Wenigen Wege freigetrampelt und neue Türen geöffnet, durch die die Vielen hindurchgehen können. Hinter ihnen schließen sich diese Türen. Definitiv. Kein Zurück mehr möglich.

Selbst die Kirche richtet sich mit ihren Festen Ostern, Himmelfahrt und Pfingsten nach diesem kosmischen Feuer und feiert die Auferstehung des neuen Lebens, das der germanischen Göttin der Fruchtbarkeit, Ostara, geweiht ist. Ostern fällt immer auf den ersten Sonntag nach dem Vollmond in der Widder-Zeit. Im Gregorianischen Kalender ist es frühestens der 22. März und spätestens der 25. April.

Spirituelle Helden

Meist werden die Widder-Menschen zu unseren spirituellen Helden, denn sie setzen ihre starke schöpferische Impulskraft und ihren Mut ein, um auf Planet Erde neue lebensfördernde Formen zu verankern, um heiße Eisen anzupacken und um die Evolution im Dienst des Guten voranzubringen. Dabei leben sie eine natürliche Unerschrockenheit, die aus dem Bewusstsein kommt, veraltete Zustände sprengen zu wollen. Sie erkennen sich als feurigen Kanal, der mithilfe der richtigen Gedanken das Niedere in das Höhere transformieren kann. Durch ihr inneres Feuer können sie das Feuer in anderen entfachen, indem sie neue, kraftvolle Impulse geben, die direkt aus dem kosmischen Feuer stammen. Es war sehr berührend, meine Widder-Tochter zu sehen, wie sie mit vier Jahren die Skipiste hinuntersauste und unten angekommen strahlte:

»Man muss mutig sein,
sonst kommt man nicht vorwärts.«

Wir lieben sie als unsere Helden, da sie immer den direkten Weg nehmen. Die Resultate ihres Tuns können sie nicht unbedingt abschätzen, aber dies ist auch nicht wichtig in dem Moment, wenn Neuland zu erobern ist. Die Freude liegt im Spüren der eigentlichen Impulskraft und in einem tiefen inneren Wissen, dass jetzt dieses oder jenes zu tun ist, weil hierfür die Zeit reif ist, auch wenn niemand anderes dies wahrnimmt. Das stets in ihnen lodernde Feuer will einem sinnvollen Ziel zugeführt werden, mit möglichst wenig Wiederholungen – dafür sind sie geistig viel zu lebendig. Ihr optimistischer und erfolgsüberzeugter Geist braucht größtmöglichen Freiraum und beansprucht am besten gleich die Führung.

So gesehen macht es auch Sinn, dass statistisch gesehen im Zeichen Widder die wenigsten Menschen geboren werden, denn die Welt braucht nicht nur Pioniere. Aber diejenigen, die hier sind, brauchen wir. Denn was wäre unsere Welt ohne Helden? Kontinente blieben unentdeckt, die Weiten des Weltraums blieben uns verschlossen, die Evolution käme nicht vom Fleck ... Ja, unsere spirituellen Helden und ihr volles Potenzial sind wichtig für das ganze Universum.

Erwachtes Handeln

Eines ihrer stärksten Merkmale ist die Fähigkeit des erwachten Handelns. Durch erwachtes Handeln wird das äußere Lebensziel mit der inneren Lebensabsicht synchronisiert. Die kosmischen Impulsträger werden sozusagen eins mit dem Plan des Universums im Wissen, dass Ideen mächtige Kräfte sind, die ihnen gegeben werden, um sie anzuwenden. Dabei ist ihnen bewusst, dass jeder einzelne Moment mit der Totalität des Kosmos verbunden ist und dies eine hohe Verantwortung mit sich bringt. So entwickeln sie die Fähigkeit, sowohl die eigenen Gedanken als auch die damit verbundenen Gefühle führen zu können. Leitgedanken hierbei könnten sein:

- Du kannst dich weigern, Gedanken zu denken, die niemandem dienen.
- Du kannst dich weigern, Gedanken von anderen Menschen zu denken, wenn du merkst, dass sie dir nicht guttun. Harry Potter spricht davon, ihnen nicht zu erlauben, in deinen Kopf einzudringen.
- Du kannst dich weigern, Sätze auszusprechen, die nur eine leere Hülle sind.
- Du kannst dich entscheiden, deine Gedanken in klarem Licht zu halten.
- Du kannst dich entscheiden, dich an nichts zu beteiligen, was dem Leben schadet. So kannst du deinem Streben eine neue Richtung geben, eine neue Schönheit.
- Investiere in die Wahrheit und lass sie in Frieden wirken.

Durch erwachtes Handeln kommt es zur Umkehrung der Prioritäten. Das Ergebnis ist unendlich kraftvoll und maßgeblich für die Neue Zeit. Hierfür braucht es nach Eckhart Tolle:

- Bereitwilligkeit: Du bist in Frieden mit dem, was du tust.
- Freude als dynamischen und verbindenden Aspekt des Seins.
- Enthusiasmus, mit dem du auch andere Menschen ansteckst, ohne sie zu zwingen.

Freier Wille, gefangener Wille, göttlicher Wille

Wir alle verfügen über eine gewisse, durchaus nicht unbedeutende freie Willenskraft. In *Ein Kurs in Wundern* heißt es, dass wir zwar festlegen können, wann wir etwas lernen wollen. Aber wir haben nicht die Macht, die Themen, die es zu lernen gilt, zu bestimmen. Das heißt, wir haben einen freien Willen von der Ebene unseres Bewusstseins abwärts, von der Frequenz, die wir erreichen *und* halten können. Wir haben jedoch keinen freien Willen, wenn es um die höheren Leitlinien des größeren Lebens geht, in dem wir nur eine Zelle sind. Was auch immer der größere göttliche Wille (Pluto) beabsichtigt, wir alle werden uns anpassen müssen, da wir als Teile des Ganzen dem höheren Willen unterliegen.

Wir können also alles machen, was wir wollen.
Aber wir können nicht alles wollen, was wir wollen.

Zu unserer kleinen Handlungsfreiheit gehört auch, dass wir Fehlschöpfungen erschaffen, um zu lernen. Im Extremfall jedoch kann ein gefangener, also antrainierter Wille eine Situation erzeugen, die nicht mehr aushaltbar ist, denn niemand nimmt uns das Recht auf Unglücklichsein. Jedoch ist unsere Leidensfähigkeit (Chiron) nicht grenzenlos, da wir uns auch in der tiefsten Spaltung nicht von der Quelle abtrennen können. Deshalb kommt es genau in solchen Fällen dazu, dass die Quelle unserer Fähigkeit, fehlzuerschaffen, Grenzen setzt (Saturn) – und das ist der Wendepunkt! Diese Form von Gnade zu erfahren, führt meist zum Ende der egozentrischen Einstellung und zur vollen Mitarbeit am kosmischen Plan, denn es wird eine Intelligenz aktiviert, die viel umfassender ist, als unser kleiner Erbsenverstand es jemals begreifen kann.
Wenn wir also davon ausgehen, dass ein dynamischer kosmischer Plan vorgegeben ist, der die großen evolutionären Lebensleitlinien setzt, dann bestimmen der freie Wille und der Mut die Geschwindigkeit unserer Entwicklung. Über die ganze Spezies gesehen ergibt sich daraus der freie Wille der Menschheit, auf kosmische Gelegenheiten zu antworten, und damit bestimmen wir alle die Geschwindigkeit der Evolution. So kann das Werden durch einen stetigen Prozess der Verwirklichung von Potenzialen, die noch gar nicht existieren, voranschreiten.

Je mehr wir uns von der Lebendigkeit der Quelle entfernen, ...

... desto mehr wird diese Willenskraft im niedersten Aspekt für das kleine Ich eingesetzt. Das Verlangen, die eigenen Wünsche zu leben, ist hier sehr instinktgesteuert und macht die Menschen oftmals komplett richtungslos und ziellos impulsiv. Persönliche Anerkennung des kleinen Ichs steht im Mittelpunkt, gekoppelt mit einer Neigung zu Territorialverhalten. Vorwärtsstürmende Begeisterung, die oft über das Ziel hinausschießt, löst sich ab mit Phasen, in denen das Feuer wieder in sich zusammenfällt.

Die Lektionen des Lebens werden auf dieser Stufe durch Siege und Niederlagen gelernt, durch ein Leben zwischen Pokalen und Scherbenhaufen.

Wird das gigantische kosmische Feuer als Hemmung gelebt, haben sich oftmals Traumata im System versteckt, die allenfalls auch schon vorgeburtlich erfahren wurden und zu einer untypischen Schüchternheit führen. Oder die lebensbejahende, freudige Impulskraft musste bereits im Kleinstkindalter verdrängt werden, womit die vielen guten Ideen im Keim erstickt werden mussten und die Kraft im Inneren eine Depression auslösen kann.

Wird die Widder-Energie jedoch führungslos in ihren niedersten und am wenigsten wünschenswerten Aspekten als Kompensation gelebt, fliegen rasch die Fäuste und man greift schnell zur Waffe, wobei Waffen immer ein Ausdruck der Angst sind. Der Drang nach mentaler Überlegenheit und nach Macht über andere wird zum zentralen Element der Erfülltheit. Das Bedürfnis nach körperlicher Überlegenheit und das Verlangen, immer Sieger sein zu müssen, führen zu einer Art von Wettbewerb, der sich auf jeden Aspekt des Lebens auswirkt, was auf dieser Ebene alle nur denkbaren Scheußlichkeiten hervorbringen kann. Der Wettbewerb um äußere Macht ist der Kern aller Gewalt und zerstört die natürliche Tendenz zur Harmonie zwischen den Nationen, zwischen Freunden, zwischen Liebenden, zwischen Familien und zwischen Mensch und Natur. Mit einem rücksichtslosen blinden Willen, der nur auf den eigenen Vorteil schaut, und mit Gedanken wie »höher, schneller, weiter« haben wir uns während der letzten 6000 Jahre Leistungsgesellschaft an den Rand der Zerstörung unseres Planeten geführt. Und plötzlich im Jahr 2020 steht die Welt still, vordergründig ausgelöst durch ein kleines Virus als Brandbeschleuniger, energetisch gelenkt durch einen neuen mächtigen Zyklus von Saturn und Pluto in Steinbock mit ihrer historischen Konjunktion am 12. Januar 2020. So beginnt das Erwachen.

Der Weg zurück zum vollen Potenzial …

… kann dann beginnen, wenn die duale Energie erkannt und integriert wird. Im Fall von Widder ist es die Energie der Waage-Frequenz. Mit aufziehender Krise beginnen die niederschwingenden Widder-Menschen die Waage-Kräfte gezielter einzusetzen. Sie beginnen zu erkennen, dass es nicht nur um ihr eigenes Wohlbefinden geht, sondern auch um das Wohl der anderen (Waage). Anstelle des instinktiven Kämpfens erkennen die Widder-Menschen jetzt ihr Potenzial zum Ausgleichen von Ungerechtigkeiten und beginnen, die enorme Kraft der natürlichen Widder-Aggression einzusetzen, um in unharmonischen Situationen Gleichgewicht herzustellen. Unter solchen Umständen entdecken diese Menschen ganz neu die Bedeutung von Liebe – und die wahre Konfliktfähigkeit beginnt.

Laserpointer zur integrierten Energie in Widder und/oder im 1. Haus

Sonne:	Bewusstes Handeln
Mond:	Freude an der Bewegung
Merkur:	Lichtvolles Denken
Venus:	Kreative Bezogenheit
Lilith:	Einfordernde Gleichberechtigung
Mars:	Heldenhafte, zielgerichtete Türöffner
Jupiter:	Weises Handeln
Saturn:	Klare Führung ins Neue
Chiron:	Intrinsisches Handeln
Neptun:	Spirituelle Führung
Uranus:	Aufsprengen neuer Lebensleitlinien
Pluto:	Totalität des kosmischen Willens

Inspirationen

- Was ist deine wahre Absicht?
- Wer oder was ist dir wirklich wichtig?
- Verabschiede alles, was nicht dem Leben dient.
- Wenn nicht jetzt, wann dann?
- Wenn du den Ruf fühlst, weißt du, was zu tun ist.
- Erlaube dir, neue Umstände zu erschaffen.
- Dreh dich nicht um!
- Du kannst dich in das geistige Feld einloggen.
- Du kannst deinen Mitmenschen mit deinen Ideen helfen.
- Spüre deine innere Begeisterung für deine Aufgabe.
- »Ich schaffe es!«
- Alles ist möglich.
- Nicht deine Ziele sind wichtig, sondern das Bewusstsein, dem sie entspringen.

- Du bist eine Idee, für die du dich geboren hast.
- Bist du bereit für deine Reise des Helden, der Heldin?
- Wirkt dein Handeln verbindend oder trennend, lebensdienlich oder lebensfeindlich?
- Unterbrich die Identifikation mit dem Ergebnis.
- Beobachte: Viele Menschen spielen Spiele und rauben sich gegenseitig Energie, weil sie nicht wissen, wie sie die Energie aus sich selbst heraus erzeugen können.
- Der Kopf ist rund, damit das Denken seine Richtung ändern kann.
- Wir alle sind Pioniere des Übergangs.

Widder: Leitbegriffe für die Entwicklung des höheren Potenzials

Niedere Aspekte des Egos	Im Erwachen	Höhere Aspekte der Seele
Instinktiv	Ausgerichtet	Einsatz für den Plan
Ich bin, du bist nicht	Ich bin und du bist	Ich & du & wir sind eins
Schnell wütend	Geduld lernen	Den höheren Willen akzeptieren
Überfordert andere	Selbstbeherrschung	Großzügigkeit
Unmittelbar	Geplant	Vereint
Konfliktgeladen	Persönliche Schwächen eingestehen	Schwächen der anderen ansprechen
Wettkampf und Stress	Aggression kanalisieren	Freude an der Bewegung
Zerstörerisch	Sinnvolle Ziele anstreben	Schöpferische Kreativität
Feuer des Verlangens	Feuer der Aspiration	Feuer der Identifikation
Eifersüchtig	Den eigenen Stolz durchschauen	Treue Freundschaften

Niedere Aspekte des Egos	**Im Erwachen**	**Höhere Aspekte der Seele**
Schnell gelangweilt	Erlebnishunger zügeln	Eroberer sein
Überlegen sein wollen	Zielgerichtetheit	Träger der Kraft
Blinder Wille	Kämpft mit dem Willen	Weiser Gebrauch des Willens
Unbelehrbar	Disziplinierung der Sprache	Der Wahrheit verpflichtet
Unbeherrschtheit	Beherrschtes Denken	Liebevolle Gefühle
Will erzwingen	Gelassenheit	Große Durchsetzungskraft
Selbstverteidigung	Verletzungen akzeptieren	Einweihender des Seelenfeuers
Pulsieren	Glühen	Strahlen
Blinder Wille	Geistigen Willen entwickeln	Führt und beschützt andere als spiritueller Lehrer

Dualität Widder – Waage

Die Vervollkommnung gelingt durch die Integration der dualen Frequenz – beim Widder ist das die Frequenz der Waage.

Widder | **Feuer**	**Waage** | **Luft**
Lebt natürliche Aggression	Lebt Harmonie
Hört nur auf sich selbst	Fragt immer erst die anderen
Sagt immer zuerst Ich	Sagt immer zuerst Wir
Kraft und Siegen	Anmut, Eleganz und Schönheit
Sucht den Wettbewerb	Sucht Spiegel
Weiß nicht, dass es Spiegel gibt	Sucht ihr Spiegelbild
Liebt den Kampf	Lässt kämpfen
Handelt, ohne zu denken	Denkt, ohne zu handeln

Geboren im Zeichen Widder

Bekannte Frauen	Bekannte Männer
Franziska van Almsick	Hans Christian Andersen
Lale Andersen	Otto von Bismarck
Montserrat Caballé	Marlon Brando
Claudia Cardinale	Wernher von Braun
Mariah Carey	Wilhelm Busch
Bette Davis	Jackie Chan
Céline Dion	Nikita Chruschtschow
Agnetha Fältskog	René Descartes
Aretha Franklin	Joschka Fischer
Lady Gaga	Bruno Ganz
Jane Goodall	Hans-Dietrich Genscher
Jennifer Grey	Terence Hill
Margot Honecker	Vincent van Gogh
Doris Day	Herbert Grönemeyer
Marika Kilius	Joseph Haydn
Keira Knigthley	Elton John
Margarethe II.	Karl der Große
Brigitte Macron	Wladimir Klitschko
Nena	Helmut Kohl
Sarah Jessica Parker	Heath Ledger
Esther Schweins	Heinrich Mann
Simone Signoret	Wilhelm Conrad Röntgen
Marietta Slomka	Gerhard Schröder
Jutta Speidel	Klaus Schwab
Ingrid Steeger	Quentin Tarantino
Simone Thomalla	Peter Ustinov
Emma Thompson	Leonardo da Vinci
Jasmin Wagner	Richard von Weizsäcker
Emma Watson	Wilhelm I.
Reese Whiterspoon	

STIER

21. APRIL BIS 20. MAI

♉

- **Schönheit als Ausdruck des göttlichen Lichts in der Form**
- **Weiße Magie in Aktion**
- **Fülle erzeugt Fülle**

Die wichtigsten Merkmale der Stier-Frequenz

Tierkreiszeichen sind wie Tore, durch die ein Strom von kosmischen Energien umgewandelt wird in bestimmte Frequenzen, die wiederum auf uns Menschen unterschiedlich einwirken. Die wichtigsten Merkmale der Stier-Frequenz sind:

- Element: **Erde**
- Motivation: **Fix** (Impulse aufnehmen und formen)
- Exoterischer Leitplanet: **Venus** | Strahl: **5**
- Esoterischer Leitplanet: **Vulkan** | Strahl: **1**
- Galaktischer Leitplanet: **Vulkan** | Strahl: **1**
- Sternensysteme: **Plejaden** und **Großer Bär**
- Duales Zeichen: **Skorpion**
- Harmonisch unterstützt durch **Jungfrau** und **Steinbock**
- Herausgefordert durch **Skorpion**, **Löwe** und **Wassermann** auf dem fixen Kreuz
- Seelisch verwandt mit **Waage, Zwilling** und **Steinbock** (Venus)
- Entspricht im Lebensraum: **Haus 2**
- Strahl: **4** – Harmonie durch Konflikt
- Meisterin: **Mutter Maria**, die Integration der Vollkommenheit

Schönheit als Ausdruck des göttlichen Lichts in der Form

Die Frequenz des Zeichens Stier ist äußerst mächtig, denn sie ist die einzige im Tierkreis, die durch den wenig bekannten Leitplaneten Vulkan beherrscht wird, und zwar gleich zweifach: esoterisch und galaktisch! Hierdurch entsteht eine enorme Willenskraft, die direkt aus dem Energiezentrum der Welt, Shamballa, einströmt und mit den Einflüssen der Sternensysteme der Plejaden und des Großen Bären koordiniert wird. Da diese mächtige Frequenz zudem durch das Element Erde wirkt, haben wir es hier mit einer äußerst kraftvollen

Schöpfungsenergie zu tun, die ganz reale Resultate erschaffen will, denn Vulkan gilt als der Schmid der Götter. Es will sozusagen die Absicht Gottes eine materielle Gestalt annehmen.
Außerdem gilt die Frequenz des Zeichens Stier als die Energie der Lichtbringer, denn diese Frequenz erleuchtet. Ist sie hochschwingend aktiv, beginnt die Lichtlinie im Kopf zwischen Epiphyse (Zirbeldrüse) und Hypophyse zu vibrieren, sodass das dritte Auge, das Ajna-Chakra auf der Stirn zwischen den beiden Augenbrauen, in Schwingung kommt und zu einer kosmischen Antenne wird. Dann werden wir sehend. Wenn Stier-Menschen vom Licht der Erkenntnis getroffen werden, wird die dichte Form, die vielleicht über Jahre behütet wurde, vollkommen zerstört (Vulkan!), sodass plötzlich von jetzt auf gleich nichts mehr ist, wie es vorher war. Wehe, wenn ein Geistesblitz sie trifft, dann gibt es kein Zurück mehr! Sobald ihre außerordentliche Willenskraft die Führung übernimmt, werden Formgebung und Neuordnung aller Bereiche, die sie berühren, ermöglicht, und dies beinhaltet immer auch die totale Zerstörung der alten Form.

Diese Menschen sind gekommen, um durch ihre Liebe die Frequenz des neuen Bewusstseins fest auf unserer Erde zu verankern.

Menschen, die mit dieser Stier-Frequenz gesegnet sind, haben einen eingeborenen Drang, das göttliche Licht, das sie innerlich erschauen, in dessen ganzer Schönheit zu manifestieren. Schönheit ist der göttliche Aspekt der Form und für uns alle ein tief archaisch berührendes Konzept, weil es eine direkte Verbindung zum göttlichen Ursprung enthält, zu dem wir uns hingezogen fühlen und nach dem wir uns (zurück-)sehnen. Schönheit enthält von daher eine Erhabenheit, die durch ihre magnetische Liebe Ordnung, Freude und innere Ruhe hervorruft und so die Ausgeglichenheit des Kosmos fördert. Hierfür ist der exoterische Leitplanet Venus sowohl in Stier als auch in Waage federführend. In beiden Zeichen ist jeder Beitrag zur Schönheit immer durch Liebe motiviert, und wenn Liebe in uns ist, haben wir kein anderes Bedürfnis, als sie zu leben.

Auf den feinstofflichen Ebenen organisiert Schönheit die Aura eines Menschen und ordnet alle Strömungen, sodass dieser Mensch in seiner Energie angehoben wird. Wenn wir schöne Gegenstände und qualitativ hochstehende Materialien in unsere Energiekörper bringen, ist es, als würden wir die Helligkeit in unseren Lichtverbindungen höher drehen. Schöpfen die Stier-Menschen aus ihrem höchsten Potenzial, dann strahlt das Licht durch die Form aus, und das Resultat ist derart perfekt, dass wir es ein Kunstwerk nennen, für das wir gut und gern viel Geld bezahlen.

Wird ein Kunstwerk geschöpft, egal ob es ein Bild oder ein Lied oder irgendeine andere Art von Kunst ist, entsteht ein lichtvoller Kanal, der durch die Künstler hindurchgeht. Sie wirken dann wie eine Stromrinne für den Geist und empfangen einen Download aus einer anderen Dimension. Wenn sie zum Beispiel ein Buch schreiben, wandeln sie die Lichtfrequenz um und lassen sie als Worte direkt in das Buch hineinfließen. Dabei arbeiten alle Künstler mit ihrem wunderschönen Licht-Team von der anderen Seite und erschaffen irdische Werke, deren Frequenz aus einem wesentlich höheren Raum stammt. Kein Künstler arbeitet allein.

Wenn wir dann die Kunst erleben, kommen wir in Kontakt mit dieser höheren Frequenz, egal, ob wir ein Gemälde betrachten, einen Film anschauen, ein Buch lesen oder einer Musik zuhören. Wir verbinden uns in dem Moment über das Bewusstsein der Künstlerin oder des Künstlers durch das große Gitter des Lebens direkt mit der schöpferischen Quelle. Und dann geschieht Heilung.

Ich durfte dies einmal in einem Museum in Berlin still von außen beobachten. Die Bilder aus der späten Phase des Malers Mark Rothko waren in seinem abstrakten Expressionismus Wegbereiter der Farbfeldmalerei. Es sind schlichte Farbflächen, über die so mancher Vater sagen würde: »Das kann mein Sohn auch.« Ich kam in einen Raum des Museums, wo sich eines der gigantisch großen Werke von Rothko befand, mit »nur« zwei Farbflächen. Mehr nicht. Auf der Bank vor diesem wunderschönen Gemälde saßen zwei Menschen, die tief in dieses Bild versunken zu sein schienen und hingebungsvoll weinten. Dies war meine erste bewusste Erkenntnis darüber, welch heilende Kraft unser Bewusstsein der höchsten Aspekte auszulösen vermag, indem es durch seine reine Anwesenheit die Ströme in uns ordnet und sie energetisch anhebt. Alle Kulturen aller Zeiten machten nicht von ungefähr immer dann, wenn Kunst gefördert, ermutigt und gefeiert wurde, die größten Erfahrungen der Verbundenheit.

Wahrhaftige Kunst ist die Antwort auf alles, denn sie setzt eine höhere Energie in uns frei und erleuchtet uns von innen, sofern wir dafür offen sind. Die Welt zu heilen, unsere Gesellschaft zu heilen, heißt, Kunst zu umarmen.

Musik ist eine der besten Möglichkeiten, dies zu erleben. Musik aus den höchsten Sphären verändert unsere Energien komplett, indem sie alles in uns in die ursprüngliche göttliche Ordnung zurückführt. Musik kann durch ihre rhythmischen Vibrationen unser Denken und Fühlen verändern und klärend beeinflussen. Deswegen werden auch Musik, gemeinsames (Mantra-)Singen und Tönen wichtige Teile der Medizin der Zukunft sein und in den neuen Schulen werden sie zu Hauptfächern.

Selbst wenn du nicht perfekt singen oder musizieren solltest, singe öfter mal ein Lied, das du liebst, auch mit deinen Kindern. Denn die Schwingung der Musik, verstärkt durch deine Freude beim Musizieren oder Hören, stimuliert das innere Licht.

Weiße Magie in Aktion

Durch die Stier-Frequenz wirkt unter anderem das Gesetz der Vergänglichkeit aller Dinge, das eng verbunden ist mit dem Buddha-Bewusstsein, mit Erleuchtung durch die Loslösung vom Materiellen. Das Wort »Buddha« kommt aus dem Sanskrit und bedeutet »Erleuchteter« oder »Erwachter«. Buddha wurde der Legende nach im Zeichen Stier geboren, erfuhr in Stier seine Erleuchtung und verstarb im Zeichen Stier. Das Licht, das sich Buddha offenbarte, wird das Licht der Erkenntnis genannt, das den Pfad beleuchtet und uns zu weisen Menschen macht. Die erleuchteten Weisen von heute sind allerdings nicht unbedingt freier als Buddha, denn die zeitlose Leere hat sich nie verändert, aber sie sind voller im Bewusstsein und in der Lage, aus einer größeren Fülle heraus zu erschaffen.

So werden die spirituell Ausgerichteten unter ihnen die Erleuchteten der Gesellschaft. Sobald ihr drittes Auge, das Ajna-Chakra, geöffnet ist und in seiner ganzen lichtvollen Schönheit strahlt, werden sie sehend. Das Licht der Vision stimuliert in ihnen eine derart kraftvolle, alles verändernde Energie, die Berge versetzen kann und sie zu absoluter Entschlossenheit motiviert, ihren wahren Weg des Willens zu gehen, immer geführt durch den großen Willen des göttlichen Planes. Dabei sind sie innerlich wie ein Felsen in der Brandung und gehen äußerlich beharrlich weiter, egal, was ist.

Sobald sich die Stier-Menschen mithilfe ihres starken Willens nicht mehr von den materiellen Bindungen und all ihren Vergnügungen manipulieren lassen, erhalten Kunst, Design und Architektur eine vollkommen neue Bedeutung. Sie »packen den Stier bei den Hörnern« und beginnen, durch ihre Kreativität ihre Umwelt nachhaltig zu verändern, indem sie die Brücke zwischen Genuss und großer Verantwortung erschaffen. Geistige Ruhe, Meditation und Zeit für Erleuchtung werden ihre besonders wichtigen Ratgeber, mit deren Hilfe sie sich für die Verbesserung der Zustände in der Welt einsetzen, denn sie können das Licht in jedem Menschen stimulieren. Durch ihr feines Gespür für das richtige Timing, durch ihre Wachheit und ihre enorme Kraft sind sie fähig, alles Schlechte oder Überholte, alle ausgedienten Formen in ihrem Umfeld zu zerstören und alles freizumachen für den nächsten Entwicklungsschritt von schöneren Manifestationen durch helleres Licht. Das ist weiße Magie in Aktion.

Übrigens gilt der Tag des Vollmondes in der Stier-Zeit jedes Jahr als das große Fest des Ostens, das man das Vesakh-Fest nennt. Im kosmischen Ablauf kommt es nach dem großen Fest des Westens, dem Osterfest im Widder-Zeichen, und vor dem Menschheitsfest im Zeichen Zwilling. Da sich das Timing des Vesakh-Festes als auch des Osterfestes nach dem Kosmos richtet, fallen diese beiden heiligen Feste in Ost und West jedes Jahr auf einen anderen Tag, sind also variabel, rhythmisch, zyklisch.

Fülle erzeugt Fülle

Wir alle sind mindestens zu einem Zwölftel gesegnet mit der Stier-Frequenz. Aber speziell Menschen mit Planeten, Hauptachsen oder Mondknoten, die als Brennpunkte dieser Stier-Energie wirken, werden zu Trägern des Fülle- oder des Reichtums-Bewusstseins, das nicht (mehr) mit dem weltweiten Armutsbewusstsein in Resonanz geht. Somit ist die Stier-Frequenz ganz physisch mit den Themen Geld und Nahrung verbunden, aber auch mit Landwirtschaft, Fruchtbarkeit, mit der Liebe zur Natur, mit Geschmack, mit dem Kehlkopf, mit der Sprache und mit Kunst. Fortgeschrittene spirituelle Menschen gehen äußerst achtsam um mit Nahrung, mit Sprache und mit Besitz. Sie achten sehr auf die Menge und die Qualität.

Das Fülle-Bewusstsein ist ein Charakteristikum des Stier-Zeichens und zeigt sich insbesondere in der Einstellung zum Geld. Geld ist ein Symbol der Konzentrierung menschlicher Arbeitsleistung in materielle Werte. Es erleichtert den Austausch von Gütern und Dienstleistungen und ist damit eine der großen Erfindungen der Menschheit. Wird es richtig verstanden, kann damit sehr viel Gutes getan werden. Aber es anzubeten oder es besitzen zu wollen ist ebenso falsch wie es zu verachten. Alles, was rein ist, ist an seinem Platz. Dies ist den kultivierten Stier-Menschen bewusst, denn sie können als Formgebende ihr enormes Potenzial an Erfolg ausschöpfen, indem sie magnetisch alles zu sich heranziehen, was sie brauchen, um die Welt mit ihren Werken oder mit ihrem Geld zu prägen.

Fülle basiert auf dem Gesetz der Ausdehnung. Mangel basiert auf dem Gesetz des Entzugs. Im Moment des Mangels wird uns etwas entzogen, das wir nicht sind, denn in der Welt des Mangels hat Liebe keine Bedeutung und so wird Frieden unmöglich. Aber wenn Liebe in uns ist, haben wir das Bedürfnis, mit anderen zu teilen, so wie die Schöpfung unentwegt ihre Macht mit uns teilt. Dies wird immer als wohltuend empfunden und sich in der Neuen Welt unter anderem in der Sharing Economy zeigen.

> Fülle, Großzügigkeit und Freigiebigkeit sind gespeist aus einer inneren Kraftquelle des Vertrauens in die eigenen Ressourcen und aus dem Wissen, dass immer genug für alle da ist.

Menschen, die aus eigenem Antrieb wohlhabend werden, sind selbstsicher, denn sie schöpfen aus der Kraftquelle ihrer Ressourcen. Und sie haben meist mehr Zutrauen in ihre eigenen Problemlösungskapazitäten. Die Psychologie nennt es Selbstwirksamkeit, also ein Zutrauen, dass man selbst neue Herausforderungen gut lösen kann, vielleicht sogar besser lösen kann als andere. Auch ein finanzieller Vollcrash bringt selbstwirksame Menschen nicht gleich aus der Fassung, denn sie wissen, wie sie aus ihren eigenen Ressourcen wieder Neues schöpfen können.

Hierzu gehört auch, dass sich die Menschen auf der Stier-Frequenz bewusst sind, wie wichtig es ist, sich nur mit den richtigen Leuten zu umgeben, mit Menschen, die sie unterstützen und die ihre Fülle nehmen können, weil sie selbst in Fülle sind (Resonanz!). Kleinstgeistmenschen, die sich mit Besitz identifizieren und deshalb nicht mit Erfolg umgehen können, weil sie Erfolg nicht kennen und er ihnen Angst macht, lassen sie nicht in ihr Aurafeld. Denn wenn nur der anhaftende Besitz Sicherheit bedeutet und immer nur der sichere Hafen gesucht wird, weil im Innen Mangel und Zweifel herrschen, erstickt der Mensch schließlich durch Festhalten.

Armutsgelübde

Eine alte spirituelle Praxis war es, ein Armutsgelübde abzulegen, um das Ego über den Verzicht auf Besitz zu läutern. Aber dies allein befreit uns nicht von dem niederen Aspekt der Fülle. Denn sobald dem Ego eine Identifikationsmöglichkeit entzogen wird, findet es rasch eine andere. Es gibt Menschen, die sich damit brüstend allem Besitz entsagt haben und trotzdem ein größeres Ego leben als mancher Millionär. Auch heute noch sind Konsumverweigerung oder Ablehnung von Privateigentum ein mentales Raster, eine Geisteshaltung, die an die Stelle der Identifikation mit dem Besitz treten kann. Dadurch können sich diese Menschen ins Recht und andere ins Unrecht setzen, was ein grundsätzliches Denkmuster des Egos ist.

Eine Frage stellt sich: Was hindert uns eigentlich daran, all unsere Begabungen und Potenziale voll zu entfalten? Es ist die Unkultur, die uns überall erleben lässt, dass wir zu Objekten der Erwartungen, der Belohnungen, der Bewertungen, der Angst vor Strafe, der Maßnahmen und der Anordnungen gemacht werden. »Wenn du brav bist, belohne ich dich mit einem Lolly.« In den alten Schriften steht immer: Denk darüber nach.

Je mehr wir uns von der Lebendigkeit der Quelle entfernen, ...

... desto mehr wird diese außergewöhnliche magnetische Willenskraft im niedersten Aspekt für das kleine Ich eingesetzt. Das Begehren und Besitzen-Wollen sind hier sehr instinktgesteuert und machen diese Menschen oftmals sehr anhaftend, unflexibel, stur und blind. Liebe und Menschlichkeit werden vollkommen ausgeblendet. Angestellte werden als Material gesehen, als Human Resources, dessen Potenzial per Human Design aktiviert werden soll. Und Menschen, die auf Dauer aufgrund einer körperlichen oder geistigen Behinderung nicht mehr in der Lage sind, einer Erwerbstätigkeit nachzugehen, erhalten eine Invalidenrente. Sie sind »invalid«: ungültig.

Wird diese kreativ gestaltende Stier-Energie als Hemmung gelebt, kommt es zu einem Minderwertigkeitsproblem. Das Wissen um Vollkommenheit ist so kraftvoll im Kern verankert, dass diese Stier-Menschen mit all ihren Unvollkommenheiten dieses Ziel scheinbar nie erreichen können und durch die Angst, nicht genug zu wissen, nicht genug zu haben, nicht genug zu sein, in ihrem übertriebenen Sicherheitsdenken festsitzen. Oft gehen sie nicht in die praktische Umsetzung und anstatt sich zu bewegen, werden sie schwerfällig, träge und ihre Zerstörungstendenz macht sie zu einem »Dickkopf«, was zu einer lang andauernden Depression führen kann. Sie sparen für die Zukunft, denn sie wollen es für sich und ihre Kinder einmal besser haben als alle anderen. Sie fühlen sich in ihrem Wesen nicht wertgeschätzt, entwickeln Gier, Neid und Eifersucht, wodurch sie sehr leicht manipulierbar sind. Sie sehen immer nur das, was die anderen mehr haben als sie selbst. Im Kino besetzen sie als Erstes mit ihrem Schal die besten Plätze; zum Sommerschlussverkauf stehen sie schon vor Ladenöffnung am Eingang; beim Einstieg in den Bus kämpfen sie sich mit ihren Ellenbogen nach vorn; während der Pandemie wird alles gehortet, von Klopapier bis Diamanten. Ihre Persönlichkeit wird von einem Mangelbewusstsein getrieben und von einer tiefen Lebensunsicherheit

beherrscht. Sie hungern bei jeder Gelegenheit nach eigennütziger Bestätigung, alles immer perfekt getarnt als Bescheidenheit.
Wenn sie in diesem Zustand mit ihren machtvollen Gedanken etwas bauen wollen, ohne die spirituelle Reife erreicht zu haben, können sie schnell zum Opfer ihres Ehrgeizes werden und in den Burn-out rennen oder schlimmer. Ihr äußerst hoher Anspruch an das Leben kann nie erfüllt werden, sodass sie alles Materielle horten und sehr gut bewachen – oder es verachten.
Wird die Stier-Energie auf der anderen Seite in ihren niedersten und am wenigsten wünschenswerten Aspekten als Kompensation gelebt, wird die kosmische Liebe, zu der sie fähig wären, durch ihre Arroganz verleugnet, und es kommt zu allen niederen Ausprägungen von Gigantismus, Reichtum und Macht über andere. Im Extremfall gehen sie in ihrem Wahn sogar »über Leichen«. Ihr Leben ist vollkommen von der Anziehungskraft der Materie gefangen. Sie geben sich dem Vergnügen hin, laufen von einem Event zum nächsten, schmücken sich in ihrer selbstverliebten Eitelkeit mit einer Trophy Wife und sind mit ihrem Heiligtum der Aktien und Edelmetalle identifiziert. Sobald nur der Funke einer Wirtschaftskrise ins Gespräch kommt, sind sie blind fixiert auf die mögliche Vernichtung ihres Vermögens und machen gewaltig Stimmung, dass dies das Ende der Welt sei.
Hier wird der typische starke Wille nur für das Befriedigen der Gefühle und der persönlichen Wünsche eingesetzt. Das Verlangen nach schönen Dingen und der Wunsch nach Sex, Vergnügen, Bequemlichkeit, Sicherheit und Anerkennung sind sehr hoch, denn sie sind die totalen Materialisten und wollen mehr, als sie bekommen. Das ist einer der Gründe, warum oft ein Sammlertrieb besteht, wenn das Begehren über das Erreichte hinausgeht. Wofür braucht ein Mensch eigentlich zwanzig Autos? Der scharfe Neid, der ständig mit anderen vergleicht und mit nichts zufrieden ist, treibt sie entweder in den krankhaften Geiz oder in den finanziellen Leichtsinn. Oft verschenken sie auch in

ihrer Naivität ihre Zeit oder ihr Geld, ohne darauf zu achten, ob sie es sich leisten können. Dieses »Nett sein« wird wiederum sehr schnell vom Umfeld ausgenutzt, sobald es den knusprigen Braten riecht. All ihre Abhängigkeiten dominieren so lange ihre Identifikation mit der materiellen Welt und ihren inneren Hunger nach wahrer Liebe, bis sie das Spiel des Egos durchschauen – und erwachen.

Der Weg zurück zum vollen Potenzial …

… kann dann beginnen, wenn die duale Energie erkannt und integriert wird. Im Fall von Stier ist es die Energie der Skorpion-Frequenz. Nun erwachen die gewaltigen skorpionischen Wandlungskräfte, die zu tiefgreifenden Änderungen in der Lebensrichtung und im Charakter führen, was fundamentale Krisen auslöst, meistens Verlustkrisen. Hier wird die vollkommene Läuterung eingeleitet, vergleichbar mit der Häutung einer Schlange. Die bisherigen Gedanken und Gefühle, die so fest in die Stier-Form eingeschlossen waren, werden in solchen Krisen vollkommen geläutert und sterben ab. Die Stier-Menschen lernen jetzt, alles loslassen zu müssen und kleine Tode zu sterben.

Dabei lässt die Skorpion-Energie nichts aus und verändert alles. Dies kann eine Nahtoderfahrung sein oder die Sexualität erhält plötzlich eine komplett neue, eventuell noch nie da gewesene Ausrichtung. Die Stier-Sinnlichkeit wird nun ergänzt durch die Skorpion-Leidenschaft, und oft werden die Achtsamkeit und die Würde im Sex durch den Weg des Tantras neu entdeckt. Sexuelles Begehren wandelt sich in geistiges Streben. Blindheit wandelt sich in Sehkraft. Dunkelheit führt zum Licht. Tod wird erkannt als Befreiung. Die tiefe Auseinandersetzung mit der Natur führt oft dazu, ein schlichtes, aber qualitativ hochstehendes Leben zu führen und die großzügigen Qualitäten des Lebens würdevoll und mit einer angenehmen Gelassenheit zum Ausdruck zu bringen.

Sobald den Stier-Menschen ihre Verantwortung
für die Vulkan-Power und die Shamballa-Kraft bewusst wird,
sie ihre Gabe der außergewöhnlich ruhigen inneren Kraft
erkennen und beginnen, das volle Potenzial zu materialisieren,
kann sie nichts mehr aufhalten.

Dann wird der mächtige Ansturm ihrer Lichtkräfte die Kräfte des Materialismus, des Hasses, der Grausamkeit und der Dunkelheit zerstören und so dem Aufkommen einer mehr geistig-spirituell orientierten Zivilisation zum Durchbruch verhelfen, indem sie die Werkzeuge und die Räume für die neuen Lebensweisen schmieden. Ja, die Stier-Frequenz ist ausgesprochen mächtig und für den Übergang in die Neue Zeit eine der stärksten Kräfte.

Laserpointer zur integrierten Energie in Stier und/oder im 2. Haus

Sonne:	Erleuchteter Mensch
Mond:	Treue und Gutmütigkeit
Merkur:	Machtworte und großes (kunst-)handwerkliches Geschick
Venus:	Qualitätsbewusstsein durch intuitive Empfänglichkeit
Lilith:	Materiell und spirituell aus dem Vollen schöpfen
Mars:	Außerordentliche Ballung an antreibender Energie
Jupiter:	Gelassenheit und innere Ruhe
Saturn:	Belastbarkeit und Beständigkeit
Chiron:	Vertrauen in die eigene Sensitivität
Neptun:	Frei von allen Begierden
Uranus:	Aufsprengen aller Fixierungen
Pluto:	Streben nach konkreter Umsetzung des kosmischen Planes

Inspirationen

- Das Herz ist die Währung der Zukunft.
- Wie viel Reichtum kannst du halten?
- Mach es dir zur Gewohnheit, jeden Tag das Heilige zu treffen.
- Die innere Stimme befiehlt nicht.
- Erfolg wird von der Seele anders betrachtet.
- Burn-out ist das Ergebnis des Festhaltens.
- Tod gibt es nur auf der Ebene der Form.
- Das Geheimnis der Fülle liegt im Teilen und Empfangen anstatt im Geben und Wegnehmen.
- Je höher die Schöpfungsebene, desto intensiver die Erfahrung.
- Diejenigen, die sehen möchten, werden sehen.
- Die wirklich guten Dinge verbreiten sich von allein.
- Leid ist der direkteste Weg zur Erleuchtung.
- Formen entstehen und vergehen.
- Kein Künstler arbeitet allein.
- Du wurdest erschaffen, um zu erschaffen.
- Durchschaue die Illusion der Form.
- Möchtest du blind sein oder sehend werden?
- Niederschwingendes Denken reduziert den Strom der schöpferischen Energie.
- Lass die göttliche Energie direkt einströmen.
- Du bist mit der Quelle der göttlichen Fülle verbunden.
- Ruhe kommt nicht durch Schlafen, sondern durch Erwachen.
- Wenn du alles verloren hast und nichts mehr da ist, mit dem du dich identifizieren kannst, wer bist du dann?
- Liebe teilt mit anderen die Fülle. Arroganz verleugnet die Liebe.
- Erfolg ist eine Reise, kein Ziel.

Stier: Leitbegriffe für die Entwicklung des höheren Potenzials

Niedere Aspekte des Egos	Im Erwachen	Höhere Aspekte der Seele
Instinktiver Besitz	Ausgerichteter Besitz	Befreiter Besitz
Ich habe	Du und ich teilen	Alles gehört uns
Selbstsüchtiges Begehren	Geistiges Streben	Erleuchtung
Blinder Wille	Zentrierter Wille	Transzendentaler Wille
Grundform	Verfeinerte Form	Befreit von der Form
Irdische Wünsche	Aspiration	Verkörperung des Willens
Konflikt	Harmonie durch Konflikt	Lösung von Konflikten
Stur	Entschlossen	Willenserfüllt
Blind	Empfangend	Sehend
Hörner des Verlangens	Hörner des Kampfes	Füllhörner
Armutsbewusstsein	Rücknahme der Projektionen	Reichtumsbewusstsein
Selbstsucht	Guter Wille	Wille zum Guten

Dualität Stier – Skorpion

Die Vervollkommnung erfolgt durch die Integration der dualen Frequenz – beim Stier ist das die Frequenz des Skorpion.

Stier | Erde	Skorpion | Wasser
Hartnäckig bis stur	Radikal und kompromisslos
Gutmütig	Undurchsichtig
Vorsichtig und beharrlich	Risikofreudig
Sucht Sicherheit	Sucht das Abenteuer
Ist lange belastbar und kennt seine Grenzen	Geht über die Belastungsgrenzen hinaus
Körperliche Sinnlichkeit	Sexuelle Leidenschaft
Motivierbar durch Materielles	Motivierbar durch Macht und Einfluss
Verteidigung	Angriff
Liebt seinen vertrauten Kreis	Liebt geheime Machenschaften
Kann in Ruhe gute Gelegenheiten abwarten	Spürt instinktsicher Schwachstellen im System auf
Innere Harmonie	Zweifel und Widersprüche
Erschafft solide Werte	Übt gern Kontrolle und Macht aus
Nur langsam flexibel	Gar nicht flexibel
Alles, bloß nicht nichts	Alles oder nichts
Sucht Frieden	Fordert zum Kampf
Festhalten und Stabilität	Loslassen und Zerstörung
Erhält	Transformiert

Geboren im Zeichen Stier

Bekannte Frauen	Bekannte Männer
Adele	Mustafa Atatürk
Madelaine Albright	Mark Aurel
Alexandra	Joseph Beuys
Bertha Benz	Pierce Brosnan
Senta Berger	George Clooney
Vera Birkenbihl	Salvador Dalí
Cate Blanchett	Jean-Paul Gaultier
Cher	Henry Fonda
Penélope Cruz	Sigmund Freud
Kirsten Dunst	Carl Friedrich Gauß
Elisabeth II.	Thomas Gottschalk
Ella Fitzgerald	Adolf Hitler
Audrey Hepburn	Ho Chi Minh
Katharine Hepburn	Saddam Hussein
Janet Jackson	Immanuel Kant
Katharina die Große	Lenin
Carolin Kebekus	Udo Lindenberg
Shirley MacLaine	Malcolm X
Maria Theresia	Niccolò Machiavelli
Königin Máxima	Baron Münchhausen
Golda Meir	Jack Nicholson
Florence Nightingale	Al Pacino
Inger Nilsson	Max Planck
Eva Perón	Oskar Schindler
Michelle Pfeiffer	William Shakespeare
Margaret Rutherford	James Stewart
Sophie Scholl	Harry S. Truman
Barbra Streisand	Peter Tschaikowski
Donatella Versace	Orson Welles
Renée Zellweger	König Willem-Alexander
	Mark Zuckerberg

ZWILLING

21. MAI BIS 20. JUNI

♊

- **Genialität des Geistes**
- **Botschafter des Göttlichen**
- **Verteiler der Seeleninformationen**

Die wichtigsten Merkmale der Zwilling-Frequenz

Tierkreiszeichen sind wie Tore, durch die ein Strom von kosmischen Energien umgewandelt wird in bestimmte Frequenzen, die wiederum auf uns Menschen unterschiedlich einwirken. Die wichtigsten Merkmale der Zwilling-Frequenz sind:

- Element: **Luft**
- Motivation: **Veränderlich** (dabei sein und vollenden)
- Exoterischer Leitplanet: **Merkur** | Strahl: **4**
- Esoterischer Leitplanet: **Venus** | Strahl: **5**
- Galaktischer Leitplanet: **Erde** | Strahl: **3**
- Sternensystem: **Plejaden** und **Großer Hund/Sirius**
- Duales Zeichen: **Schütze**
- Harmonisch unterstützt durch **Waage** und **Wassermann**
- Herausgefordert durch **Schütze, Jungfrau** und **Fische** auf dem veränderlichen Kreuz
- Seelisch verwandt mit **Widder, Jungfrau** und **Skorpion** (Merkur) und **Stier, Waage** und **Steinbock** (Venus)
- Entspricht im Lebensraum: **Haus 3**
- Strahl: **2** – Liebe & Weisheit
- Meister: **El Morya**, Meister der Kraft, Stärke und Selbsterkenntnis

Genialität des Geistes

Die Frequenz des Zeichens Zwilling ist zu erleben durch eine bemerkenswerte mentale Intelligenz, verbunden mit einer vibrierenden Neugierde, die dazu beitragen kann, geistig Spaltendes und Absonderung förderndes Denken aufzulösen, um das Wissen im Sinne der Einheit allen Lebens einzusetzen.
Die schöpferische Lebenswelle, die im Widder begann und eine Teilung im Stier erfuhr, bewegt sich zwei verschiedene Richtungen durch

die Zwilling-Frequenz, wo sie ganz konkret als Dualität in Gedanke und Wort erfahren wird: senkrecht und waagerecht. Das senkrechte Weltbild wird durch das höhere intuitive Denken erfasst und inspiriert das waagerechte Weltbild des konkreten Denkens. Die Erforschung neuer intellektueller Dimensionen und die Auseinandersetzung mit dem Thema des Informationsaustausches werden auf dieser Frequenz zu einem ganz zentralen Anliegen. Menschen, deren Denkvermögen stabilisiert ist und nicht mehr flatterhaft umherweht, können aus der Genialität ihres Geistes schöpfen und mit ihren Worten und Taten machtvoll dazu beitragen, die Schwingung der Mentalebene der Menschheit zu erhöhen und die Beziehungen unter den Menschen zu verbessern.

Es ist das Licht des Wissens, das aus dem Sternensystem Großer Hund durch die Große Weiße Loge auf dem Sirius über die Zwilling-Frequenz Planet Erde beeinflusst. Die großen Denker unserer Zeit werden von hier inspiriert im vollen Bewusstsein um das erste hermetische Gesetz: Alles ist Geist. Sie wissen, dass der reine Geist in seiner Vollkommenheit unveränderbar ist. So tragen sie durch ihre intuitive Verbindung (senkrecht) über das differenzierte Denken sowie das richtige Sprechen und Schreiben dazu bei, dass ihren Mitmenschen in der Begegnung (waagerecht) im wahrsten Sinne des Wortes ein Licht aufgeht. Die Verbindung mit dem christlichen Pfingstfest macht dies deutlich. Pfingsten wird immer im Zeichen Zwilling gefeiert und steht sinnbildlich für den Empfang des Heiligen Geistes.

Das Machtvolle hierin liegt in den geistigen Lichtfunken. Wenn einer von ihnen auch nur auf eine einzige Person überspringt, wird die Menschheit als Ganzes berührt, da alles von allem durchdrungen ist. Es geht hier um Kommunikation und Vermittlung in ihrer höchsten Form der Genialität: Von der Zwilling-Energie inspirierte Menschen setzen das eigene Wissen im Sinne des einen Lebens ein, was vergleichbar mit einem alchemistischen Vorgang ist, wenn Quecksilber in Gold umgewandelt wird. Eingeweihten Persönlichkeiten ist solch ein machtvoller Vorgang vollkommen bewusst und er wird von ihnen im Gespräch oder schriftlich gezielt angewendet. Dabei lässt sich an der Art ihres Sprechens und Schreibens erahnen, wer sie wirklich sind.

Botschafter des Göttlichen

Kreatives Denken will nicht gestört werden. Es will den Dingen ihre eigene innere Entwicklung lassen und kann dabei durch die Einprägung des Geistes in ein mit klarem Willen ausgesprochenes Machtwort überaus machtvoll werden. Mantras und Gebete sind von daher immer dann wirklich kraftvoll, wenn sie mit der Energie der Seele aufgeladen und mit der richtigen gedanklichen Konzentration gesprochen oder geschrieben werden.

Vieles von dem, was wir heute alltäglich verwenden, lässt sich hingegen als Verfügungswissen bezeichnen – Wissen, das die Natur erklären und in sie eingreifen will, um sie zu beherrschen. Das Wissen aus der Ursprünglichkeit jedoch dient dazu, Einsichten zu gewinnen, Botschaften des Göttlichen zu übermitteln, Aha-Momente zu erzeugen und mehr Bewusstsein freizulegen. Erst durch den Mut zur gedanklichen Lücke, also zur Gedankenstille, können die richtigen Worte »kommen«, bevor wir dann aus diesem kosmischen Moment des Seins in Aktion gehen.

Die Quantenphysik spricht hier von einer Art Potenzialität des Göttlichen, von unendlich vielen Möglichkeiten, die in jedem noch so kleinen Nanomoment vorhanden sind. Aber kann unser kleiner physischer Erbsenverstand dies überhaupt aufnehmen, speziell dann, wenn ein Mensch in eine Schlaufe kommt und das Kopfkino im rauschenden Gedankenstrom immer wieder dieselbe Story erzählt? Wo bleibt das Genie? Ein Durchschnittsbürger denkt täglich etwa 60 000 Gedanken und von diesen meist konditionierten Gedanken sind 98 Prozent

reine Wiederholung. Der Quantenphysiker Prof. Dr. Hans-Peter Dürr nannte diesen gigantischen Verlust der Göttlichkeit in seinen Vorträgen oft einen »Massenmord an Möglichkeiten«. Der Neurowissenschaft ist bekannt, dass Gedanken sogar zu Krankheiten führen können, gemäß dem kosmischen Prinzip von Ursache und Wirkung. Deswegen ist Gedankenstille ein Wundermittel. Als spirituelle Menschen der Verbundenheit kommen wir durch Meditation in Kontakt mit dem viel größeren, numinosen Raum jenseits der Gedanken, wo wir Zugang haben zu vielen Millionen Ideen pro Tag. Wenn dieser senkrechte Zugang zum potenziellen Informationsfeld offen ist, werden wir bei entsprechender Bewusstheit tatsächlich zu wahren intelligenten Botschaftern des Göttlichen. Dies zu üben wird eines der Hauptschulfächer der Neuen Zeit werden – für Kinder *und* Erwachsene.
Als Beispiel für derart inspirierte Gedanken sei das 2018 erschienene Buch mit historisch bedeutsamsten Zitaten von Nelson Mandela genannt. Seine universellen und persönlichen Gedanken wurden zusammengefasst unter dem Buchtitel: *Meine Waffe ist das Wort.* Desmond Tutu schrieb im Vorwort: »Das Buch, das Sie im Augenblick in den Händen halten, ist so etwas wie ein Wunder.«

Verteiler der Seeleninformationen

Wir alle sind mindestens zu einem Zwölftel gesegnet mit der Zwilling-Frequenz. Aber speziell Menschen mit Planeten, Hauptachsen oder Mondknoten, die als Brennpunkte dieser Zwilling-Energie wirken, werden zu bewussten Trägern der Dualität, indem ihr Denken von der Seele geleitet wird. Die Seele will sich ganz durch die Persönlichkeit ausdrücken können, ohne Verzerrung durch niedere Aspekte der persönlichen Interessen oder des rechthaberischen Streites. Wir kennen diese Dualität als Anziehung und Abstoßung, als Wechselwirkung, die von zunehmendem und abnehmendem Licht erzeugt wird.

Menschen auf der Zwilling-Frequenz übernehmen eine wichtige Rolle, da es ihnen auf wundervolle Art gelingt, zwischen den beiden großen bestimmenden Polen, die hier auf Planet Erde vorherrschen, zu vermitteln. Sie werden vom exoterischen Leitplanet Merkur als göttliche Vermittler inspiriert und erfassen blitzartig die Informationen beider Seiten. Ihr gutes Gefühl für die feinen Unterschiede macht sie mental äußerst wendig und sehr beweglich im Denken, sodass sie zwischen dem konkreten analytischen und dem abstrakten erleuchteten Denkvermögen rasch wechseln können. Durch dieses magnetische Kräftespiel entsteht eine dynamische Bewegung, die sie mit ihrer Objektivität spielerisch beobachten, das Erschaute innerlich vernetzen und dann alle Gegensatzpaare beflügeln. Es macht Spaß, sich mit ihnen zu unterhalten, denn es entsteht immer eine lichtvolle erhebende Kommunikation.

So werden die Zwilling-Menschen zu Götterboten, die viele unterschiedliche Informationen und Sprachen in Lichtgeschwindigkeit übersetzen und die neu gewonnenen Informationen als Wissen verteilen, damit die Kommunikation aller Kräfte auf einer erfolgreicheren Stufe weitergeführt werden kann und immer spannend bleibt. Hier kommt der große Einfluss des esoterischen Leitplaneten Venus ins Spiel, der diese Menschen zu bewussten Instrumenten macht, indem sie das Denken vieler vernetzen und zur gegenseitigen Verständigung beitragen, sodass harmonische Verbindungen in der Welt entstehen.

Als Kind war ich immer am Staunen, wenn meine Eltern mit ihren Freunden bei uns in der Stube Karten spielten. Wie konnte es meinem Vater (Zwilling) nur gelingen, mit seinen Männern Skat zu spielen und gleichzeitig meiner Mutter am Nachbartisch zuzurufen, welches Blatt sie im Rommé mit ihren Freundinnen spielen sollte, ohne dass er in ihre Karten schauen konnte? Er hörte unbemerkt zu, was die Frauen sagten, spielte gedanklich mit meiner Mutter mit … und schmunzelte immer.

Wissen ist Verantwortung

Seelenenergie ist immer verbindend. Persönlichkeitsenergie ist immer trennend. Zwilling-Menschen sind sich dieser spirituellen Bedeutung und ihrer Konsequenzen vollkommen bewusst. In Wirklichkeit handeln sie als Vertreter der geistigen Hierarchie und wirken durch ihre Wachheit und Klarheit als göttliche Vermittler von Licht, Liebe und Weisheit. So kann ihr Wirken als spirituell ausgerichtete Menschen auf der Zwilling-Frequenz alles wandeln, verändern und neu vernetzen, was für die Evolution notwendig ist, sowohl persönlich als auch kollektiv. Indem sie das Verbindende herausarbeiten und die verschiedenen Perspektiven und Sichtweisen zu einer Synthese zusammenführen, fördern sie eine offene Kommunikation, die weder wertet noch trennt, sondern beschreibt.

So kommt es zu beglückenden echten Begegnungen
zwischen Menschen, da neue Räume entstehen,
in denen der Geist fliegen kann.

Menschen, die den höheren Aspekt der Zwilling-Frequenz leben, verfeinern das Bewusstsein immer weiter dahingehend, nicht nur das Richtige zu wissen, sondern auch ein Gespür zu entwickeln, wann der richtige kosmische Moment da ist, dieses Wissen einzufordern und praktisch umzusetzen. So bedeutet Wissen der Neuen Zeit vor allem Verantwortung und löst das alte Paradigma ab, das sich seit 1597 hartnäckig in den Gedanken der Menschheit gehalten hat: »Wissen ist Macht« waren die geflügelten Worte des englischen Philosophen Francis Bacon. Spätestens seit der weltweiten Mikrobenkrise der Jahre 2020/2021, den damit verbundenen Widersprüchlichkeiten, »Maulkörben«, Faktencheckern, faktischen Berufsverboten, der Propaganda, der einseitigen Medienberichterstattung und den spaltenden Zungen wurde für viele Menschen fühlbar, dass die Energie der Neuen Zeit auf einem vollkommen anderen Grundton schwingen wird und schwingt als bis dahin. Wir können auf dem Minenfeld der Wahrheitsdebatten unsere Wahrheit so präsentieren, dass andere sich inspiriert fühlen, darin ihre eigene Wahrheit zu finden, ganz im Wissen: Das Universum debattiert nicht, es kommuniziert.

Sprache ist immer ein Ausdruck des Geistes und wird im Laufe der Evolution zu einer Kunst, die ohne jeglichen moralischen Druck ausgeübt wird. Deshalb darf man auch nie die Meinung der Mehrheit mit der Wahrheit gleichsetzen. Wir können den Unterschied fühlen zwischen der Stimme der Wahrheit und der Stimme der Sensation. Wir können die Menschen an der Schwingung ihrer Worte erkennen. Mit steigender Sensitivität werden wir lernen, Seeleninformationen zu fühlen. Dabei offenbaren viele und laute Worte oftmals umso weniger Liebe. Aber wenn wir die Worte der Liebe hören und fühlen, durchdringen sie all unsere Zellen. Darin liegt unsere Gedankenfreiheit und die Power unserer Einflussnahme, indem wir nur die essenziell wichtigen Gedanken als geballtes Wissen intelligent ins kollektive Bewusstsein einschwingen.

Wir müssen nur unsere Kinder fragen. Als meine Tochter ungefähr sieben Jahre alt war, fragte ich sie, wo denn wohl die Gedanken entstehen. Ihre spontane Antwort, voller Gewissheit: »Das ist doch klar! Gedanken entstehen im Herzen und dann müssen sie in den Kopf hochkrabbeln, damit wir sie denken können.«

Je mehr wir uns von der Lebendigkeit der Quelle entfernen, …

… desto mehr wird die Denkkraft im niederen Aspekt für das kleine Ich eingesetzt. Dann gaukelt uns das rationale Denken ständig vor, der Kosmos sei in Einzelteile gespalten. So konnte es überhaupt dazu kommen, dass unser militärartig geführtes Bildungssystem durch mentale Vergewaltigung unsere Köpfe genauso ausgebeutet hat, wie wir die Erde ausbeuten.

Sofern die lebendige Luft-Energie als Hemmung gelebt wird, beginnt der Verlust des kritischen Denkens. Dies geschieht, wenn das Denken nicht in der Aufmerksamkeit zentriert und gehalten ist. Sobald die Aufmerksamkeit verloren geht, sind die Zwilling-Menschen schnell besessen von ihrem niederen Verstand, der durch den niederen Aspekt der Mainstream-Medien und der sozialen Medien befeuert wird. Mit der Zeit werden ihre rationalen Fähigkeiten ernsthaft beschädigt, da die Entscheidungsfähigkeit nicht mehr funktioniert. Dass dies alle Probleme des Miteinander verschärft, muss hier nicht extra erwähnt werden. Bei Dauerbeschuss durch die niederen Aspekte der Kommunikation regredieren sie auf ein niederes Bewusstseinsniveau (kosmisches Gesetz) und sind mit der Zeit total im Griff des kollektiven Egos. Ab hier lassen sie sich leben, übernehmen ungeprüft die Meinung und Gedanken anderer, lassen sich widerspruchslos von anderen Menschen bestimmen und geben schweigend ihre Verantwortung auf.

Das betreute Denken wird auf dieser Ebene zur Norm.

Wird die Zwilling-Energie auf der anderen Seite in ihren niedersten und am wenigsten wünschenswerten Aspekten als Kompensation gelebt, ohne feste Verankerung im Bewusstsein auf der Seelenebene, dann zeigen sich Zersplitterung und Zerstreuung aller Interessen. Dadurch bleiben alle Beziehungen oberflächlich. Nicht nur das Ausplappern und das unentwegte Tratschen nehmen hier Geschwindigkeit auf, sondern auch die geschlossene Kommunikation. Andere Meinungen gelten nicht. Die Intelligenz wird rein instinktiv gelebt und der Sinn für einen wahrhaften gegenseitigen Austausch fehlt völlig. Diese Menschen sind total subjektiv, werden zu größten Rechthabern und öffnen aus purer Angst ihren Geist keinen Millimeter für andere Ansichten. Hier wird es tatsächlich gefährlich, da unsere Gedanken ein morphogenetisches Feld aufbauen, speziell durch die Massenmedien, die die Gedanken der sie konsumierenden Menschen einseitig lenken. Wenn der gespaltene Geist Vorurteile oder gezielte Angst streut und genügend Menschen an solch eine Desinformation glauben, kann sich eine Idee sehr schnell manifestieren. Während der Inquisition wurden Andersdenkende öffentlich unter Applaus verbrannt. Heute wird ihnen öffentlich unter Applaus die Approbation entzogen, das Schubladenkonstrukt der »Verschwörung« angeheftet, ein Maulkorb verpasst und eine mediale Hetzjagd gegen sie gestartet. So regrediert unser Informationszeitalter zum Desinformationszeitalter. Bis wir zur Schmerzgrenze kommen – und aufwachen.

Der Weg zurück zum vollen Potenzial ...

... kann dann beginnen, wenn die duale Energie erkannt und integriert wird. Im Fall der Zwilling-Frequenz ist es die Energie der Schütze-Frequenz. Mit aufziehender Krise beginnen die niederschwingende Menschen die anderen oder das Fremde zu erkennen und werden sich gewahr, dass das Entscheidende nie die Situation ist, in der sie sich befinden, sondern immer der Bewusstseinszustand, mit dem sie der Situation begegnen. Dieser entscheidet darüber, ob eine Handlung die Situation verschlimmert oder verbessert. Es beginnt die Erkenntnis zu reifen, dass sie zu jeder Zeit die Kraft und den Willen haben, kollektive Gedanken nicht zu denken und nicht zu fühlen. Sie haben die Power, negativen und giftigen Menschen keinen Platz in ihrem Kopf zu geben. Alles beginnt mit dem inneren Beobachter. Und mit dem Ausschaltknopf am Fernseher.

> Der ganze menschliche Weg ist ein Drama um den Aufstieg vom unbewusst denkenden zum bewusst intuitiven Menschen.

Dies kann geschehen, wenn der Einfluss des esoterischen Leitplaneten Venus aktiv wird, der Ruf der Seele in ihrer Alltagspersönlichkeit zu hören ist und ein Gefühl für die richtigen, bewusst gewählten Verbindungen unter den Menschen entsteht. Dann dehnt sich das Verständnis für andere aus. Sie beginnen, kritisch zu hinterfragen, selbstständig Wissen zu sammeln, sich weiterzubilden und im Inneren nach der eigenen Wahrheit zu forschen. Die Intelligenz bewegt sich nun vom Instinktiven zum Schöpferischen, sodass sich mit zunehmendem Bewusstsein die innere Sicherheit für eine eigene, klare Meinung bildet. Jetzt beginnt die Vermittlung und Verteilung von Wissen, denn der Drang, neue Eindrücke so rasch als möglich an Menschen weiterzugeben, wird stärker und mit den wachsenden technischen Möglichkeiten auch unmittelbarer. Die Energie des exoterischen Leitplaneten Merkur wird nun viel gezielter eingesetzt und das ganze Potenzial zeigt sich in einem immensen Ideenreichtum, in großer Sprachbegabung, Kreativität, Vielseitigkeit, schneller Auffassungsgabe und der Freude, durch die Weitergabe des intuitiv Erfassten die Schwingung des Mentalkörpers der Menschheit kontinuierlich anzuheben. Schriften und Diskussionen der davon erfassten Menschen nehmen eine höhere Qualität an und erweitern mehr und mehr den Horizont der vielen. Zwilling-Menschen, die beide Bewusstseinszustände von Intellekt und Intuition wahrnehmen und gekonnt leben, erbauen die Regenbogenbrücke zwischen Himmel und Erde und können sehr einflussreich werden als Wegbereiter für den nächsten Schritt der Menschheit.

Laserpointer zur integrierten Energie in Zwilling und/oder im 3. Haus

Sonne:	Erleuchtetes Denken
Mond:	Natürliche Freude am steten Lernen
Merkur:	Lichtvolles schnelles Kommunizieren
Venus:	Kommunikatives Miteinander
Lilith:	Außergewöhnliche Intuition
Mars:	Schnelle geistige Beweglichkeit
Jupiter:	Stete geistige Ausdehnung
Saturn:	Klare Standpunkte
Chiron:	Höchste feinstoffliche Kommunikation
Neptun:	Mediales Wissen
Uranus:	Aufsprengen kollektiver Gedankenmuster
Pluto:	Totalität direkten Wissens

Inspirationen

- Gedanken beginnen im Geist des Denkenden.
- Uns wird gegeben, was wir wissen müssen.
- Ein Baum, der fällt, macht mehr Lärm als ein Wald, der wächst. Massenmedien lenken unsere Aufmerksamkeit auf die fallenden Bäume.
- Das Universum debattiert nicht. Es kommuniziert.
- Was erzählen dir deine Stimmen im Kopf?
- Projiziere keine Gedanken in die Zukunft.
- Lass nicht zu, dass negative und giftige Menschen einen Platz in deinem Kopf mieten.
- Jeder Satz wird von der ganzen Welt gesprochen.
- Sprichst du urteilend und vernichtend oder aufbauend und inspirierend?
- »Ich löse mich von allen Erwartungen.«

- Alles fließt in Liebe an seinen richtigen Platz.
- Wir alle sind Lernende.
- Achte auf die feinen Unterschiede.
- Absicht und Resultat sind eins.
- Von deinem Lernen hängt das Wohl der Welt ab.
- Du kannst lernen, mit offenen Fragen zu leben.

Zwilling: Leitbegriffe für die Entwicklung des höheren Potenzials

Niedere Aspekte des Egos	Im Erwachen	Höhere Aspekte der Seele
Wechselhafte Beziehungen	Ausrichtung der Beziehungen	Rechte menschliche Beziehungen
Wie eine Fahne im Wind	Zirkulierend im Wind	Mitbestimmer der Windrichtung
Betreutes Denken	Querdenken	Lösungsdenken
Niederes Denken dient dem Instinkt	Niederes Denken dient dem Wissen	Niederes Denken dient dem höheren Denken
Ich für mich	Ich für dich	Ich für uns
Setzt andere zu sich selbst in Bezug	Setzt sich selbst zu anderen in Bezug	Setzt das Ganze zu sich selbst und anderen in Bezug
Subjektives Denken	Subjektives und objektives Denken	Ganzheitliches Denken
Polarisierend und subjektivierend	Polarisierend und objektivierend	Synthetisierend und harmonisierend
Absichtslose Bewegung	Verbindende Bewegung	Gezielte Bewegung

Dualität Zwilling – Schütze

Die Vervollkommnung gelingt durch die Integration der dualen Frequenz. Beim Zwilling ist das die Frequenz des Schütze.

Zwilling | Luft	Schütze | Feuer
Liest gern die Mainstream-Presse	Studiert gern Philosophisches
Zuschauen	Interagieren
Denkt praktisch	Denkt theoretisch
Informiert sich selbst	Informiert die anderen
Wissensmonopol	Freier Wissenszugang
Frontalunterricht	Selbstständiges Lernen
Unterhält sich gern mit anderen	Hält gern Vorträge für andere
Spricht und hört zu	Spricht und hört nicht zu
Sucht den Smalltalk unterwegs	Umgibt sich gern mit Studierten
»Ich weiß etwas, das du nicht weißt.«	»Ich weiß es besser als du.«
Ausdauer durch Neugierde	Ausdauer durch Sinnsuche
Entscheidet schnell und vorläufig	Entscheidet weitsichtig
Schlagfertig	Wohlüberlegt
Kurzfristige Karriereschritte	Will langfristig hoch hinaus
Verkrampfte Bildung	Lebenslanges Training
Schule des Lebens	Universität
Arbeitet gern im Team	Leitet gern ein Team
Praktisches Wissen	Höheres Wissen
Wissen	Weisheit
Intellektueller	Philosoph, Prophet, Visionär

Geboren im Zeichen Zwilling

Bekannte Frauen	Bekannte Männer
Josephine Baker	Muammar al-Gadaffi
Benazir Bhutto	Johnny Depp
Naomi Campbell	Novak Djokovic
Veronica Ferres	Albrecht Dürer
Anne Frank	Bob Dylan
Judy Garland	Morgan Freeman
Steffi Graf	Che Guevara
Dunja Hayali	Boris Johnson
Karoline Herfurth	John F. Kennedy
Angelina Jolie	Jürgen Klopp
Sibel Kekilli	Dimash Kudaibergen
Nicole Kidman	Stan Laurel
Hildegard Krekel	Christopher Lee
Lena Meyer-Landrut	Otto Lilienthal
Inge Meysel	Thomas Mann
Kylie Minogue	Dean Martin
Marilyn Monroe	Elyas M'Barek
Andrea Nahles	Liam Neeson
Gianna Nannini	Dirk Nowitzki
Lilli Palmer	Peter der Große
Natalie Portman	Kai Pflaume
Priscilla Presley	Prince
Suzi Quadro	Jean-Paul Sartre
Aung San Suu Kyi	Olaf Scholz
Christina Stürmer	Robert Schumann
Jasmin Tabatabai	Edward Snowden
Nora Tschirner	Donald Trump
Bonnie Tyler	Richard Wagner
Victoria	John Wayne
Venus Williams	Xi Jinping

KREBS

21. JUNI BIS 22. JULI

♋

- Magnetische Liebe als unantastbare stabile Basis des Lebens
- Inkarnierte grenzenlose völkerverbindende Menschenliebe
- Innerer Seelenfrieden

Die wichtigsten Merkmale der Krebs-Frequenz

Tierkreiszeichen sind wie Tore, durch die ein Strom von kosmischen Energien umgewandelt wird in bestimmte Frequenzen, die wiederum auf uns Menschen unterschiedlich einwirken. Die wichtigsten Merkmale der Krebs-Frequenz sind:

- Element: **Wasser**
- Motivation: **Kardinal** (Impulse setzen)
- Exoterischer Leitplanet: **Mond** | Strahl: **4**
- Esoterischer Leitplanet: **Neptun** | Strahl: **1**
- Galaktische Leitplaneten: **Mond** und **Neptun** | Strahlen: **4** und **1**
- Sternensystem: **Großer Hund/Sirius**
- Duales Zeichen: **Steinbock**
- Harmonisch unterstützt durch **Skorpion** und **Fische**
- Herausgefordert durch **Widder**, **Waage** und **Steinbock** auf dem kardinalen Kreuz
- Seelisch verwandt mit **Jungfrau** und **Wassermann** (Mond) und **Fische** (Neptun)
- Entspricht im Lebensraum: **Haus 4**
- Strahl: **3** – Aktive Intelligenz
- Strahl: **7** – Magie, Ordnung und praktische Mystik
- Meister: **Lord Maitreya**, der Weltlehrer

Magnetische Liebe als unantastbare stabile Basis des Lebens

Die Frequenz des Zeichens Krebs bildet in unserer Weltgemeinschaft eine der wohl am stärksten fühlbaren Kräfte des Universums, denn sie hält uns als Menschenfamilie zusammen. Diese Frequenz bildet einen Hauptbrennpunkt unseres Menschseins, denn sie ist in ihrer höchsten Form eine magnetische Liebe, die ohne Worte alle und alles zusammenfügt, sodass die Einheit allen Lebens fühlbar wird – wenn auch mitunter nur für einen kurzen Moment.

Die nicht mit Worten zu beschreibende Wucht eines Zusammengehörigkeitsgefühls kann in der Tat so überwältigend erfahren werden, dass nichts mehr gesagt werden muss. Jedes Wort würde die Essenz dieses gefühlten Momentes nicht im Geringsten wiedergeben können. Wir sind im wahrsten Sinne sprachlos. Wenn wir diese Frequenz direkt aus der Quelle allen Seins in unseren Körpern fühlen, lösen wir uns förmlich auf und fühlen mehrheitlich ein Bedürfnis, jemanden zu umarmen, um diese stark vibrierende Energie ganz eng miteinander teilen. Zum Glück hat Mutter Natur für diese ausdehnenden Gefühle Tränendrüsen in unsere Körper eingebaut.

Der Manifestationsweg dieser Krebs-Energie führt immer zu einem kraftvollen Verlangen, sich aus tiefstem Herzen berufen zu fühlen, der Menschheit als Ganzes zu dienen. Denn diese Frequenz erzeugt ein Gemeinschaftsgefühl, dem wir den Namen »Familie« gegeben haben. Dieser Begriff umfasst sowohl unsere Ahnen, die Ursprungsfamilie, die selbst gegründete Familie, den Clan, die eigene Nation als auch die Weltfamilie oder Menschenfamilie. Hier sind wir getragen. Hier sind wir gehalten. Hier sind wir geliebt. Hier ist unser Zuhause – ein Ort, der tief in uns eine Sehnsucht hervorruft. Irgendwann kommt auf jeder Reise der Moment, wieder nach Hause zu wollen. Oder man kommt an einen Ort, wo man sich zu Hause fühlt und bleiben möchte, weil etwas dort so kraftvoll einströmt, dass man weiß: Hier will ich sein.

Längst haben wir – zumindest in der Theorie – verstanden, dass ein stabiles und friedvolles Zuhause die Basis eines gesunden und unerschütterlichen Wachstums ist. Wenn Kinder klein sind, gib ihnen Wurzeln; wenn sie größer werden, gib ihnen Flügel, heißt es. Dabei können wir aber immer nur das an unsere Kinder weitergeben, was wir selbst durch unsere eigenen Eltern und unser Umfeld erfahren haben. Jedenfalls war dies bis vor Kurzem noch die allgemeine Meinung. Unterdessen können immer mehr Menschen erfassen, dass unser persönlicher Weg nicht von den übernommenen Gedanken und der Biologie unserer Gene und frühen Erfahrungen abhängt. Es gibt etwas Größeres, Machtvolleres, das uns Menschen aufstehen und heraustreten lässt aus dem Schicksal unserer biologischen Biografie. So ändern wir die Geschichte.

Sobald in der Neuen Zeit der Seelenkontakt zu dieser kraftvollen Energie stärker in uns einschwingt, fühlen wir auf der Krebs-Frequenz ganz tief in uns einen Zustand, den wir Weltfrieden nennen. Allein schon dieses Wort hat eine äußerst beruhigende Kraft. Weltfrieden erzeugt ein Gefühl von Zuhause, vom Ursprung allen Seins, jenseits aller Spaltungen. Um dies fühlen zu können, sind wir Menschen mit einer seelischen Empfänglichkeit ausgestattet, die im Laufe der Evolution immer stärker wird und sich als natürliche Fürsorge zeigt, was durch den exoterischen Leitplanet des Krebs-Zeichens, den Mond, symbolisiert wird. Manche Menschen sind bereits heller fühlend, heller sehend und bewegen sich in den Feldern von sensitiv bis hochsensitiv. Sofern sie eine körperliche, emotionale und mentale Stabilität erreicht haben, beginnt die Frequenz des esoterischen Leitplaneten des Krebs, Neptun, zu wirken, sodass die hohe Sensitivität sie täuschungsfrei mit den richtigen Menschen zusammenbringt. So werden sie wie von Zauberhand magnetisch, denn es entsteht durch sie ein großes Feld der Liebe und des Mitgefühls, wodurch die unantastbare Basis des Lebens stabilisiert und gestärkt wird.

Bei entsprechender Bewusstheit und Reife können sie durch ihre steigenden medialen Fähigkeiten zunehmend die Einheit allen Lebens in sich fühlen und reagieren nicht mehr stimmungsschwankend auf zwischenmenschliche Befindlichkeiten. Stattdessen erwacht ein natürliches und immer stärker werdendes (kardinales) Bedürfnis, für all diejenigen da zu sein, die ihrer Fürsorglichkeit bedürfen. Diese fundamentale Kraft wird in der Neuen Zeit auch in der Businesswelt ganz natürlich den ihr gemäßen Platz erhalten und den Erfolg eines jeden Unternehmens begründen.

Inkarnierte grenzenlose völkerverbindende Menschenliebe

In unserer Weltgemeinschaft kommt der Krebs-Energie eine der wohl zentralsten Bedeutungen zu, da sie durch ihre grenzenlose Menschenliebe die Völker untereinander verbindet. Unsere Weltgemeinschaft kann sich aber nur in dem Maße weiterentwickeln, wie wir unseren Kindern mit Raum, Respekt und Liebe begegnen, denn sie sind der direkteste Weg zur Transformation der Welt. Unsere Kinder stellen in unserer Weltgemeinschaft die wichtigste Aufgabe dar, der die Menschheit gegenübersteht! Denn wenn das innere Licht unserer Kinder nicht genährt und bis ins Erwachsenendasein nicht zur Flamme entfacht wird, kommt es zu unvermeidlichen Auswirkungen innerhalb der Gesellschaft, die sich dann selbst vergiftet und ihre eigene potenzielle Ressource für ihre Zukunft verliert.

Gibt es wirklich irgendetwas, das den Weg der Weltveränderung nachhaltiger und eindeutiger formen würde als ein liebevoller und respektvoller Umgang mit unseren Kindern?

Wir leben unterdessen in einer tief gespaltenen, auf globalem Wettbewerb und Streit basierenden Gesellschaft. Sobald wir aber vom heiligen Moment der Zeugung an unseren Kindern gegenüber mehr Wertschätzung entgegenbringen, wird sich unsere aktuelle Gesellschaftsform durchlichten und wandeln. Durch Wertschätzung werden sich positive menschliche Wechselbeziehungen und Kooperationen auf eine ganz natürliche Art entfalten. Wenn Kinder vom ersten Moment ihres Daseins in einer Atmosphäre des liebenden Willens aufwachsen und der Familienfokus des Miteinander gehalten werden kann, wird es mit Gewissheit keine Probleme der Menschheit mehr geben, die nicht gemeinsam durch völkerverbindende Menschenliebe gelöst werden könnten.

Innerer Seelenfrieden

Wir alle sind mindestens zu einem Zwölftel mit der Krebs-Frequenz gesegnet. Aber mit Planeten, Hauptachsen oder Mondknoten, die als Brennpunkte dieser Krebs-Energie wirken, werden bestimmte Menschen zu Trägern des kollektiven Gefühlsgedächtnisses. Mit ihrem Zugang zu einem kollektiven Gefühlsraum, in dem alles gespeichert ist, was jemals von allen Menschen der gesamten Geschichte gefühlt und erlebt wurde, halten sie die Menschenfamilie zusammen. Schließlich ist es die Krebs-Frequenz, die am stärksten von allen zwölf mit unserer gefühlsmäßigen Heimat und unserer Zugehörigkeit zum Kollektiv verbunden ist. Auch nach der Geburt ist das Kind – aus der geistigen Welt kommend – weiterhin mit der Mutter in Liebe verbunden über das instinktive Band der energetischen Herzbindung.

> Je liebevoller das Bonding während der ersten zwei Lebensjahre (ein Mars-Umlauf), desto leichter kann das Kind später seinen eigenen Weg gehen.

Die Entwicklung von familiären Werten und die damit verbundene emotionale Unterstützung anderer bekommen auf dieser Frequenz einen zentralen Stellenwert. Das angeborene Wissen um das menschliche Bedürfnis nach Sicherheit dient als innere Kraftquelle, gelebt durch eine hohe Emotionalität. Angefüllt mit vielen Gefühlen macht es diesen Menschen große Freude, ihr Vertrauen in andere Menschen zu setzen, sie zu ermutigen und sie zu beschützen. Sie sind äußerst talentierte Künstler. Überall, wo sie sich emotional, musikalisch und

kreativ ausdrücken und sich potenziell verwirklichen können, geht von ihnen eine angenehme Wirkung aus, speziell in der Küche, mit Kindern und in der Kunst.
Man erkennt sie meist an ihrer Hingabe an das Leben und an ihrer freundlichen Erscheinung, die stets die Liebe im Feld hochhält, ohne dass sie sich dabei aufopfern. Je höher ihre Empfänglichkeit, desto höher ist ihre Feinfühligkeit, die zu tiefem inneren Seelenfrieden führt. Wenn du so einem Menschen begegnest, verweile ein bisschen in seinem Feld und fühle die magnetische Liebe, die er ausstrahlt.

Je mehr wir uns von der Lebendigkeit der Quelle entfernen, …

… desto mehr wird die Herzkraft der Krebs-Frequenz im niedersten Aspekt für das kleine Ich eingesetzt. So passiert es, dass sich in gestressten Familien die angeborene Kreativität der Kinder mit zunehmendem Alter immer mehr in Anpassung wandelt und oft unter dem direkten Einfluss der Erwachsenen sogar erlischt. Allgemein nennen wir diesen Anpassungsprozess »Erziehung«.
Wird die gigantische Liebesfrequenz als Hemmung gelebt, sind die Menschen vollkommen identifiziert mit ihrem elterlichen Hintergrund und ihrer biologischen Biografie. Empfindungen wie »Ich will mehr!« spielen dabei eine übermäßig große Rolle, wodurch sie leicht zu beeinflussen sind, zumal das Sippendenken und der Nationalstolz auf dieser Stufe am ausgeprägtesten sind. Und sie können zu Nesthockern werden, die es sich gern bei Mutter zu Hause bequem machen und kein Interesse verspüren, sich zu lösen und in die Welt hinauszugehen. Diese Menschen fühlen sich nur innerhalb ihrer engsten familiären Umgebung wirklich zu Hause und bleiben oft in der Vergangenheit hängen.
Meist verblasst auch sehr rasch der innere moralische Kompass der Kinder, da sie sich am Verhalten ihrer Eltern als Vorbilder orientieren. Sobald sie dann auch außerhalb der eigenen vier Wände mit dem Um-

feld in Kontakt kommen, beginnen sie, das aufzunehmen, was andere Kinder von deren Eltern gelernt haben. So tauchen die Kinder mit der Zeit zunehmend in die Werte der Leistungsgesellschaft ein, die – in der westlichen Welt – seit 6000 Jahren den Druck erzeugt, erfolgreich sein zu müssen. Das wird zum Ideal in den Köpfen der Erwachsenen. Da bleibt es natürlich nicht aus, dass die kindliche Stimme des Gewissens mit Fragen der moralischen Entscheidung kämpft, bis sie sich wandelt und schließlich verstummt. Folglich werden sich diese Kinder als Jugendliche unter einem immensen und weiter zunehmenden Druck «einpassen». Dies führt nicht selten zu quälenden oder auch selbstzerstörerischen Graden des Zweifels, die das kindliche Empfinden gegenüber seinem wahren Selbst verzerren. Wenn die Grundbedürfnisse und die Liebe zum Leben blockiert sind, kann es im Leben schwierig werden. Nicht umsonst gehen viele Therapieansätze in die Zeit der frühen Kindheit zurück.

Wird die Krebs-Energie auf der anderen Seite in ihren niedersten und am wenigsten wünschenswerten Aspekten als Kompensation gelebt, führt der emotionale Hunger meist in ein übertriebenes Anhäufen von Geld und Essen und in ein Anhaften an lieb gewordenen Dingen. Die Überfürsorge für andere Menschen und Tiere ist groß – im Glauben, dadurch die Liebe und Anerkennung der Nahestehenden zu gewinnen. Durch die hohe Empfänglichkeit für die gefühlsmäßigen Strömungen der Umgebung nehmen diese Menschen viele Eindrücke auf, wobei sie schwer unterscheiden können, was die eigenen Eindrücke sind und was den Einfluss anderer Leute ausmacht. Die Grenze ist verschwommen und das macht das Leben nicht unbedingt einfacher. So leiden sie oft unter der Unfähigkeit, ihre Welt selbst zu gestalten, und übernehmen die kollektive Meinung, meist auch unter Druck. Nicht selten kommt es vor, dass Frauen mit dem inneren Mantra »Ich will ein Kind!« regelrecht Amok laufen und es schlussendlich bereuen, Mutter geworden zu sein, denn: »Keiner hat mir ehrlich gesagt, was

da auf mich zukommt.« Wenn sie ihre Elternrolle wahrnehmen (müssen), kommen die meisten Menschen einem Tyrannen am nächsten, bei ihren Kindern gleichermaßen wie bei ihrem Hund.
In früheren Kulturen wurden die Mütter verehrt, da sie Leben gebären und Hüterinnen der Schöpfung und der geistigen Essenz sind. Die Tatsache, dass in unserer Gesellschaft heute die Tätigkeit der Mütter kaum einen Stellenwert hat, eine wirtschaftliche Lobby zum Beispiel den Kaiserschnitt auf Termin erfolgreich verkauft und chinesische Forscher ohne ethische Bedenken menschliche Embryonen durch künstliche Intelligenz in künstlichen Gebärmüttern züchten will, zeigt, wie weit sich der Mensch von Mutter Natur entfernt hat. Doch die unglaublich stark empfindende, magnetische Kraft des instinktiven Bandes zwischen Mutter und Kind wie auch zwischen Natur und Mensch ist unzerstörbar. Und so werden wir wohl als Gesellschaft zwei Wege gehen: den bisherigen plus den der Familien aus dem Reagenzglas. Bis wir aufwachen.

Der Weg zurück zum vollen Potenzial …

… kann dann beginnen, wenn die duale Energie erkannt und integriert wird. Im Fall von Krebs ist es die Energie der Steinbock-Frequenz. Mit aufziehender Krise beginnt der niederschwingende Krebs-Mensch, die Steinbock-Kräfte gezielter einzusetzen. Wenn dies geschieht, wird ein Mechanismus in Gang gesetzt, der diese Menschen aus dem Massenbewusstsein erwachen lässt. Sie beginnen, durch eine plötzliche Erfahrung von Getrenntheit eine gewisse Klarheit und Objektivität zu entwickeln, was zunächst Angst machen kann. Aber das Bewusstsein der Freiheit durch Eigenverantwortung wird immer mehr zum inneren Anker. Im Aufwachprozess erkennen sie, dass gewisse Einflüsse sie prägen, und sie beginnen, eine Art von Wahrnehmungsintelligenz zu entwickeln, mit der sie die Einflüsse besser differenzieren lernen.
Im Laufe der Zeit wird dadurch das Vertrauen ins Leben gestärkt,

weil sie mit einer besonderen Gabe für Visionen gesegnet sind. Bei entsprechender Disposition können sie auch eine außergewöhnliche Popularität und große Beliebtheit erzielen, weil es ihnen auf eine ganz natürliche Art gelingt, die Massen zu elektrisieren. In der Kunst oder in der Musik haben sie ihre kreativen Antennen immer direkt am emotionalen Puls der Allgemeinheit. Und ihr Eintreten für humanitäre Zwecke ist sehr kultiviert.

Durch Nachforschungen wissen wir, dass sich Kinder oft in moralischer Hinsicht alleingelassen fühlen von einer spirituell verarmten Erwachsenenwelt, von der sie sich Geborgenheit und liebevolle Führung erhoffen. Und doch ist nachgewiesen, dass es vielen Kindern selbst in den schwierigsten Lebensumständen wie Armut oder sozialen Unruhen gelingt, ihre moralische Würde und das, was ihnen am wichtigsten ist, zu bewahren: die liebevolle Bindung mit anderen. Der Kinderpsychiater Robert Coles beschreibt in seinem Buch *The Moral Life of Children,* dass Kinder eine angeborene Moral, spirituelle und sogar politische Sensitivität besitzen. Es wurde auch erkannt, dass Liebe als natürlicher ethischer Zustand bei Kindern ein natürliches Dienen entstehen lässt.

Die heilige Aufgabe von uns Eltern

Unsere Seele gebiert sich in eine Familie hinein in dem Wissen, dass die Erfahrungen dort für uns bestimmt sind. Das Schicksal der Familie beeinflusst unseren Weg und bestimmte Lichtpunkte müssen jeder und jedem von uns widerfahren, weil sie mit allen Lichtpunkten des gesamten Lichtgitternetzes des Planeten verbunden sind. Aber unsere Kindheit und die Familie, in wir uns hineingeboren haben, definieren niemals den Verlauf unseres Lebens oder dessen, was wir denken oder tun, da jedes Kind einem eigenen Lebensplan folgt, geführt aus der Reinheit des Herzens.

In vielen spirituellen Traditionen gibt es Hinweise auf die spirituelle Reinheit der Kinder. Nicht einfach so ruft ein Kind das Beste in jedem menschlichen Herzen hervor. Diese spirituelle Reinheit eines jeden Kindes zu erhalten und es alles erforschen und erschaffen zu lassen, was in ihm auftaucht, ist die heilige Aufgabe von uns Eltern – ohne dass wir dabei unsere Kinder idealisieren. So gesehen ist das Gründen einer Familie nicht nur mit erhöhter Verantwortung verknüpft, es ist eines der kraftvollsten und unmittelbarsten Lernfelder in Demut. Ja, die Zukunft der Menschheit liegt in den Händen der jungen Menschen. Überall. Sie sind die Eltern der kommenden Generationen und die Schöpferinnen und Schöpfer künftiger Zivilisationen. Was wir mit ihnen und für sie tun, wie wir mit ihnen sprechen, sie ehren, sie lieben, ihnen Raum geben und sie wertschätzen, ist in seinen Auswirkungen bedeutsam für die gesamte Evolution. Unsere Verantwortung als Eltern, Erziehungsberechtigte und Vorbilder ist groß! Überpersönlich groß.

Laserpointer zur integrierten Energie in Krebs und/oder im 4. Haus

Sonne:	Bewusste Liebe
Mond:	Höchste Feinfühligkeit
Merkur:	Bildhaftes Lernen
Venus:	Kreative und sensitive Bezogenheit
Lilith:	Unerschrockene Tiefgründigkeit der Gefühle
Mars:	Fürsorglich und einfühlsam
Jupiter:	Reichtum des psychischen Lebens
Saturn:	Führung durch Alleinsein-Können
Chiron:	Hochsensitivität
Neptun:	Spirituelle Rückverbindung und Wunder
Uranus:	Ungewöhnliches Familienleben
Pluto:	Totalität im kollektiven Fühlen

Inspirationen

- Wenn du dein Herz öffnest, werden andere hart arbeiten müssen, um ihres verschlossen zu halten.
- Wir sind die erste Generation, die eine empirische Sicht der Ursprünge des Universums erleben kann.
- Wir alle sind Kinder des Lichts.
- Auch historische Wurzeln wollen geheilt werden.
- Das patriarchale System wird ganz natürlich von innen heraus verändert.
- Der Weg des Kosmos hängt von der Geborgenheit aller Lebewesen ab, die jetzt existieren.
- Glaubst du, dass das Universum 13,8 Milliarden Jahre Arbeit investierte hätte, um dich zu erschaffen, wenn es nicht einen speziellen Auftrag gäbe, den du erfüllen kannst?
- »Die heutigen Manager*innen kommen nur mit Fühlen weiter.« Zitat eines Headhunters, Juni 2017.
- Die in dir wohnenden schöpferischen Kräfte werden rechtzeitig für die Aufgabe zum Leben erweckt werden, für die sie geschaffen wurden.
- Kinder, die nicht aus ihrer Mitte gefallen sind, erkennen von selbst, worin ihre Lebensaufgaben bestehen. Wenn man ihnen ihren Zugriff auf Seeleninformationen nicht verwehrt, verfügen sie über ein immenses Potenzial an universellem Wissen und sind imstande, den geistigen Fortschritt der Menschheit nachhaltig in eine positive Richtung zu lenken.
- Die Geschichte des Universums schließt alle mit ein.
- Wenn wir über Liebe und Geborgenheit in ihren kosmischen Dimensionen nachdenken wollen, müssen wir mit dem Universum als Ganzem beginnen.
- Verbundenheit ist der vertiefte Sinn für die Gemeinschaft.
- Deine Seele wurde durch das kosmische Feuer gezeugt.

- Wenn wir als Kollektiv des Lichts auftreten, erzeugen wir Unruhe, da wir den Weltproblemen einen Spiegel vorhalten und neue Wachstumsmuster aufzeigen.
- Die Sehnsucht, sich der Liebe hinzugeben, durchdringt das ganze Universum.
- Was wir der Welt zu geben haben, ermöglicht anderen ein Leben in Freude.
- Lass uns um das Feuer tanzen!

Krebs: Leitbegriffe für die Entwicklung des höheren Potenzials

Niedere Aspekte des Egos	Im Erwachen	Höhere Aspekte der Seele
Vollkommen subjektiv	Erwachen für die Umgebung	Mitgefühl für das Ganze
Vereinnahmende Bemutterung	Mütterlichkeit	Fürsorge spendend
Zurückgezogenheit	Selbstreflexion	Emotionaler Magnetismus
Illusionen	Innenschau	Vorahnungen und Medialität
Isolation	Durchschauen der Illusion	Für andere da sein
Kindsein als Qual	Verbundenheit	Den Frieden schützen
Abhängigkeiten	Volle Verantwortung	Emotionaler Reichtum
Verlustgefühl	Herz statt Angst	Leuchtende Liebe
Außerhalb der Familie	Familienbewusstsein	Menschenfamilie
Das Bad in der Masse	Erleuchtetes Zuhause	Die eine Menschheit
Nationalstolz	Völkerverbindung	Weltgemeinschaft
Im Wasser des Mutterschoßes	Gewässer der Erde	Wasser des Lebens

Niedere Aspekte des Egos	**Im Erwachen**	**Höhere Aspekte der Seele**
Selbsterhaltend	Selbsternährend	Dem Selbst dienend
Praktische Wohnstätte	Schöne Wohnstätte	Heilige Wohnstätte
Instinktive Mutter	Weltliche Mutter	Universale Mutter
Hängt in der Vergangenheit	Vision für das Leben	Allverbundenheit

Dualität Krebs – Steinbock

Die Vervollkommnung gelingt durch die Integration der dualen Frequenz. Beim Krebs ist das die Frequenz des Steinbocks.

Krebs | Wasser	**Steinbock | Erde**
Miteinander, mitten im Leben	Alleinsein
Wohliges Familiennest	Karriere, eigener Weg
Privatleben ist wichtig	Berufsleben ist wichtig
Gefühlsmäßig stark	Mental stark
Lässt sich gern von Gefühlen leiten	Lässt sich gern vom Verstand leiten
Schaut gern für die anderen	Schaut gern nur für sich
Empfindsam	Klar
Arbeitet in kreativen Wellen	Arbeitet ausdauernd und beharrlich
Viel Fantasie	Ausgeprägter Sinn für Realität
Entscheidet instinktsicher	Entscheidet wohlüberlegt
Verantwortungsvoll gegenüber Schutzbedürftigen	Verantwortungsvoll gegenüber Autoritäten
Kann andere seelisch aufbauen	Kann sich selbst seelisch aufbauen
Liebt das Gefühl, helfen zu können	Liebt den Einsatz für Recht und Ordnung
Hohes Einfühlungsvermögen	Hohe Sensitivität
Menschenfamilie	Führung und weltlicher Status

Geboren im Zeichen Krebs

Bekannte Frauen	Bekannte Männer
Pamela Anderson	Julian Assange
Ingeborg Bachmann	George W. Bush
Gisele Bündchen	Michail Chodorkowski
Lady Diana Spencer	Roger Cicero
Elisabeth von Thüringen	Tom Cruise
Charlotte Gainsbourg	Dalai Lama
Selena Gomez	Harrison Ford
Gitte Hænning	Campino
Olivia de Havilland	Tom Hanks
Frida Kahlo	Heinrich VIII.
Käthe Kollwitz	Hermann Hesse
Diane Kruger	Franz Kafka
Estée Lauder	Vitali Klitschko
Ute Lemper	Gustav Mahler
Gina Lollobrigida	Nelson Mandela
Mireille Mathieu	Lionel Messi
Angela Merkel	George Michael
Camilla Mountbatten-Windsor	Peter Alexander
Anne-Sophie Mutter	George Orwell
Christine Neubauer	Rembrandt van Rijn
Franka Potente	John D. Rockefeller
Nancy Reagan	Jean-Jaques Rousseau
Heide Simonis	Peter Paul Rubens
Barbara Stanwyck	Walter Scheel
Meryl Streep	O. J. Simpson
Sahra Wagenknecht	Sylvester Stallone
Isabell Werth	Nikola Tesla
Natalie Wood	Mike Tyson
Malala Yousafzai	Sebastian Vettel
Clara Zetkin	Otto Waalkes
	Billy Wilder
	Robin Williams
	Zinédine Zidane

LÖWE

23. JULI BIS 22. AUGUST

♌

- Lichtbringer für mehr Menschlichkeit
- Pure kreative und schöpferische Lebensfreude
- Träger der solaren Kraft

Die wichtigsten Merkmale der Löwe-Frequenz

Tierkreiszeichen sind wie Tore, durch die ein Strom von kosmischen Energien umgewandelt wird in bestimmte Frequenzen, die wiederum auf uns Menschen unterschiedlich einwirken. Die wichtigsten Merkmale der Löwe-Frequenz sind:

- Element: **Feuer**
- Motivation: **Fix** (Impulse aufnehmen und formen)
- Exoterischer Leitplanet: **Sonne** | Strahl: **2**
- Esoterischer Leitplanet: **Sonne** | Strahl: **2**
- Galaktischer Leitplanet: **Sonne** | Strahl: **2**
- Sternensystem: **Großer Hund/Sirius** und **Kleiner Bär/Polarstern**
- Duales Zeichen: **Wassermann**
- Harmonisch unterstützt durch **Widder** und **Schütze**
- Herausgefordert durch **Skorpion**, **Wassermann** und **Stier** auf dem fixen Kreuz
- Galaktisches Viereck zum Polarstern mit: **Widder** (Großer Bär), **Skorpion** (Sirius) und **Wassermann** (Alcyone)
- Entspricht im Lebensraum: **Haus 5**
- Strahl: **1** – Wille & Macht
- Strahl: **5** – Konkretes Wissen
- Meister: **Der Venusische Rat**, **Kailash** und **Solaris**

Lichtbringer für mehr Menschlichkeit

Die Frequenz des Zeichens Löwe gilt als das Zentrum des Universums. Durch diese mächtige Lichtfrequenz wird es möglich, in voller Blüte sichtbar in Erscheinung zu treten und direkten Einfluss auf die Umgebung zu nehmen. Denn diese strahlende Energie der Quelle lenkt als Schöpfungsenergie in ihrer Reinheit alle Aufmerksamkeit auf sich. Menschen, die mit dieser Energie gesegnet sind und sich zu einer eigenbewussten autonomen Persönlichkeit entwickelt haben, werden zu Lichtbringern für mehr Menschlichkeit. Denn ihr Herz ist in direkter Energielinie mit dem universalen Herzen verbunden, wodurch sie eine schöpferische, lebensbejahende Potenz in ihrer ganzen Göttlichkeit hier auf Erden leben können. Die Grundlage bilden ein großes Selbstbewusstsein und ein unumstößliches Vertrauen in das eigene Können. Dieses Vertrauen wird gespeist aus einer sich selbst bewussten Kraft, die in sich ruhend aus dem Zentrum strahlt und immer wieder neues Leben schenkt. So werden Kreationen hervorgebracht, die oft Vorbildcharakter haben und zum Maß aller Dinge werden.

Bei so viel Strahlkraft ist es selbstverständlich, dass die Sonne als Leitplanet des Zeichens Löwe auf allen Ebenen herrscht: exoterisch, esoterisch und galaktisch. Zwar ist die Sonne ein Stern, aber in der astrologischen Sprache wird sie als Planet bezeichnet. Ihr Licht repräsentiert das Zentrum des Universums und wird auf der Löwe-Frequenz von Sirius A aus dem Sternensystem »Großer Hund« beherrscht. Menschen, die diese Frequenz im Sinne der Neuen Zeit nutzen, entwickeln Fähigkeiten, die sie nie zuvor hatten. Allein schon ihre bloße Gegenwart hat eine transformierende Wirkung auf alle, mit denen sie in Kontakt kommen, denn sie erschaffen ein Feld des verbindenden Bewusstseins. So werden sie meist zu bewundernswerten Führern, die sich für edle und humanitäre Ziele einsetzen. Sie arbeiten nicht mit Befehlen, sondern mit pulsierender Kreativität. Sie sind nicht abhängig vom Applaus der Umwelt, sondern sie können sich selbst reflektieren. Sie stehen mit ihrer Strahlkraft gefestigt in ihrem eigenen Zentrum und dirigieren oder beherrschen von hier aus lustvoll die Welt – es ist ein selbstbewusster Aspekt des göttlichen Willens.

So liegt es nahe, dass diese Menschen bewusst einen Platz im Zentrum der Gesellschaft einnehmen, ohne offensichtlich im Zentrum stehen zu müssen. Von diesem Zentrum heraus inspirieren sie als echte Lichtbringer andere Menschen, denn sie können das solare Feuer, das in ihnen brennt, und die solaren Kräfte, die durch sie hindurch wirken, auf andere Menschen übertragen, ihnen Mut machen, sie spielerisch motivieren und ihnen Wärme, Lebensfreude und Kraft schenken, weil durch sie selbst genug davon fließt.

Die Löwe-Frequenz steht auch für das Herz-Chakra des Menschen und für das Herzzentrum des Planeten Erde, das wiederum mit der Geistigen Hierarchie – der hochschwingenden Ebene der aufgestiegenen Meister – in direkter Verbindung steht. Bei entsprechender Reife entsteht ein göttliches Selbstbewusstsein durch tiefes Vertrauen in die eigene Führung, was diese Menschen dazu befähigt, zu einem leuchtenden Zentrum einer Gruppe zu werden, wo sie als strahlendes Licht verschiedene Menschen für ein höheres Ziel einen und miteinander in Beziehung bringen.

Wenn dann die höhere Macht durch diese Menschen fließt und das ausstrahlende Licht ihre Aura zum Leuchten bringt, können sie aus ihrem Zentrum heraus sehr einflussreich werden und durch ihre Schöpfungen die vielen zum kosmisch Guten beeinflussen. Ja, die Löwe-Frequenz ist eine der wichtigsten in dieser Zeit.

Pure kreative, schöpferische Lebensfreude

Reiner Geist ist sehr machtvoll und immer schöpferisch. Wahre Schöpfer, die in wahrer Kommunikation mit dem Schöpfer / der Schöpfung stehen, haben von daher nichts mehr zu lernen. Stattdessen werden sie zu Mitschöpfern, weil ihr Zugang zum Reinen Geist (non-dual) direkt ist und sie hierdurch im vollkommenen Vertrauen sind. So wirken sie als Kanal des reinen Geistes und können sich dabei beobachten, wie immer neue Schöpfungen durch sie entstehen. Außerdem können sie ihren Geist dazu bringen, Fehlschöpfungen aufzugeben. So werden wahre Künstler geboren.

Das Spektrum ihrer kreativen Ausdrucksmöglichkeiten ist genauso groß wie die nie versiegende Quelle. Durch ihr herausragendes Beherrschen der Künste, durch ihren machtvollen Ausdruck und ihre Erhabenheit können sie gelegentlich ihre Mitmenschen in Ehrfurcht versetzen. Andersherum strahlen sie pure kreative, schöpferische Lebensfreude aus, gepaart mit einem unerschütterlichen Glauben an das Leben, was andere Menschen wiederum als bereichernd und wohltuend empfinden.
Der große Qualitätsunterschied in der Kunst liegt in der Bewusstseinsfrequenz. Falsche Schöpfer lassen sich durch den niederen Aspekt der Schöpfungsgesetze leiten und sehen sich immer in Konkurrenz, da sie aus der Dualität schöpfen und nicht aus dem Reinen non-dualen Geist. Sie werden niemals zu Mitschöpfern, sondern ihre Werke flackern kurz auf und sind dann wieder verschwunden, haben also keinen Ewigkeitscharakter.

Träger der solaren Kraft

Wir alle sind mindestens zu einem Zwölftel mit der Löwe-Frequenz gesegnet. Aber speziell Menschen mit Planeten, Hauptachsen oder Mondknoten als Brennpunkten der Löwe-Energie werden zu Trägern der solaren Kraft mit der Gabe, direkt aus dem Non-dualen das Licht zu manifestieren. Licht zu bringen bedeutet Bewusstsein zu erschaffen. Bewusstsein zu erschaffen bedeutet zu erkennen. Erkennen ist aber nicht nur Verstehen, sondern verbindende Liebe. So erschaffen diese Menschen Liebe durch Bewusstsein. Und Liebe ist einer der mächtigsten Aspekte des Göttlichen.
Auf den Trägern der solaren Kraft liegt eine immense Verantwortung, denn ihre Entscheidungen treffen sie immer allein. Ihr Referenzpunkt ist ihr direkter Kontakt mit ihrer Seele, ihrem unbeeinflussten Selbst. Hierfür braucht es eine reife Selbsterziehung, weshalb der Weg der

spirituellen Entwicklung meist allein gegangen wird, damit sich die Selbstbestimmung unumschränkt wahren lässt. Jeder Ansatz von Bevormundung würde diese Menschen in ihrer inneren Stärke schwächen und ihren direkten Kontakt zu ihrem Schöpfungspotenzial mindern.
Es ist ein anspruchsvoller Weg zwischen Demut und Macht, zwischen siegen wollen und an der Spitze stehen dürfen, zwischen sich beherrschen und über andere herrschen. Je mehr es diesen Menschen gelingt, ihren Weg weise, würdevoll und ganz bewusst zu beschreiten, desto mehr stellen sie für andere eine zentrale Kraft dar und helfen mit, die Herzen der vielen zu öffnen, deren Vertrauen in sich selbst zu stärken und sie spielerisch zu empowern.

Es spielt keine Rolle

Wer bin ich wirklich? Wohl jeder fühlende Mensch auf diesem Planeten hat sich diese Frage schon einmal gestellt. Warum? Weil wir oft schon pränatal darauf trainiert werden, eine Rolle zu spielen, und unser Zugang zum Licht der Quelle gedimmt werden musste. Die Erinnerung an unser wahres Selbst kommt in dem Moment zurück, wenn wir erkennen, dass wir keine Rollen mehr spielen müssen, sondern die Rollen spielen können.
Es hat etwas immens Befreiendes, wenn wir keine mentalen Bilder mehr auf gesellschaftlichen Erfolg projizieren müssen, durch den wir etwas »Besonderes« sind. Kevin Costner brachte das Paradigma der Alten Zeit nach seinem gigantischen Erfolg mit »Dances with Wolves« auf den Punkt. Er sagte, seit er berühmt sei, behandle man ihn so, wie man jeden Menschen behandeln solle.
Nicht alle Menschen auf der Löwe-Frequenz müssen berühmt werden. In der Neuen Welt spielt es überhaupt keine Rolle, da die Seele den Weg bestimmt. Anstatt einem äußeren vordefinierten Bild entsprechen zu müssen, erkennen wir uns als ein Feld purer Möglich-

keiten. Dies kann sowohl im unauffälligen Hintergrund als auch im Scheinwerferlicht dieser Welt gelebt werden.

Wenn unser Gestaltungswille stark ist, werden wir als bewusste authentische Menschen außerordentlich kreativ sein. Das, was wir tun, ist von Bewusstsein durchdrungen und hat von daher eine hohe Qualität, selbst in der einfachsten Handlung. Und da wir alle integrale Bestandteile des kollektiven Bewusstseins sind, nehmen wir viel stärker Einfluss auf die Welt, als an unserem Leben äußerlich abzulesen ist. Deswegen reicht unser Einfluss oftmals weit über das hinaus, was wir tun. Alles andere spielt keine Rolle.

Je mehr wir uns von der Lebendigkeit der Quelle entfernen, ...

... desto mehr wird diese solare Kraft im niedersten Aspekt für das kleine Ich eingesetzt. Vielen Menschen sind davon überzeugt, dass sie selbstbewusst sind, während sie nur von ihren Wünschen beherrscht werden und sich mit dem Zentrum des Universums identifizieren. Dabei kann die Persönlichkeit schnell zum Opfer des eigenen Anspruchs auf Größe, Macht und Reichtum werden und zum größten Ego des Universums mutieren. Ab hier wird es recht gefährlich.

Damit die Schöpfung nicht zu viel Schaden nimmt, sorgt die Seele in manchen Inkarnationen dafür, dass dieses gigantische solare Feuer zunächst als Hemmung gelebt wird. Die lebendige Lebensfreude wird im Kleinkindalter meist gezähmt oder verdrängt, womit das kreative Feuer im Keim erstickt wird und diese Menschen beginnen, sich klein zu machen, was oft mit einer Verachtung von Reichtum und Luxus überdeckt wird. Oder sie lassen sich vom schönen Schein als höchstes Glück auf Erden blenden, bleiben Verehrer der äußeren Formen und können den Halt verlieren, sobald die schönen Dinge, Menschen und Situationen aus ihrem Leben verschwinden. So finden wir hier viele vom Ego hervorgerufene Unglückliche – mit einer mentalen und emotionalen Krankheit, vergleichbar mit der Umweltverschmutzung. Ihren Wunsch nach Glück projizieren sie voller Neid auf die anderen. Ihre Arroganz wird gespeist aus ihrem trennenden Stolz, aus einem Drang nach Anerkennung und der Überschätzung ihrer eigenen Wichtigkeit.

Wird die Löwe-Energie auf der anderen Seite in ihren niedersten und am wenigsten wünschenswerten Aspekten als Kompensation gelebt und die feurige, nach außen drängende Energie für eigene Zwecke missbraucht, reduziert sich der Strom der schöpferischen Energie gewaltig. So wird der Kampf immer anstrengender, um im Außen das zu erreichen, was der Herrscherinstinkt dem großen Ego diktiert. Obwohl jegliche wahre schöpferische Grundlage fehlt, verlieben sich diese Menschen in ihre eigenen Ideen und wähnen sich als besitzergreifende Götter, was sich in einem übersteigerten Narzissmus zeigt. Hier beginnt die ganze Palette vom typischen Angeber bis zum machtbesessenen, größenwahnsinnigen Diktator. Der Fokus dieser Menschen liegt auf sich selbst als Mittelpunkt der Welt mit dem lauten Anspruch, dass alle sie zu bewundern haben. Deshalb sind sie auch schnell gekränkt, wenn man sie vernachlässigt, nicht beachtet oder ihnen Liebe vorenthält. Für sie ist es nicht nur Majestätsbeleidigung, sondern sogar Hochverrat, wenn sich die Personen, die ihnen nahestehen, von ihnen abwenden.

Das Bedürfnis dieser Menschen, die Umgebung durch die eigene Persönlichkeit zu beherrschen, ist sehr groß, bis sie sich von ihrem Selbst immer mehr entfremden und sich schlussendlich isolieren. Es ist schwierig, solche Schein-Ichs zu erkennen und sie wieder abzubauen. Das Bedürfnis nach Beachtung ist übergroß, besonders in Bezug auf materielle Dinge wie Kleidung, Schmuck und Besitztümer. Menschen, die den niederen Aspekt der Löwe-Frequenz leben, verlangen so lange ehrgeizig nach Macht, Einfluss und Prestige, bis sie sich in einsamer Höhe vom Leben ausgeschlossen fühlen – und erwachen.

Der Weg zurück zum vollen Potenzial ...

... kann dann beginnen, wenn die duale Energie erkannt und integriert wird. Im Fall von Löwe ist es die Energie der Wassermann-Frequenz. Mit aufziehenden Krisen des Verlustes beginnen die niederschwingenden Löwe-Menschen, Vertrauen in eine höhere Ordnung zu entwickeln und die Wassermann-Kräfte gezielter einzusetzen. Je nach Prägung war es für die »wilden Löwen« bisher lebensnotwendig, sich in das Zentrum der Macht zu stellen. Wenn jetzt das Gruppenbewusstsein erwacht und sie sich als Mitschöpfer einer Gruppe erkennen, lernen diese Löwe-Menschen, die Spannung zwischen sich als Individuum und ihren Freunden respektive der Gruppe, zu der sie gehören, bewusster wahrzunehmen und entsprechend achtsamer zu handeln. Das bisher ehrgeizige Verlangen nach Anerkennung, Einfluss und Prestige weicht nun einem Wissen, kraft der eigenen Ausstrahlung Gutes für die Menschheit zu tun, denn es erwacht ein gesundes Verhältnis zur Liebe, ohne auf jemanden oder etwas fixiert zu sein.

Das große »Löwen-Herz« beginnt allmählich zu strahlen, denn es geht nicht mehr um *sie* selbst, sondern um das *Selbst*. So bekommt ihr Leben eine neue Ausrichtung mit größerer Toleranz anderen gegenüber, da sie erkennen, dass sie ohne eine Gruppe, für die sie sich engagieren, gar nicht lebensfähig sind. Ein guter Freundeskreis wird wichtiger als Ruhm und Macht.

So wandelt sich auch das Ich-Gefühl in ein Teilhaben an etwas Größerem, wobei das Ich aber nicht verloren geht. Sie setzen einfach die sie durchströmende Energie nicht mehr nur für sich selbst ein, sondern für die intelligente Kooperation mit dem großen Leben, zu dem wir alle gehören. Der egozentrische Herrscher verwandelt sich in einen gruppenbewussten Herrscher.

In selbem Maße, wie diese Menschen an Bewusstheit zunehmen, beginnt das Ego zu schrumpfen, denn wenn sie die Identität wechseln, entziehen sie dem Ego Energie. Dieser Wechsel vom Denken zur

Bewusstheit geht über das Beobachten. Ab hier wird eine Intelligenz wirksam, die viel größer ist als die Cleverness des Egos. Ihre persönliche Geschichte bildet nicht länger die Basis ihres Identifikationsgefühls. Durch das Zurücktreten von ihren sorgsam, teilweise auch mühsam aufgebauten Lorbeeren erhalten ihre Geschichten einen neuen, kreativen Stellenwert und können nun andere Menschen inspirieren. So werden sie zum Licht der Präsenz, zur Bewusstheit, die allen Gedanken und Empfindungen vorausgeht und tiefer ist als sie. Der wohl größte Erleuchtungsmoment ist der, wenn sie erkennen, dass sie der Raum sind, in dem sie selbst als ihre eigene Schöpfung erscheinen. Und dann passiert es: Sie fühlen mit jeder Faser ihres Seins, dass sie selbst das Wunder sind, und erkennen ihre einzigartige kosmische Rolle in dieser besonderen Zeit. Durch diese Einsicht können sie zu ihrer wahren Größe erwachen, das heißt, dass sich ab jetzt ihr Einfluss in der Welt stets erhöht, bis sie ihre wahre Flughöhe erreicht haben, auf der sie wirklich mit sich in Freude sind. Dies erfordert in der Tat lebenslange Wachsamkeit und eine gesunde Geisteshaltung, da ihre Führungsaufgaben und Verantwortungen steigen.

Laserpointer zur integrierten Energie in Löwe und/oder im 5. Haus

Sonne:	Ich bin Das
Mond:	Freude am Schöpfen
Merkur:	Lichtvolle Gedanken
Venus:	Kreative Bezogenheit
Lilith:	Gleichberechtigtes Herrschen führt zu immenser Schöpfungskraft
Mars:	Lustvolle Bewegung
Jupiter:	Großzügigkeit
Saturn:	Klare Führung

Chiron:	Sensitive Kreativität
Neptun:	Absichtsvoller Dienst für den Schöpfungsplan
Uranus:	Wegbereiter der Neuen Zeit
Pluto:	Totalität des Herrschens

Inspirationen

- Wenn du dich zeigst, können andere Lichtwesen dich finden.
- Spüre deine Begeisterung für deine Aufgabe.
- Angst macht anfällig für Fehlschöpfungen.
- Kleinheit ist das Angebot, das du dir selbst machst.
- Licht braucht ein Gefäß, sonst würde es frei im Raum schweben.
- Du bist Schöpfer der Evolution.
- Du bist Hüterin/Hüter des Planeten Erde.
- Freude ist Licht. Licht ist Freude.
- Du kannst nichts im Außen finden, was du nicht bereits im Innen bist.
- Du bist gemeint. Nicht der neben dir. Du!
- Wenn du versuchst, einem Image zu entsprechen, lebst du ein unechtes Leben.
- Du kannst dich immer wieder verstecken und die Schöpfungen durch dich verzögern. Du kannst dich aber niemals von der Quelle trennen.
- Schöpfen ist unsere einzige wirkliche Funktion. Wir können nie nicht schöpferisch tätig sein.
- Wir alle leben unter dem gleichen Himmel, aber wir haben nicht alle den gleichen Horizont.
- Du bist der Raum, in dem du selbst als deine eigene Schöpfung erscheinst.
- Wahre Liebe kennt weder Gegenteil noch Bedingungen.
- Ruhm ist nur der Schatten der Tat.

Löwe: Leitbegriffe für die Entwicklung des höheren Potenzials

Niedere Aspekte des Egos	Im Erwachen	Höhere Aspekte der Seele
Physische Sonne	Herz der Sonne	Spirituelle Sonne
Niederes Selbst	Höheres Selbst	Das eine Selbst
Reflexion	Ausstrahlung	Quelle des Lichts
Instinkt	Intelligenz	Liebe
Selbstzentriert	Selbstzentrierend	Zentrum des Selbst
Instinktiver Wille	Intelligenter Wille	Wille zum Guten
Herrschend	Konzentriert	Zielgerichtet
Gebrüll des Raubtieres	Stimme des Menschen	Ruf der Göttlichkeit
Streben nach Individualität	Festigen der Individualität	Belebt die Individualität der anderen
Nachahmen	Selbstbewusstsein	Kreativität
Diktator	Selbsterziehung	Natürliche Autorität
Blendet	Strahlt	Lichtgestalt

Dualität Löwe – Wassermann

Die Vervollkommnung gelingt durch die Integration der dualen Frequenz. Beim Löwe ist das die Frequenz des Wassermann.

Löwe | Feuer	Wassermann | Luft
Kreativ schöpferisch	Innovativ schöpferisch
Kreativ im Denken	Schnell und intuitiv im Denken
Herz-Liebe	Aktive höhere Intelligenz
Stark auf der Herzebene	Stark auf der Denkebene
Voller Herzwärme	Eher distanziert
Freude zu führen	Freude, den Zeitgeist zu prägen
Selbstbewusstsein	Gruppenbewusstsein
Schwungvoll kreativ	Eigenwillig künstlerisch

Löwe | **Feuer**	**Wassermann** | **Luft**
Künstler	Rebellischer Visionär
Praktisch innovativ	Theoretisch innovativ
Souverän und kompetent	Schnell und überraschend
Große Gesten	Taktische Klugheit
Siegessicher und dominant	Strategisch durchdacht und tolerant
Motivierbar durch Anerkennung und Lob	Motivierbar durch geistige Impulse und humanitäre Aufgaben
Hat im Team das Sagen	Ist im Team gern unter Gleichgesinnten
Steht gern im Mittelpunkt	Das Team ist der Mittelpunkt
Ich auf der Bühne	Wir unter uns
Führungspersönlichkeit	Teamworker
Liebt das Repräsentieren	Liebt Vernetzungen
Archetyp Königin/König	Archetyp Humanist

Geboren im Zeichen Löwe

Bekannte Frauen	Bekannte Männer
Amy Adams	Louis Armstrong
Kate Beckinsale	Neil Armstrong
Iris Berben	Napoleon Bonaparte
Halle Berry	Fidel Castro
Elizabeth Bowes-Lyon	Bill Clinton
Sandra Bullock	Robert De Niro
Aenne Burda	Deng Xiaoping
Coco Chanel	Roger Federer
Madonna	Henry Ford
Laura Dahlmeier	Mick Jagger
Hannelore Elsner	Franz Joseph I.
Helene Fischer	Louis de Funès
Evelyn Hamann	Götz George
Whitney Houston	Alfred Hitchcock
Jaqueline Kennedy Onassis	Dustin Hoffman
Annegret Kramp-Karrenbauer	Felix Magath
Mila Kunis	Robert Mitchum
Jennifer Lawrence	Benito Mussolini
Vicky Leandros	Barack Obama
Marine LePen	Roman Polanski
Jennifer Lopez	Daniel Radcliffe
Heike Makatsch	Robert Redford
Herzogin Meghan	Rezo
Mette-Marit von Norwegen	Harald Schmidt
Rosi Mittermaier	Arnold Schwarzenegger
Ina Müller	Bastian Schweinsteiger
Leni Riefenstahl	Haile Selassie
Joanne K. Rowling	Florian Silbereisen
Margarete Steiff	Patrick Swayze
Charlize Theron	Andy Warhol

JUNGFRAU

23. AUGUST BIS 22. SEPTEMBER

♍

- Hüter der kosmischen Ordnung
- Träger der heilenden Kraft
- Magnetische Christus-Liebe

Die wichtigsten Merkmale der Jungfrau-Frequenz

Tierkreiszeichen sind wie Tore, durch die ein Strom von kosmischen Energien umgewandelt wird in bestimmte Frequenzen, die wiederum auf uns Menschen unterschiedlich einwirken. Die wichtigsten Merkmale der Jungfrau-Frequenz sind:

- Element: **Erde**
- Motivation: **Veränderlich** (dabei sein und vollenden)
- Exoterischer Leitplanet: **Merkur** und **Chiron** | Strahl: **4**
- Esoterischer Leitplanet: **Mond** | Strahl: **4**
- Galaktischer Leitplanet: **Jupiter** | Strahl: **2**
- Sternensysteme: **Großer Bär** und **Plejaden**
- Duales Zeichen: **Fische**
- Harmonisch unterstützt durch **Steinbock** und **Stier**
- Herausgefordert durch **Schütze**, **Fische** und **Zwilling** auf dem veränderlichen Kreuz
- Seelisch verwandt mit **Zwilling** und **Widder** (Merkur), **Krebs** (Mond), **Schütze**, **Wassermann** und **Fische** (Jupiter)
- Entspricht im Lebensraum: **Haus 6**
- Strahl: **2** – Liebe & Weisheit
- Strahl: **6** – Hingabe & Idealismus
- Meisterin: **Lady Gaia**, die Göttin von Mutter Erde

Hüter der kosmischen Ordnung

Die Frequenz des Zeichens Jungfrau gilt als eine der wichtigsten im Tierkreis, denn ihr obliegt es, die kosmische Ordnung zu behüten und zu nähren. Jungfrau gilt als die kosmische Mutter, die den Gegenpol zum kosmischen Geist darstellt, der sich hinter jeder Realität verbirgt. Da der Geist ständig in Bewegung ist und dadurch im Raum ein stetes Verschieben vor sich geht, ist die Jungfrau-Energie ebenso stetig in Bewegung, um sämtliche Veränderungen in Ordnung zu halten. Menschen, die mit der Jungfrau-Frequenz gesegnet sind, gelingt es, das materielle Umfeld immer gereinigt und geordnet zu halten, sodass der Geist in eine Verbindung zur Materie treten kann. Die kosmische Ordnung, die dabei entsteht, hat eine absolut stabilisierende Kraft. So durchläuft das ganze Beziehungsgefüge ein goldener Faden des Dienstes als Folge der stetigen Entfaltung des Geistes. Die Fähigkeit des Empfangens der geistigen Bewegungen hängt von der Evolutionsstufe ab, die die entwickelte Sensitivität des Menschen bestimmt. Die höchste Schwingung dieser Jungfrau-Frequenz wird durch den galaktischen Leitplaneten Jupiter beeinflusst und unterliegt dem Gesetz des Rhythmus. Feinfühlige Jungfrau-Menschen, die für die höheren Impulse empfänglich sind und die Einflüsse der Sternensysteme des Großen Bären und der Plejaden kanalisieren, werden zu Menschen des guten Willens, die für das Wohl des Ganzen aktiv sind. Sobald das Weltbewusstsein voll für die spirituellen Dimensionen zu erwachen beginnt, werden diese Jungfrau-Menschen die Weltgemeinschaft auf den Weg des Friedens und des Fortschritts leiten, denn es gibt im Physischen noch sehr viel zu entdecken, wenn sich der Geist in der Materie offenbart.

Die heilige bewegliche Schöpfungsordnung können wir dann wahrnehmen, wenn uns klar wird, dass wir nicht vom gigantischen Ganzen getrennt sind. Alles, was ist, hat seinen Platz in der Totalität des Kosmos. Die Idee der geheimnisvollen Ordnung im Sonnensystem lebt seit Jahrtausenden in der Menschheit. Pythagoras war von einer Sphärenmusik überzeugt. Platon brachte die Anordnung der Himmelskörper mit bestimmten Zahlen in Verbindung. Johannes Kepler entwickelte die Welt-Harmonik. Auf der Grundlage moderner astronomischer Erkenntnisse und Berechnungsverfahren entstand eine Signatur der Sphären mit dem Nachweis, dass in unserer kosmischen Heimat tatsächlich eine wunderbare und äußerst verblüffende

Ordnung vorhanden ist. Diesen Entdeckungen kommt daher eine tiefgehende philosophische Bedeutung zu, denn eine vielschichtige, geometrisch-harmonische Ordnung legt nahe, dass unser Sonnensystem wie eine wohldurchdachte musikalische Komposition aufgebaut ist. So macht uns die Frequenz des sechsten Zeichens im Tierkreis auf schonungslose Weise bewusst, dass alles in der Schöpfung für etwas geeignet ist und eine wichtige Rolle spielt. Die archetypische Kraft der Jungfrau ist somit eine heilende Kraft, die die magnetische Fähigkeit besitzt, alle Dinge und Situationen um sich herum in eine Ordnung zu bringen, sodass die ihnen innewohnende göttliche Idee umfassend genährt wird und ein perfektes Umfeld erhält. Und alles, was an seinem Platz ist, ist gesund.

Unterdessen gilt auch das neue, wissenschaftlich fundierte Paradigma, dass das Bewusstsein nicht nur unseren menschlichen Körper erschafft, sondern ebenso einen kosmischen Körper. Wir erleben uns nur durch unsere sensorische Wahrnehmung von ihm getrennt. Beide Körper sind von entscheidender Bedeutung für unser Überleben, denn Mikro- und Makrokosmos können nicht getrennt werden. Die Notwendigkeit, uns mit unseren Leistungsgrenzen auseinanderzusetzen, den kosmischen Körper einzubeziehen und dabei immer wieder mit den Grenzen des Machbaren konfrontiert zu werden, macht das Zeichen Jungfrau nicht unbedingt zu den Sympathieträgern unter den zwölf Zeichen, weil hier eine Form von Demut gegenüber der Schöpfung verlangt wird. Aber genau sie kennen die Zusammenhänge bestens. Hochschwingende Jungfrau-Menschen wissen, dass das uns umgebende Plasma das Lebensnetz formt. So formen wahre Heiler mit ihren Gedanken und Gefühlen die Geometrie des Plasmas und stellen die Verbindung zum leuchtenden Lichtkörper her, der uns als Mutter aller Formen als Wachstumsvorlage dient. Je kohärenter die Jungfrau-Menschen innerhalb unserer Körpergeometrie schöpfen, desto kohärenter werden die uns umgebenden geometrischen Formen. Durch

das Hüten der kosmischen Ordnung und die Reinigung auf allen Ebenen entsteht eine ruhige und glasklare Kraft, die uns trägt und alles gesund wachsen lässt. Das ist die Alchemie der Spiritualität, geläufiger bekannt als das Super-Bewusstsein.
Durch die Jungfrau-Frequenz wird wie durch keine der anderen Frequenzen das Gesetz der Ökonomie aktiviert. Dieses kosmische Gesetz besagt, dass wir nicht ununterbrochen höher, schneller und weiter wachsen können, denn die Evolution verläuft nicht nur linear, sondern auch zyklisch, also hinauf und (!) hinunter.
Überall, wo es um Höchstleistung und Gewinnmaximierung geht, erinnert die Jungfrau-Energie daran, die Kräfte ökonomisch optimal einzusetzen. Wenn wir diese Grenzen einhalten und das Machbare respektieren, bleiben unsere Körper oder unsere Firmen gesund. Wenn wir diese Grenzen überreizen oder uns außerhalb der kosmischen Gesetze bewegen, werden die Körper und die Firmen krank. Dann werden Pillen geschluckt, Schuldenobergrenzen verschoben oder neues Geld gedruckt, damit man wieder auf die Beine kommt. Aber dies funktioniert nicht immer so einfach, da es sich hauptsächlich um Symptombehandlungen handelt, während der den Schwierigkeiten zugrunde liegende Prozess weitergeht.

Träger der heilenden Kraft

Das Leben von hochschwingenden Jungfrau-Menschen wird vollkommen durch den Dienst und die Tätigkeit ihrer Seele geleitet. Durch sie kommen Liebe, Weisheit und Hingabe in ihrer stärksten Form des menschlichen Ausdrucks ans Licht. Sie können aus ihren gesammelten Ressourcen schöpfen und sie an diejenigen weitergeben, die Nahrung und Zuwendung brauchen. Der esoterische Leitplanet des Jungfrau-Zeichens, der Mond, wird in seiner gesamten Fülle der nährenden Liebe und Geborgenheit, die er symbolisiert, gelebt. So wird das Leben als ein Akt der echten Liebe und der Heilung geführt. Die Hingabe an die gesamte Menschheit und die Natur wird zum Kern des Seins. Diese Menschen tun das, was zu tun ist, und freuen sich, wenn sie mit ihren Gaben der Menschheit dienen. Ihre wichtigsten Helfer sind Beharrlichkeit und Ausdauer, während sie oft ein gewisses Understatement pflegen.

Wir alle sind mindestens zu einem Zwölftel mit der Jungfrau-Frequenz gesegnet. Aber speziell Menschen mit Planeten, Hauptachsen oder Mondknoten in Jungfrau haben einen starken Bezug zu Gesundheit, Krankheit, Heilung und Ganz-Sein. Sie sind empfänglich für den Einfluss der zwei exoterischen Leitplaneten Merkur und Chiron. Der Kleinstplanet (Planetoid) Chiron, der Heiler, repräsentiert das Interesse für ganzheitliche Medizin und fördert Quantensprünge des Bewusstseins. Durch die Energie des Götterboten Merkur sind diese Menschen hervorragend in ihrer scharfen Beobachtungsgabe, im genauen Analysieren, in ihrer brillanten Unterscheidungsfähigkeit und in ihrer guten Menschenkenntnis. Sobald sie ihre Fähigkeiten zur Synthese bringen, werden sie in allen Lebensbereichen und Berufsgattungen als Träger der heilenden Kraft aktiv. Sie sind sozusagen die Allrounder, die alles auseinandernehmen, es genau analysieren und ausreinigen, um anschließend alles neu in einen perfekten Zusammenhang zu setzen.

Durch ihre göttliche Kraft der Verbindung tragen sie in sich die Fähigkeiten einer natürlichen Disziplinierung und Selbstkorrektur. Sie handeln weise in kleinen, wohlüberlegten und durchdachten Schritten, sodass unter ihrer Regie ein perfekter Energiefluss entstehen kann. Jedes Detail wird genau studiert. Alles, was sich der Perfektion und der geistigen Vollkommenheit widersetzt, wird ausgeschieden oder aus dem System entfernt. Ihre unterscheidende Kraft entlarvt alles, was dem freien Fluss zwischen dem höheren und dem niederen Selbst im Wege steht. Dabei dient die von ihnen ausgehende Kritik immer einem umfassenderen Verstehen, denn ihr höchstes Detailbewusstsein bringt eine absolute Genauigkeit zum Vorschein mit einem steten Anspruch der Selbstvervollkommnung, was anderen Menschen sehr Eindruck machen kann. Was immer diese Menschen auch anpacken – sie verstehen ihr Handwerk mit ausgezeichneter Präzision und einem wunderbaren Gefühl für Rhythmus. Ihr hohes Bewusstsein für Details ist genährt aus einer inneren Synchronizität zwischen Geist und Materie, die durch sie äußerlich sichtbar wird. Ihnen ist bewusst, dass in jeder Form eine Heiligkeit wohnt, die entsprechend geehrt werden sollte. In einem Holztisch wohnt zum Beispiel der Geist des Baumes, aus dem er gezimmert wurde. Unsere Erde ist für diese Menschen ein heiliger Ort, den man nirgends zumüllen darf, denn Mutter Erde, die Weltenmutter Gaia, ist für sie eine Wesenheit, der unser voller Respekt gebührt, mit allen Konsequenzen.

Auch der eigene physische Körper wird zu einem heiligen Gefäß und dadurch entsprechend gesund und naturverbunden ernährt und gepflegt. Sobald sie voll und ganz in ihrem Körper sind, gehen sie auf in ihrer Hingabe, sodass ihr Tun eine hochfrequente Qualität erhält. Ihr Körper schwingt dann synchron mit der Essenz aus der höheren universellen Intelligenz und sie werden fähig, direktes Wissen in absoluter Reinheit zu erhalten, was sie an ihrem Ganzkörper-Ja erkennen, wenn also – ohne Ausnahme – alle (!) Milliarden Zellen ihres Körpers Ja rufen. Diese Jungfrau-Menschen wissen, dass der physische Körper ein heiliges Gefäß und der Tempel der Seele ist, dessen Reinhaltung eine wesentliche Voraussetzung für den Einzug des Göttlichen bietet. So kann durch sie das Seelenlicht verzerrungsfrei leuchtend in Erscheinung treten. Das alltägliche Leben wird jetzt zu einem Erfahrungsfeld, wo sie als Träger der heilenden Kraft mit ihrer Liebe zur Schöpfung und unter Einhaltung der Naturgesetze all die Dinge tun, die es zu tun gibt. Dies zeigt auch das klassische Jungfrau-Symbol: Die Jungfrau Maria hält eine Lampe (Bewusstsein) und eine Ährengarbe

(Natur) in ihren Händen, was miteinander ihre Liebe als geistige Nahrung für die Menschheit darstellt. In einem anderen Symbol hält die Jungfrau Maria das Christuskind ihn ihren Armen, was auch bedeutet, dass die Natur jeden schützt, der ihre Gesetze respektiert.

Magnetische Christus-Liebe

Durch die höher schwingenden Jungfrau-Menschen arbeitet auch das Gesetz der Anziehung und die ihnen innewohnende Christus-Liebe erzeugt ein enormes magnetisches Kraftfeld, das zur Verschmelzung von Seele und Persönlichkeit führt. Deshalb symbolisiert die Jungfrau das heilige Zeichen des sechszackigen Sterns, den man als Judenstern stigmatisierte. Dieser Stern, der sich aus zwei ineinander stehenden Dreiecken zusammensetzt, stellt ein sehr hohes Symbol der Weisheit dar. Er zeigt eine seelendurchdrungene Persönlichkeit, also einen Menschen, der praktisch und realistisch in seiner Persönlichkeit lebt, aber von seiner Seele durchdrungen ist und sich von ihr leiten lässt. Hochschwingende Jungfrau-Menschen haben den Prozess der Synthese in sich vollendet und können gar nicht anders, als die höchsten Qualitäten zu leben und sie in der sie umgebenden Welt zu fördern. Für sie ist eine schwangere Frau ein Abbild der Weltenmutter, denn das Kind, das sie zur Geburt bringt, ist eine Mikroschöpfung und der Prozess gleicht der Entstehung des Kosmos. Als Ärztinnen und Ärzte beschäftigen sie sich nicht mehr nur mit dem menschlichen Material, sondern arbeiten ganzheitlich und beziehen die Seele der Patienten mit ein.
Diese von der Jungfrau inspirierten Menschen dienen, um andere zu verzaubern, um Leben zu entfachen, um Dasein hervorzurufen, um die Entfaltung des Lebens zu fördern. All das zusammen ist die Wirklichkeit von Liebe. Je höher die Schwingungsfrequenz, desto stärker sind die Selbstheilungskräfte. Liebe ist eine magnetische Aktivität, die ins Sein ruft und Leben fördert.

Liebe ist für Jungfrau-Menschen das höchste Gut ihres Daseins. Alle Handlungen und Gedanken konzentrieren sich bei ihnen in allen Bereichen und bei allen Begegnungen auf Liebe, Heilung, Dienst und Perfektion.

Sie kennen das genaue Maß und wissen exakt, was genug ist. Ihnen ist bewusst, dass Arbeit keine hohe Qualität haben kann, wenn sie nur Mittel zum Zweck ist. Mit großem Herzen und spontaner Hilfsbereitschaft wirken sie mit an der Neuausrichtung durch Sinnerfüllung des Einzelnen. Die Abkehr von der Konsumorientierung ist hierbei zentral, geführt durch ihre ehrfürchtige Einstellung gegenüber der Gnade einer höheren Macht. So gelingt es ihnen mit Leichtigkeit, die Verbindung mit einer umfassenden kosmischen Ordnung herzustellen und jede Inspiration des Augenblicks kreativ zu nutzen.

Diese innere Haltung kommt dem Zen-Buddhismus sehr nahe, der uns zeigt, dass nichts wichtiger ist als der ganz normale Ablauf des täglichen Lebens. Dabei kann das Zähneputzen zur Meditation werden. Jungfrau-Menschen erschaffen tägliche Rituale, um das Göttliche zu manifestieren. Die physische Welt wird zu einem äußeren Kleid des inneren Geistes und das tägliche Ziel ist das Berühren der beiden Extreme in einem gesunden Rhythmus: Geist in seiner langsamsten Schwingung (= Materie) und Materie in ihrer schnellsten Schwingung (= Geist). Dann entstehen praktisch gelebte Spiritualität, Perfektion und Gesundheit. Das Resultat ist eine mühelose und elegante Koordination all der zahlreichen Aufgaben, die das tägliche Leben fordert, die mit einem Minimum an Mühe und einem Maximum an Effizienz meditativ erfüllt werden.

Liebe gilt auch als die Urkraft in der Physik, Magnetismus ist eine Entsprechung von Liebe. Kosmologen setzten die anziehende Gravitation mit Liebe gleich. Lange Zeit war die Naturwissenschaft führend in unseren Köpfen, aber in der Neuen Zeit schließen sich

Naturwissenschaft (Jungfrau) und Spiritualität (Fische) nicht mehr aus, sondern ergänzen sich. Ja, die Jungfrau-Menschen werden uns in eine neue Zeit führen, in der mehrere Perspektiven gleichzeitig betrachtet und deren Existenzen begründet werden können.

Je mehr wir uns von der Lebendigkeit der Quelle entfernen, ...

... desto mehr wird die Perfektionskraft im niedersten Aspekt für das kleine Ich eingesetzt. Da der Bezug zum inneren Licht vollkommen fehlt, wird die äußere Verbundenheit mit der Materie ein zentraler Punkt. Wird diese Frequenz als Hemmung gelebt, steht oft der eigene physische Körper als das wertvollste Gut im Mittelpunkt, sodass Gesundheit, Krankheit und äußere Körperpflege große Aufmerksamkeit erhalten und die Menschen sich übermäßig Sorgen um ihre Ernährung und ihr Fitnesslevel machen. Magersucht oder Bulimie können zum Thema werden oder auch Bodyshaming. Oftmals fühlen sie in ihrer Aura den kollektiven weiblichen Schmerzkörper und reagieren überproportional heftig auf Themen wie Vergewaltigung, Sklaverei, Hexenverbrennungen oder Kindsverlust. Die Angst vor leidenschaftlichen Gefühlen ist groß.

Meist zeigen sie sich leicht verklemmt, da sie Angst haben, etwas falsch zu machen, wenn sie sich nicht so verhalten, wie die Gesellschaft es wünscht. Solchen Menschen fehlt oft die physische und mentale Unterscheidungsfähigkeit. In ihrem kleinlichen Denken fügen sie sich überall ein und tun in ihrer Buchstabengläubigkeit alles, was man von ihnen verlangt. Sie funktionieren einfach, denn sie wollen unter allen Umständen überleben und suchen dabei verzweifelt nach einer Vision, die sie aber nicht finden. Auch sind sie getrieben von der Angst, ihr Körper könnte beim kleinsten Schnupfen sterben. Dann entwickeln sie eine übertriebene Körperhygiene und verdammen alle, die keine Schutzmaske im Gesicht tragen.

Da sie sich in leeren Räumen nicht wohlfühlen, können Sammlerinstinkt und das Aufbewahren von Dingen zum Lebensinhalt werden. Sie füllen gern die Luft mit ausgefallenen Worten, die Schränke mit überflüssigen Kleidern und den Kopf mit nutzlosen Gedanken. Hinter all diesem Tun steht die Angst vor der Leere, vor dem Nichts-Haben. Das kann zu einem ungeordneten Leben führen, und um sich das Chaos nicht einzugestehen, wird der Drang zum Putzen, zur Ordnung und zum Aufräumen fast zwingend.

Wird die Jungfrau-Energie auf der anderen Seite in ihren niedersten und am wenigsten wünschenswerten Aspekten als Kompensation gelebt, kommt es zur zwanghaften Haarspalterei, zur Ordnungsbesessenheit und Kritiksucht. Diesen Menschen entgehen keine Fehler. Jedes kleinste Detail wird automatisch gemustert, begutachtet und auf seine realistische Tauglichkeit geprüft. Hier finden wir die klassischen intoleranten Nörgler mit dem kritischen Zeigefinger, die an allem und jedem herummotzen und nie zufrieden sind, weil sie immer und überall im Außen noch etwas zu verbessern wissen. Schlussendlich hat dies mit ihrer Angst zu tun, dass ihnen die Kontrolle entgleiten könnte und sie im Chaos versinken. Ihr Verstand ist zwar hervorragend ausgeprägt, jedoch mehrheitlich auf das Krümelige und Kleinliche abonniert.

Zu gern konzentrieren sie sich auf Katastrophen, sind permanent unterwegs, haben keine freien Termine im Kalender und sind sehr damit beschäftigt, Dinge zu erledigen. Lange kann das gut gehen, aber irgendwann kommen sie in Stress und verlieren sich im vom Ganzen abgekoppelten materialistischen Detail, ohne noch einen Blick für die ganzheitliche Symbolik des Momentes zu haben. Da die Angst vor einer Innenschau sehr dominant ist, neigen sie dazu, nach außen einen materiellen Schutzwall zu errichten und übertrieben auf äußere Details zu achten. Damit können sie sich auch vor ihrer tief sitzenden Angst schützen – nämlich davor, dass andere Menschen ihre innere Leere und ihren Mangel an innerer Festigkeit bemerken könnten. Ihr Leben ist so lange ein Leben in Schmerz, bis sie an die Grenze kommen – und erwachen.

Der Weg zurück zum vollen Potenzial ...

... kann dann beginnen, wenn die duale Energie erkannt und integriert wird. Im Fall der Jungfrau ist dies die Energie der Fische-Frequenz. Mit aufziehender Krise beginnt der niederschwingende Jungfrau-Mensch, die Fische-Kräfte gezielter einzusetzen. Während er sich bisher nur mit weltlichen Dingen beschäftigte, bringt jetzt die Fische-Qualität eine Ahnung von den nicht-weltlichen Dingen ins Bewusstsein. Jungfrau-Menschen wollen unter allen Umständen überleben und sich unbedingt am äußeren Leben festhalten; die Fische-Energie aber lässt sie ahnen, dass es ein inneres Leben gibt und auch ein Leben nach dem Leben. Jetzt entsteht zum ersten Mal das Gefühl, dass Himmel und Erde zusammengehören könnten und dass die Überbetonung von weltlichen Dingen und das Festhalten an ausschließlich wissenschaftlich Begründbarem nicht der Weisheit letzter Schluss ist. Diese Erkenntnis kann zunächst Chaos und Unordnung ins Leben bringen, lässt aber durchblicken, dass sich nicht alles kontrollieren und verstandesmäßig einordnen lässt. Das neue Wissen um das Nichtweltliche kann sich nun zum Urvertrauen in die kosmische Ordnung wandeln.

Diese Jungfrau-Menschen pendeln nun hin und her zwischen Weltlich und nicht Weltlich in einem Rhythmus von Fülle und Leere, erkennen immer besser die Unterschiede und nehmen zum ersten Mal ihr inneres Licht wahr. So beginnen die verfeinerte objektive Beurteilung und die analytische Suche nach der perfekten Synthese in allen Situationen. Sie möchten etwas Gutes tun, das ihnen eine bestimmte Form des kreativen Selbstausdrucks ermöglicht und dabei anderen nützt

und dient. Dabei erkennen sie, dass sie einen viel besseren Zugang zu ihren wahren Ressourcen haben, wenn sie sich von Bekanntschaften, Sammlerleidenschaften oder Ideologien befreien und diese bereinigen. Das Wertvolle wird behalten und das, was keinen praktischen Zweck mehr erfüllt, wird weggegeben oder umweltgerecht entsorgt.
Auf diesem Weg des Erwachens liegen die größten Herausforderungen darin, die strengen Persönlichkeitskriterien zu lockern, das Sicherheitsbedürfnis und die Kontrolle über Situationen abgeben zu müssen und voller Vertrauen, emotionaler Offenheit und Ergebenheit ins Unbekannte zu gehen – und dennoch in der verbindenden Liebe zu bleiben.
Wenn also die Fische-Energie in einem Jungfrau-Menschen erwacht, setzt dies einen Mechanismus in Gang, das Überirdische, das im Weltlichen verborgen ist, sehen zu können und somit die mangelnde Kreativität durch eine ausgezeichnete Realisierungsfähigkeit auszugleichen. Denn das Wissen um die Geheimnisse des Unsichtbaren und die hohe Feinfühligkeit der Fische-Frequenz helfen, ein Gefühl von Ganzheit zu entwickeln. Das, was von ihnen bis dahin kritisch abgewiesen wurde, kann nun durch Integration einbezogen werden, anstatt dass sie stets auf Konfrontationskurs bleiben. Mit der Entwicklung ihres ganzheitlichen Bewusstseins wächst auch das Bedürfnis, einen persönlichen Beitrag zu einer sozialen und natürlichen Umwelt zu leisten, was sich schließlich auf den Wunsch und die Fähigkeiten ausweitet, der Menschheit und dem Planeten zu dienen. Es ist schön, diese Menschen im Welt-Team zu haben.

Laserpointer zur integrierten Energie in Jungfrau und/oder im 6. Haus

Sonne:	Hingebungsvoller Dienst am Planeten
Mond:	Aufrichtigkeit und Hilfsbereitschaft
Merkur:	Außergewöhnliche analytische Fähigkeiten
Venus:	Fürsorglichkeit und Aufmerksamkeit anderen gegenüber
Lilith:	Ganzheit durch Sexualmagie und geistiges Streben
Mars:	Fleißiges Dienen
Jupiter:	Hilfsbereitschaft und Fürsorglichkeit
Saturn:	Totale Zuverlässigkeit
Chiron:	Die ganzheitliche Weisheit des Körpers und der Natur
Neptun:	Durchdrungen von Christus-Liebe
Uranus:	Perfekte visionäre Neugestaltung der Umwelt
Pluto:	Höchste Naturverbundenheit

Inspirationen

- Im dynamischen Strom des Lebens triumphiert immer die Ordnung.
- Du kannst fühlen, wo das Universum dich einsetzten möchte.
- Toxischer Stress kommt nie aus der Quelle.
- Lustvolles Putzen macht deinen Kanal frei.
- Die richtige Arbeit korrespondiert mit der richtigen Einstellung der Dankbarkeit.
- Wahre Klarheit ist von einem hohen Wert für alle. Sie sorgt dafür, dass unmittelbar alles an seinen Platz kommt.
- Die Reinerhaltung deines Körpers ist eine wesentliche Voraussetzung für den Einzug des Göttlichen.
- Innerhalb der göttlichen Ordnung ist immer alles in Ordnung.
- Durch Suizid tötest du nur deinen physischen Körper.

- Mach immer wieder Ordnung, um dich von allem zu verabschieden, was keine Freude mehr bereitet.
- Jeder Tag ist ein kosmisches Tor zu den Wundern der Liebe.
- Es ist möglich, mit den wohltätigen Energien zusammenzuarbeiten und die abträglichen zu neutralisieren.
- Alles, was du brauchst, liegt direkt vor deinen Füßen.
- Wir werden zu führenden Sachverständigen dieser Umbruchzeit.
- Der Ort, an dem du jetzt gerade bist, ist der Ort, an dem du jetzt gerade sein sollst.
- Im Kosmos verankert zu sein heißt im physischen Körper verankert zu sein.
- Deine Begabungen kommen im Rhythmus deines Seelenplanes zum Vorschein.
- Jeder Augenblick im Leben ist eine Gelegenheit für eine spirituelle Erfahrung.
- Die kosmische Ordnung ist voller Leben.

Jungfrau: Leitbegriffe für die Entwicklung des höheren Potenzials

Niedere Aspekte des Egos	Im Erwachen	Höhere Aspekte der Seele
Sich selbst dienend	Anderen dienen	Dienst für das Ganze
Chronische Unzufriedenheit	Erkennen der Dualität	Freude, der Welt zu dienen
Ohne Unterscheidungsfähigkeit	Unterscheidungsfähig	Ganzheitlich
Ungesunde Arbeitssucht	Sachbezogen	Wissenschaftliche Erkenntnisse
Unordentlich	Das Niedere mit dem Höheren verbindend	Klare Ordnung
Furcht vor Leere	Sinn für Ressourcen	Vollkommen erfüllt

Niedere Aspekte des Egos	Im Erwachen	Höhere Aspekte der Seele
Versteckt sich vor dem Selbst	Arbeitet am Selbst	Selbstverwirklichte Liebe
Physisch	Mental	Philosophisch
Überlebenskünstler	Schöpferisch	Werkzeug für den Schöpfer
Ordnungsbesessenheit	Absichernde Überprüfung	Erforschung des ganzen Systems
Geizig	Mathematischer Blick	Einhaltung von Gesetzen
Von der Form gefangen	Mitschöpfer der Form	Form des Schöpfers
Rigide Vorstellung von Tugend	Toleranz	Wahre Freundschaften
Angst vor leidenschaftlichen Gefühlen	Hingabe	Entspannung
Kritisches Denken	Erkennen der zerstörenden Wirkung	Schöpferische Macht der Gedanken
Übermäßig ehrgeizig	Ehrlichkeit	Weise Lebenspraxis
Kontrolle durch Logik	Vertrauen ins Leben	Im Fluss des Lebens
Bemuttern	Beschützen	Heilen
Negatives Denken	Innere Reinigung	Heilende Kraft in der Welt

Dualität Jungfrau – Fische

Die Vervollkommnung gelingt durch die Integration der dualen Frequenz – bei der Jungfrau ist das die Frequenz der Fische.

Jungfrau | Erde	**Fische | Wasser**
Lebt in der diesseitigen Welt	Lebt in der jenseitigen Welt
Die ordnende Kraft	Die Kraft der Wahrnehmung
Wohlüberlegt und nüchtern	Intuitiv und instinktsicher
Struktur	Chaos
Das Geformte	Das Ungeformte
Das Sichtbare	Das Unsichtbare
Orientiert sich am Rationalen	Orientiert sich im Irrationalen
Praktisch und pragmatisch	Fantasievoll und musikalisch
Diszipliniert	Träumend
Nimmt alles sehr genau	Nimmt nicht alles so genau
Scharfes Auge für das Detail	Geniale Gabe für Visionen und Trends
Entscheidet wohlüberlegt	Entscheidet intuitiv
Manager	Künstler
Wissenschaft	Spiritualität
Kritisiert scharf	Lässt Kritik durch sich hindurchfließen
Im Konfliktfall: Bleibt sachlich und klar	Im Konfliktfall: Weicht aus und taucht ab
Emotional zurückhaltend	Emotional überflutend
Motivierbar durch knifflige Aufgaben	Motivierbar durch das Gefühl, helfen zu können
Findet einen Beruf	Wird vom Beruf gefunden
Setzt klare Grenzen	Lebt gern grenzenlos
Das Beweisbare ist das Normale	Das Spirituelle ist das Normale

Geboren im Zeichen Jungfrau

Bekannte Frauen	Bekannte Männer
Ingrid Bergman	Mario Adorf
Mirja Boes	Franz Beckenbauer
Sabine Christiansen	Richard Gere
Agatha Christie	Johann Wolfgang von Goethe
Cameron Diaz	Robert Habeck
Marie von Ebner-Eschenbach	Dieter Hallervorden
Elisabeth I.	Prinz Harry
Maria Furtwängler	Erich Honecker
Greta Garbo	Alexander von Humboldt
Martina Gedeck	Iwan der Schreckliche
Peggy Guggenheim	Michael Jackson
Salma Hayek	Lyndon B. Johnson
Heidi Kabel	Stephen King
Beyoncé Knowles	Sebastian Kurz
Käthe Kruse	Oskar Lafontaine
Königin Letizia von Spanien	Karl Lagerfeld
Sabine Lisicki	Ludwig XIV.
Sophia Loren	Ludwig II.
Sandra Maischberger	Heiko Maas
Maria Montessori	Peter Maffay
Anna Netrebko	Freddie Mercury
Gunda Niemann-Stirnemann	Reinhold Messner
Caroline Peters	Jörg Pilawa
Pink	Kardinal Richelieu
Rania von Jordanien	Wolfgang Schäuble
Marianne Sägebrecht	Hans Scholl
Claudia Schiffer	Peter Sellers
Romy Schneider	Charlie Sheen
Christine Urspruch	Franz Josef Strauß
Amy Winehouse	Leo Tolstoi
	Hans Zimmer

WAAGE

23. SEPTEMBER BIS 22. OKTOBER

- Magnetischer Gleichgewichtspunkt als Grundlage des Universums
- Göttliche Schönheit jenseits der Form
- Visionäre diplomatische Neuordnung aller Strömungen

Die wichtigsten Merkmale der Waage-Frequenz

Tierkreiszeichen sind wie Tore, durch die ein Strom von kosmischen Energien umgewandelt wird in bestimmte Frequenzen, die wiederum auf uns Menschen unterschiedlich einwirken. Die wichtigsten Merkmale der Waage-Frequenz sind:

- Element: **Luft**
- Motivation: **Kardinal** (Impulse setzen)
- Exoterischer Leitplanet: **Venus** | Strahl: **5**
- Esoterischer Leitplanet: **Uranus** | Strahl: **7**
- Galaktischer Leitplanet: **Uranus** | Strahl: **7**
- Sternensystem: **Plejaden**
- Duales Zeichen: **Widder**
- Harmonisch unterstützt durch **Wassermann** und **Zwilling**
- Herausgefordert durch **Widder**, **Krebs** und **Steinbock** auf dem kardinalen Kreuz
- Seelisch verwandt mit **Stier**, **Zwilling** und **Steinbock** (Venus), **Wassermann** und **Widder** (Uranus)
- Entspricht im Lebensraum: **Haus 7**
- Strahl: **3** – Aktive Intelligenz
- Meister: **Kuthumi**, der Bodhisattva der kommenden Menschheit

Magnetischer Gleichgewichtspunkt als Grundlage des Universums

Zwischen allen Kräften in der Natur herrscht ein vollkommenes Gleichgewicht. Es wird durch die Power der magnetischen Liebe dynamisch in Balance gehalten, denn Liebe ist die verbindende Lebenskraft zwischen allem, was ist. Das gesamte Universum ist aus Liebe aufgebaut und die Frequenz des Zeichens Waage bildet den magnetischen Gleichgewichtspunkt. Durch die Waage-Energie wird Liebe als treibende Kraft der Evolution und als eine Eigenschaft der Seele erkannt, die immer die Kraft zum Guten beinhaltet.

Liebe ist der schöpferische Urgrund alles Seienden und gleichzeitig der lebendige Impuls, der danach drängt, Beziehungen des Friedens zu erschaffen. Liebe kennt keine Trennung, ist stärker als jedes Hindernis und führt uns aus der Angst heraus. Sie trägt in sich eine Kraft, die durch das Gesetz der Neutralisation alle Gegensätze überwindet und auf einer höheren Stufe zur Einheit führt, wodurch vorübergehend ein neues Gleichgewicht entsteht. Indem die Waage-Frequenz über die Energie des exoterischen Leitplaneten Venus alle zwölf Tierkreiszeichen durchströmt, hält sie deren duale Kräfte in ihren Bahnen und bringt alles zur Vollkommenheit, weswegen die Waage-Frequenz auch die Grundlage des Universums genannt wird. Menschen, die mit dieser Energie gesegnet sind, wissen, wie tief man lieben kann.

Harmonie entsteht durch Ungleichgewicht. Alle Künstler, Musiker und Kreativen leben mit ihren Schöpfungen in ihrem Inneren so lange in einer konfliktträchtigen, heiligen Unzufriedenheit, bis sie eine größere Harmonie erleben und ihr Werk geboren werden kann.

In der äußeren Welt, mitten im Leben, wird ein ähnlicher Weg beschritten, und es ist immer der gleiche Prozess: Konflikt – Veränderung – Lernen – Ruhe. Wenn dieser Ablauf unterbrochen wird, weil wir nicht (mehr) aufeinander zugehen, kommt es in letzter Konsequenz zum Krieg zwischen offenen und verdeckten Feinden. Dabei werden die meisten schlimmen Taten auf der Erde aufgrund eines Gefühls der Ungerechtigkeit begangen. Das Gerechtigkeitsempfinden ist tief in uns verankert, denn Gerechtigkeit basiert auf dem kosmischen Gesetz des Austausches. Es treten so lange Disharmonie und Reibung auf, bis alles einen Ausgleich gefunden hat und das weibliche

und männliche Prinzip in Harmonie zueinander stehen. Es ist eine anspruchsvolle Aufgabe, immer im Gleichgewicht zu bleiben, nicht aus der Mitte zu fallen, Ruhe zu bewahren und dennoch weiterzugehen, wenn es rundherum kracht. Waage-Menschen sind imstande, mit dem auftretenden Chaos der vielen opponierenden Kräfte umzugehen, insbesondere wenn es um Ungerechtigkeiten, Spaltung und Angst geht.
Ihr höchstes Ziel ist die Schaffung von rechten menschlichen Beziehungen durch ein echtes Gleichgewicht in jeder Situation. *Sie wirken als* gesellschaftliche Erneuerer und Bindekräfte, bewegen sich meist in der Welt der Künste, der Finanzen, der Politik, der Diplomatie oder der Beratung und stehen oft im Mittelpunkt, da sie stets in vertikaler Synchronisation mit sich und dem Universum sind und alles zur Ausgleichung führen. Diese Grundenergie der Waage-Frequenz ist eine ruhige Kraft, eine im richtigen Verhältnis stehende Spannung von Energie, wie wenn bei Wechselstrom der Gleichgewichtspunkt erreicht ist – in dem Moment, wenn die untere Welle durch den Nullpunkt geht und zur oberen Welle wird. In der Waage gibt es keinen Krisenpunkt mehr wie im Widder. Es gibt nur noch die Zwischenepoche des Gleichgewichts als Vorspiel für eine höhere Feinfühligkeit.
Wenn die Waage-Frequenz in ihrem höchsten Potenzial einschwingt, das niedere und das höhere Selbst ausbalanciert sind und der esoterische Leitplanet Uranus zu führen beginnt, wird die Gabe der blitzartigen Intuition (höheres Denken) aktiviert und inspiriert einen brillanten Geist, der immer umfassender wird. Ohne lange hin und her zu schwanken oder sich in den Extremen zu verlieren, beherrschen solche Menschen den kreativen Gebrauch des Denkens und tanzen den Tanz der Verdichtung zwischen Idee und Form, zwischen Geist und Materie, zwischen den Gesetzen der göttlichen Totalität und den Gesetzen der Menschheit. Mit Enthusiasmus und Style übertragen sie charmant den mentalen Entwurf auf die physische Ebene und bauen zielgerichtet die Brücke in die Neue Zeit. Jede Wahl wird zu einem

bewussten Akt, der entsprechende Verantwortungen mit sich bringt. Je nach Grad der Verschmelzung zwischen Seele und Ego können sie gewaltige schöpferische Fähigkeiten entwickeln und zu Visionären werden, die mit messerscharfer Unterscheidungsfähigkeit die richtigen Entscheidungen treffen, geprägt von Objektivität, Neutralität, richtigem Abwägen und Unbestechlichkeit. Deshalb nimmt die Waage-Frequenz auch im großen Rad des Tierkreises eine Sonderstellung ein, was wir im Waage-Symbol sehen. Es ist das einzige der zwölf Zeichen, das weder Mensch noch Tier ist, sondern ein Gegenstand – sachlich und neutral. Diese Menschen sind die Meister des universellen Niemandslandes. Sie leben in der Gleichgültigkeit. Alles ist gleich gültig – ein göttliches Prinzip, das in der Neuen Zeit die Neuordnung der Gesetzgebung bewirken und machtvolle, universale Wirkung haben wird.

Göttliche Schönheit jenseits der Form

Wir alle sind mindestens zu einem Zwölftel mit der Waage-Frequenz gesegnet. Aber speziell Menschen mit Planeten, Hauptachsen oder Mondknoten in Waage werden zur Verkörperung der perfekten Balance und bringen die höchsten Qualitäten von Schönheit und Eleganz hervor, unterstützt durch eine außergewöhnliche mentale Geschwindigkeit. Wir erkennen sie an ihrer hohen Differenziertheit und Kultiviertheit, an ihren angenehmen Umgangsformen und ihrem Verhalten der Ausgewogenheit, Fairness und der Diplomatie, was andere Menschen tief in der Seele berühren kann. Diese Menschen leben ein Gleichgewicht zwischen innerer und äußerer Schönheit mit einem deutlichen Bewusstsein für Kunst, Kultur, Ästhetik und Architektur. Ihr innerseelisches Bedürfnis nach göttlicher Schönheit und Vollständigkeit leben sie durch eine Widerspiegelung des Geistigen im Materiellen. So wird alles, mit dem sie in Berührung kommen, auf der äußeren Ebene perfekt und schön.

Venus gilt als Göttin der Schönheit und wirkt als exoterischer Leitplanet in den Zeichen Stier und Waage. Im Zeichen Stier symbolisiert sie als Morgenstern die Schönheit als Licht in der Form. Im Waage-Zeichen leuchtet sie als Abendstern und steht für die göttliche Schönheit jenseits der Form sowie für die Schönheit im Verhalten.
Der Anblick eines schönen Menschen kann sehr magnetisch sein und wir können uns aufgrund seiner schönen Ausstrahlung sofort angezogen fühlen. Aber Liebe auf den ersten Blick kann auch täuschen und schmerzvoll enden, wenn die rosarote Brille nur die Schönheit der Form sieht, denn nicht alle göttlich schönen Formen müssen auch im Verhalten schön sein. So manches Topmodel entpuppt sich als Zicke oder Diva.

In den reiferen Lebensjahren zeigt sich dann an der Qualität ihrer Aura-Leuchtkraft, ob ihre äußere Schönheit auf innerer Harmonie basiert und sie strahlender werden – oder nicht.

Insbesondere angesichts der Werbung liegt die Kunst darin, unterscheiden zu können, ob durch einen schönen Schein nur Bedürfnisse geschaffen werden, wo keine sind, sodass wir beispielsweise eine Hochglanz-Zeitschrift kaufen, die wir gar nicht wollen, oder ob es tatsächlich um Schönheit als Erfahrung geht. Sobald das Hochglanz-Magazin oder jede andere Schöpfung jedoch als göttliche Kreationen der höheren Dimensionen entstehen, stimulieren sie tatsächlich das Wunderbare in uns.

Visionäre diplomatische Neuordnung aller Strömungen

Die Gegenwart von göttlicher Schönheit jenseits der Form – ob Mensch, Tier, Pflanze, Mineral oder Gegenstand – bewirkt in uns eine magnetische Neuordnung aller Strömungen. So kann uns ein Kunstgegenstand emotional vollkommen absorbieren, da sich das Bewusstsein der Künstlerin oder des Künstlers durch den Kunstgegenstand auf uns überträgt und dessen Schönheit uns als Betrachter sammelt, beruhigt und neu ordnet. In diesem Moment verschlägt es uns vielleicht sogar den Atem, und wir werden ganz still, da wir vom Kosmos mehr erfassen können als üblich.

Diese mächtige magnetische Kraft, die alles in eine Harmonie führt und uns zutiefst berührt, nennen wir Liebe. Sie ist einer der großen göttlichen Aspekte und der Kontakt mit ihr ermöglicht es uns, unsere eigene Dualität zu erkennen und eine neue Stufe des Bewusstseins zu betreten, indem wir das ursprüngliche Verständnis von Liebe völlig neu erfassen. Je weiter wir uns im Spektrum des Bewusstseins ausdehnen und je sensitiver wir werden, desto mehr können wir diese Schönheit und Liebe empfinden und uns selbst transzendieren. Wir entdecken in uns mehr authentisches Selbst, weniger Ego, bis hin zu einer dramatischen Selbstbefreiung und zum radikalen Einssein mit der Gesamtheit aller Existenz.

Die Anwesenheit von Menschen auf der höheren Waage-Frequenz ist gerade in Zeiten der großen kollektiven Übergänge von überragender Wichtigkeit.

Sie sind mit dem Sternensystem der Plejaden verbunden und übertragen dessen Wirkungskräfte der kosmischen Liebe auf den Planeten Erde. So sind sie durch ihre Fähigkeit zur visionären Diplomatie der Schlüssel, wie die Menschheit zum Einssein finden kann. Denn wir Menschen können eine gigantische Menge Schaden anrichten, wenn wir nicht kooperieren. Wir können Großartiges oder Abgründiges erschaffen. Weil unsere Vorstellungskraft und Intelligenz so stark sind, kann ein einziges menschliches Wesen mehr Böses verursachen als alle anderen Arten des gesamten Planeten. Wale leben etwa

50 Millionen Jahre länger als wir Menschen, aber sie haben bis heute keine Atomwaffen erfunden.

Alles Leben wird aber in Richtung Einheit vorankommen können, indem die Waage-Menschen Brücken bauen zwischen allen Teilen des lebendigen Ganzen. Gemeint ist eine neue Qualität von richtigen Beziehungen zwischen Nation und Nation, zwischen Regierung und Volk, zwischen den Religionen, zwischen Frauen und Männern, zwischen Eltern und Kindern, zwischen den Menschen und Mutter Natur, zwischen der Menschheit und den planetarischen Ressourcen, zwischen den Menschen und dem Universum, zwischen den Zeitaltern sowie auch zwischen den irdischen und kosmischen Gesetzen, zwischen dem niederen und dem höheren Selbst und generell zwischen den Teilen und dem Ganzen. Brücken bauen bedeutet schlussendlich, die beiden großen Kraftlinien miteinander in Beziehung zu setzen, um in beiden Welten zu leben:

- In unseren waagerechten Beziehungen leben wir unsere Leidenschaften im 3D-Bewusstsein der irdischen Welt, in einer Gemeinschaft oder in einer Partnerschaft inklusive aller Abhängigkeiten, Aufgaben und Projektionen.
- In unseren senkrechten Beziehungen erfahren wir über die Verfeinerung unserer Sinne die feinstoffliche multidimensionale Welt mit ihren höheren Werten und ihrer darin verborgenen Weisheit und Schönheit.

Durch die Waage-Frequenz in ihrer höchsten Schwingung werden wir stetig angeregt, uns senkrecht auszurichten und den Gleichgewichtspunkt zu finden. So entsteht der Kampf zwischen unserer niederen und höheren Natur, zwischen Teufelchen und Engelchen, zwischen Erschöpfung und hoher Motiviertheit, zwischen Dunkel und Licht, zwischen Spaltung und Einheit. Diese Schaukelbewegung ist

Teil unserer Reise als gesamte Menschheit. Je mehr wir beide Welten miteinander verbinden, uns Zeit nehmen, Disziplin entwickeln, meditieren und unsere Sinneswahrnehmungen erweitern, umso rascher kommen wir zu einem größeren Verständnis der ganzheitlichen Perspektive und wechseln kollektiv auf die nächste Ebene der Entscheidungsfindung.

Die sich daraus entwickelnde Neuordnung aller Strömungen beginnt mit einer Kultur, die sich zu den höheren Bereichen der spirituellen Entwicklung bewegt, wodurch wir erkennen, dass wir keine Einzelwesen sind und es nie waren. Wir nähren uns durch die Anregungen und Korrekturen der anderen, durch die wir Orientierung erfahren. Dies beginnt zum Beispiel mit einem guten Gespräch oder mit einem guten Buch und führt immer mehr zu dem Wunsch, sich dem Dienst in der Welt zu widmen. Das Resultat ist eine differenzierte Anordnung aller Energiekörper in einer höheren Ordnung, die speziell durch die Anwesenheit von Waage-Menschen hervorgerufen werden kann. Eines ihrer Geschenke ist die Gnade, tiefer fühlen zu können. Alles andere ergibt sich gemäß den kosmischen Gesetzen.

Waage-Menschen auf den höheren Frequenzen haben in der äußeren Welt viel zu tun. Sie lassen Zusammenhänge im Universum entstehen, die ohne sie nicht existieren würden, wodurch sich alle Strömungen neu ordnen und harmonisieren können. Diese Menschen sind nicht da, um die Dualität zu spiegeln, sondern um ihre Wirklichkeit zu teilen. Durch sie lernen wir, uns immer wieder neu Richtung Wahrheit auszurichten, und wir erkennen, wie essenziell und machtvoll es ist, die richtigen Entscheidungen zu treffen. Hierin liegt die Power der Transzendenz und das Entstehen eines neuen Bewusstseins der einen Menschheit auf dem Weg der kulturellen Evolution.

Je mehr wir uns von der Lebendigkeit der Quelle entfernen, ...

... desto mehr wird diese Liebesenergie im niedersten Aspekt für das kleine Ich eingesetzt. Das Verlangen, die eigenen Wünsche zu leben, ist hier sehr instinktgesteuert und macht die Waage-Menschen oftmals komplett hilflos und ziellos naiv.

Sind sie in ihrer Persönlichkeit noch nicht gefestigt und leben die Waage-Frequenz im niederen Aspekt als Hemmung, ist ihre Entschlussfreudigkeit äußerst beeinträchtigt. Sie wollen möglichst alle Aspekte einer Frage berücksichtigen und kommen dadurch nirgends an. So kann das innovative und expansive Denken zunächst gebremst werden, weil zu viele unwichtige Gedanken im Kopf herumschwirren. Sie vermeiden Konflikte, da sie allen gefallen wollen. Sie verdrängen alles Unangenehme und brauchen ständiges Feedback von außen, weil sie sich nicht selbst beschäftigen können. Und sobald man ihnen in ihrer Beziehungsunfähigkeit und Faulheit auf die Spur kommen könnte, gehen sie auf Distanz.

Wird die Waage-Energie auf der anderen Seite in ihren niedersten und am wenigsten wünschenswertesten Aspekten als Kompensation gelebt, wird der persönliche Konkurrenzkampf sehr scharf. Die heitere und meistens liebenswürdige Persönlichkeit kann dann sehr wohl eine Maske sein, um aus jeder Begegnung als Sieger hervorzugehen. Diese Menschen gehen Beziehungen nur um ihrer selbst willen ein, um ein gutes Business zu machen oder in der illusorischen Hoffnung, den perfekten Seelenpartner zu finden. Sie leben von den Reaktionen der anderen auf ihre Persönlichkeit und das Thema der äußeren Schönheit steht ebenso im Zentrum wie das Drama und die Leidenschaft von Liebesaffären. Für das Image ihrer Firma oder für den optimalen Look werden Unsummen von Geld ausgegeben, aber sobald die erste Falte im Gesicht erscheint, bahnt sich die große Katastrophe an.

Da die anderen nur als Publikum wahrgenommen werden, das auf die persönliche Selbstdarstellung zu reagieren hat, wird bis hin zu

Schönheitsoperationen vieles in Kauf genommen und oftmals der Bogen überspannt. Das »Spieglein, Spieglein an der Wand, wer ist die Schönste im ganzen Land?« erhält hier eine überdimensionale Bedeutung. Durch die schale Oberflächlichkeit fühlt sich die Umwelt dabei oft als Publikum benutzt. Das kann auf Dauer sehr frustrierend sein, denn mehr Schein als Sein fliegt immer irgendwann auf – und das Spieglein an der Wand zerbricht.

Aus ihrer Angst vor der Vergänglichkeit wird Angriff. Um sich aber die Hände nicht schmutzig zu machen und den Schein so lange wie möglich aufrechtzuerhalten, heuern Waage-Menschen gern jemanden für ihre Zwecke an und lassen kämpfen – im Gegensatz zu ihrem dualen Zeichen. Widder-Menschen auf der niederen Frequenz gehen gern persönlich kämpferisch und angriffslustig vor. Hier beginnt die Tragik dieser Waage-Menschen: Immer, wenn sie Zwang ausüben, wird die Verbindung zu ihrem Gegenüber unterbrochen. Sie sind so lange allein mit sich und ihrem quälenden Schmerz, bis sie in ihre Kraft kommen und sagen können: Ich will nicht mehr leiden. Und dann beginnt das Erwachen.

Der Weg zurück zum vollen Potenzial …

… kann dann beginnen, wenn die duale Energie erkannt und integriert wird. Im Fall von Waage ist es die Energie der Widder-Frequenz. Mit aufziehender Krise beginnt der niederschwingende Waage-Mensch, die Widder-Kräfte gezielter anzuwenden. Eine der größten Herausforderungen ist es, zunächst die Bereitschaft zu entwickeln, eine Krise überhaupt durchschreiten zu wollen und Konflikte wirklich auszutragen. In ihrem Erwachen erkennen sie das erste Mal, dass es auch Feinde gibt und Ablehnung, Mobbing oder Liebesentzug Teile des Weges sind. So werden sie lernen, sich aus eigener Kraft durchzusetzen, indem sie beginnen zu erkennen, dass es an ihren eigenen

Entscheidungen liegt, ob sie sich mehr in Richtung Ego und Angst oder in Richtung Seele und Freude bewegen wollen. Sie erfahren jetzt die steigende Spannung, die eintritt, wenn sich ihr Leben nicht in einem Zustand der Harmonie befindet, wenn sie unfair behandelt werden, Ungerechtigkeiten erleben, und so entsteht ein aufrichtiges Interesse am Fair Play.

Dieses Schwanken zwischen den verschiedenen Polen hat einen wichtigen Grund: Waage-Menschen müssen sehr genau die wahre Bedeutung von Dualitäten erfahren, um den richtigen Maßstab aller Gegensätze zu erkennen. Dies ist ein großer Prüfstein, denn es beginnt die Kooperation mit einer übergeordneten Ordnung und das Abwägen aller Gegensätze.

Dem Ruf der Seele zu folgen, um anschließend willentlich und aus eigener Kraft Entscheidungen zu treffen, wird zu einem zentralen Übungsfeld, da zu den Konsequenzen auch der Verlust von Freundschaften gehören kann. Die Erfahrung, sich unbeliebt zu machen, ist genauso neu wie die Erfahrung, recht erfolgreich zu werden. Aber so werden diese Menschen damit beginnen können, ihrem eigentlichen Seelenauftrag als aktive Brückenbauer zwischen der materiellen und der spirituellen Welt zu folgen. In dem Maße, wie die Verbundenheit mit der wahren Liebe stärker wird, können die Waage-Inspirierten Gelegenheiten erschaffen, um das fehlende Gleichgewicht in der Menschheit wieder herzustellen. Die Verfeinerung im Hinblick auf alles Schöne im Leben wie Kunst, Kultur und Ästhetik nimmt an Bedeutung zu.

Wenn diese Menschen ihre eigene Mitte finden und halten können, beginnen sie, Liebe aus den höheren Sphären im Alltag zu verankern, indem sie charmant und zielgerichtet ihr Umfeld an die Schönheit der Weisheit heranführen. Dabei strahlen sie Anmut, Ausgewogenheit, Sicherheit und Gelassenheit aus, was ihren Mitmenschen Vertrauen entgegenbringt und ihnen Mut macht.

Die Sehnsucht nach göttlicher Harmonie zeigt sich meist in einem Bedürfnis, alles wie in einer Sharing-Community miteinander teilen zu wollen und überall bewusst zu kooperieren, sodass alle profitieren dürfen.

Im selben Maße, wie die Liebe als natürliche Qualität des Bewusstseins der Seele zunimmt, steigen auch das Bestreben zu immer größerer Selbstvervollkommnung und der Wunsch nach einer echten Partnerschaft mit der Seele im Innen und einer entsprechend authentischen Partnerschaft auf Augenhöhe im Außen. In solch einer Partnerschaft strömt dem Vis-à-vis eine wache präsente Aufmerksamkeit zu, ohne dass irgendwelche Forderungen daran geknüpft sind. Beide sind sich nah und bleiben doch beide bei sich. Sie sind zusammen und lassen sich doch frei. Ihr innerer und äußerer Qualitätsanspruch steigt parallel zur Bewusstheit.
Wenn solche Menschen als Paar zusammenkommen, sind sie ein Segen für unsere Gesellschaft, für unsere Kinder und für unseren Planeten. Ihre Hauptaufgabe ist es, das konditionierte Bewusstsein der Spaltung, des Terrors und der Konkurrenz mit viel Beständigkeit in die Neue Zeit der Liebe und der Kooperation zu führen.

Laserpointer zur integrierten Energie in Waage und/oder im 7. Haus

Sonne:	Wahre seelenzentrierte Persönlichkeit
Mond:	Freude an Harmonie und Schönheit
Merkur:	Diplomatische Kommunikation
Venus:	Künstlerische Partnerschaft auf Augenhöhe
Lilith:	Unerschrockene initiierende Wirkung auf andere
Mars:	Beziehungsorientiertes Kontakten
Jupiter:	Ausgeprägte Gerechtigkeit

Saturn:	Langfristige stabile Beziehungen
Chiron:	Synthese aller gegensätzlichen Strömungen
Neptun:	Höchste spirituelle Sensitivität
Uranus:	Aufsprengen kollektiver Partnerschaftsbilder
Pluto:	Totalität der Gleichberechtigung

Inspirationen

- Alles, was du jemandem antust, ist bereits in deinem Feld auf dem Weg zurück zu dir.
- Wirklichkeit wird geteilt und nicht gespiegelt.
- Liebe und Angst können nicht zeitgleich anwesend sein.
- Du kannst nie zwischen etwas anderem wählen als zwischen Liebe und Angst.
- Wählst du den leichten Weg oder den richtigen?
- Liebe deine Feinde.
- Der Kondor fliegt erst dann, wenn der rechte Flügel in perfektem Gleichgewicht mit dem linken Flügel ist.
- Das eine zu wählen heißt, das andere loszulassen.
- Die goldene Mitte ist immer in der Mitte.
- Nutze die Menschen, die du nicht loswerden kannst, als deine spirituellen Lehrer.
- Alles, was das Universum dir schickt, ist immer zu deinem Guten.
- Wenn Liebe in dir ist, hast du kein anderes Bedürfnis als sie zu leben.
- Wenn du Frieden willst, musst du die Ebene des Angriffs verlassen.
- Krisen sind immer Bewusstseinsbeschleuniger.
- Nicht Selbstliebe leben, sondern in der Liebe sein.
- In einer Beziehung sind wir immer zu viert: zwei Egos und zwei Seelen.

- Die Stärke sitzt immer im Herzen, nicht in der Faust.
- Seelenpartnerinnen und -partner kommen auf der Frequenz der Seele zusammen.
- Wahre Liebe baut immer Brücken, niemals Mauern.
- Wir sind es, die die schönsten Kunstwerke und die Poesie der Welt erschaffen.
- Wir sind es, die die Liebe in die Welt tragen können.
- *Kennst du dieses Gefühl, wenn du plötzlich von etwas elektrisiert bist und dabei innerlich ganz ruhig wirst, weil du weißt, dass du auf dem richtigen Weg bist?*

Waage: Leitbegriffe für die Entwicklung des höheren Potenzials

Niedere Aspekte des Egos	Im Erwachen	Höhere Aspekte der Seele
Unausgeglichen	Abwägen	Vollkommenes Gleichgewicht
Lust	Lust versus Liebe	Vollkommene Liebe
Unbeständigkeit	Richtige Wahl	Gefestigte Stellung
Vorurteile	Intuition	Gerechtigkeit und Urteilskraft
Schwerfällige Dummheit	Analytische Gabe	Begeisterte Weisheit
Verlangen nach Vorherrschaft	Gewinner und Verlierer	Vervollkommnung der Opferbereitschaft
Prunkvolles Außenleben	Richtiges Gefühl für Werte	Wahre Wesensäußerung
Persönliche Beziehungen	Zwischenmenschliche Beziehungen	Überpersönliche Beziehungen
Völlig egozentrisch	Ich gegen die anderen	Die eine Menschheit

Niedere Aspekte des Egos	Im Erwachen	Höhere Aspekte der Seele
Hinterhältigkeit	Verbundenheit	Gradlinige Ehrlichkeit
Auge um Auge	Auf Augenhöhe	Das dritte Auge
Materialistisch	Idealistisch	Geistig-realistisch
Körperliches Begehren	Geistiges Streben	Geistiges Verstehen
Leidenschaft	Hingabe	Göttliche Liebe

Dualität Waage – Widder

Die Vervollkommnung gelingt durch die Integration der dualen Frequenz – bei der Waage ist das die Frequenz des Widders.

Waage | Luft	Widder | Feuer
Anmut, Eleganz und Schönheit	Kraft und Siegen
Lebt Harmonie	Lebt natürliche Aggression
Lässt kämpfen	Liebt den Kampf
Sagt immer zuerst Wir	Sagt immer zuerst Ich
Denkt, ohne zu handeln	Handelt, ohne zu denken
Fragt immer erst die anderen	Hört nur auf sich selbst
Sucht ihr Spiegelbild	Weiß nicht, dass es Spiegel gibt

Geboren im Zeichen Waage

Bekannte Frauen	Bekannte Männer
Julie Andrews	Niels Bohr
Hannah Arendt	Jimmy Carter
Auguste Viktoria	Miguel de Cervantes
Brigitte Bardot	Matt Damon
Monica Bellucci	Neil deGrasse Tyson
Catherine Deneuve	Michael Douglas
Paola Felix	Hans-Peter Dürr
Carrie Fisher	Dwight D. Eisenhower
France Gall	Mahatma Gandhi
Kamala Harris	Günter Grass
Martina Hingis	Heinrich Himmler
Christiane Hörbiger	Paul von Hindenburg
Kim Kardashian	Hugh Jackman
Angela Lansbury	Udo Jürgens
Daliah Lavi	Klaus Kinski
Donna Leon	Heinrich von Kleist
Ursula von der Leyen	Eminem
Linda McCartney	Roger Moore
Ulrike Meinhof	Xavier Naidoo
Nana Mouskouri	Friedrich Nietzsche
Uschi Obermaier	Alfred Nobel
Gwyneth Paltrow	Wladimir Putin
Liselotte Pulver	Freddy Quinn
Eleanor Roosevelt	Cliff Richard
Jennifer Rush	Max Schmeling
Margaret Thatcher	Will Smith
Alicia Vikander	Sting
Serena Williams	Giuseppe Verdi
Kate Winslet	Lech Walesa
Catherine Zeta-Jones	Wallenstein
	Christoph Waltz
	Oscar Wilde

SKORPION

23. OKTOBER BIS 21. NOVEMBER

- **Das Licht in der Dunkelheit**
- **Konfrontation mit dem göttlichen Gesetz**
- **Magier der zyklischen Zerstörung**

Die wichtigsten Merkmale der Skorpion-Frequenz

Tierkreiszeichen sind wie Tore, durch die ein Strom von kosmischen Energien umgewandelt wird in bestimmte Frequenzen, die wiederum auf uns Menschen unterschiedlich einwirken. Die wichtigsten Merkmale der Skorpion-Frequenz sind:

- Element: **Wasser**
- Motivation: **Fix** (Impulse aufnehmen und formen)
- Exoterische Leitplaneten: **Mars** und **Pluto** | Strahl: **6** und **1**
- Esoterischer Leitplanet: **Mars** | Strahl: **6**
- Galaktischer Leitplanet: **Merkur** | Strahl: **4**
- Sternensystem: **Großer Hund/Sirius**
- Duales Zeichen: **Stier**
- Harmonisch unterstützt durch **Fische** und **Krebs**
- Herausgefordert durch **Stier, Löwe** und **Wassermann** auf dem fixen Kreuz
- Seelisch verwandt mit **Widder** (Mars/Merkur), **Zwilling** und **Jungfrau** (Merkur), **Schütze** (Mars)**, Fische** (Pluto)
- Entspricht im Lebensraum: **Haus 8**
- Strahl: **4** – Harmonie durch Konflikt
- Meister: **Saint Germain**, Meister der Transformation

Das Licht in der Dunkelheit

Die Frequenz des Zeichens Skorpion ist von außerordentlicher Bedeutung für die Evolution, denn sie läutet immer eine Krise ein, die in ihrer Totalität nichts Vergleichbares kennt. Krisen zwingen zu evolutionärer Wandlung. Und da es in der Schöpfung kein Nein gibt, sondern nur Entstehen und Vergehen, ist die Wahlmöglichkeit total: Weiterentwicklung oder Tod.

Menschen, die mit der Skorpion-Frequenz gesegnet sind, mobilisieren eine unglaubliche Schöpferkraft. Sie bringen ihr Licht hinein in die Dunkelheit, vor der sie sich nicht verstecken müssen, denn sie können gigantische Kräfte mobilisieren, die sie vor nichts zurückschrecken lassen.

Auch der Fixstern Sirius aus dem Sternensystem Großer Hund bringt sein Licht in die Dunkelheit. Er ist der hellste Stern am Nachthimmel, wird mit Ruhm und Reichtum gleichgesetzt und zeichnet hochschwingende Skorpion-Menschen mit Eifer und Leidenschaft aus, wenn sie unter seinen Einfluss kommen. Sirius bildet mit Skorpion und dessen exoterischem und esoterischem Leitplaneten Mars ein großes Kraftfeld, dessen gebündelte Energieströme die Menschheit zur Einweihung führen. Da Skorpion auch noch durch den zweiten exoterischen Leitplaneten Pluto gesegnet ist, der wiederum die Kräfte des göttlichen Willens aktiviert (»Dein Wille geschehe«), handelt es sich bei dem Tierkreiszeichen Skorpion tatsächlich um das mächtigste von allen zwölf.

> Es ist wichtig, ein Gefühl für diese göttliche Power zu entwickeln, damit wir uns freiwillig auf die Totalität von Krisen einlassen können, anstatt unfreiwillig dazu gezwungen zu werden.

Von den zwölf göttlichen Tierkreis-Frequenzen ist es die Skorpion-Frequenz, die die Auferstehung der Lebenskraft aktiviert durch die totale Transformation. Es ist die Verwandlung des Phönix in uns, der aus der Asche der persönlichen Wünsche emporsteigt, reich ausgestattet mit heilenden und magnetischen Kräften. Phönix ist die Verkörperung der Liebe, die über die Not siegt. Phönix steht für die Harmonie, die aus einem Konflikt heraus entsteht. Phönix ist geläutert und alles, was nicht Essenz war, wurde durch das transformierende

Feuer zu Asche verbrannt. Phönix fliegt mit mächtigen Flügelschlägen aus der Asche empor bis zum Allerhöchsten. Was er dort erlebt, geht weit über das hinaus, was ihm bisher bekannt war. Von dort aus kehrt alles, was ihm widerfuhr, an seinen ihm gemäßen Platz zurück und quält ihn nicht mehr.

Menschen, die die Kraft des Phönix erlebt haben, indem sie durch eine Krise der Totalität gegangen sind, haben den Durchbruch in die innere Welt erlebt und das erlösende Licht in der Dunkelheit gefunden. Es wurde der Aufstieg vom Niederen zum Höheren erfahren, indem sie das Niedere komplett wandeln konnten und eine unglaubliche Kraft freigesetzt wurde. Alle von uns kennen solche Läuterungsphasen, nach denen nichts mehr so ist, wie es vorher war.

Menschen, die mit der Skorpion-Frequenz gesegnet sind, sind diejenigen, die im Team Menschheit mit der göttlichen Macht betraut werden, die totale Wandlungsphasen einleitet. Nebst Mars, Pluto und Sirius stehen sie auch noch in direkter Verbindung mit der Kraft des Erzengels Michael, der sich mit erhobenem Schwert für das Gute in der Welt einsetzt, sodass die Skorpion-Menschen hier auf Planet Erde sowohl als Zerstörer wie auch als Heiler wirken. Ihre ganze Inkarnation ist dafür ausgelegt, ihre gigantische Macht für den Dienst und die Heilung der Menschheit einzusetzen, schwierigste Krisensituationen zu managen, die größten Hindernisse zu überwinden und einen magischen Magnetismus zu entwickeln, von dem andere vielleicht nur träumen. Eine wahrlich spezielle Aufgabe, für die man geboren sein muss, und die viele Menschen aufgrund fehlender Energie und Angst niemals würden erfüllen können. So ist es nicht verwunderlich, dass sich niedrig schwingende Menschen in der Nähe dieser höchst intensiven Skorpion-Menschen oft überfordert fühlen und sie entweder bewundern oder vernichten wollen, weil sie ihnen zu sehr ihre eigenen ungelebten Schatten spiegeln. Sie wissen noch nicht, dass nichts und niemand sie im Kern bedrohen kann.

Konfrontation mit dem göttlichen Gesetz

Jede Veränderung beginnt mit einem Zusammenbruch. Es ist die Konfrontation mit dem göttlichen Gesetz des Rhythmus. Wir sehen es an den herbstlichen Sterbeprozessen in der Natur. Die Energien ziehen sich zurück. Die Blätter fallen. Es beginnt der Weg durch die Dunkelheit, bis das Licht wieder zurückkommt und alles blüht. Zyklische Erneuerungsprozesse dienen dazu, dass das Leben weitergeht. Hochschwingende Skorpion-Menschen sind mit diesen Rhythmen vertraut, denn sie kennen die bewusste Auseinandersetzung mit ihren eigenen Wünschen, Begierden, Sehnsüchten, Ängsten und Projektionen. Sie haben gelernt, sich mit den mächtigen Dämonen auseinanderzusetzen und ihre unbewussten Aspekte zu integrieren, wodurch ihre Kräfte noch machtvoller werden und sie nichts mehr erschüttern kann. Alle Superhelden und Schattenjäger verkörpern diese Energie, indem sie unerschrocken als Wächter der Galaxie mit den mächtigsten Ungeheuern des Universums kämpfen – und siegen.

Ja, wir können angstfrei werden. Wir können es zulassen, dass zyklisch Teile unserer Ego-Schale aufbrechen und wir uns von der konditionierten Vergangenheit befreien, sodass sich Angst in Kraft verwandelt. Angst und Fehlverhalten kommen immer aus dem Ego, niemals aus der Seele. Nicht umsonst heißt es in der östlichen Philosophie: Einen Tag, bevor du stirbst, dreh um.

Es ist ein göttliches Gesetz, dass das Universum systematisch bestimmte Aspekte seiner selbst zerstört – als notwendigen Prozess zur Erhaltung der andauernden vibrierenden Kreativität. So gesehen umgibt die Skorpion-Menschen etwas immens Machtvolles und Geheimnisvolles, da sie tief verankert sind in einer Kraft, die viel größer ist als sie. In ihrem spirituellen Selbstbewusstsein wissen sie, dass Veränderung der dynamische Faktor des Lebens ist. Sie sind mit der Wiedergeburt und mit den starken Regenerationskräften vertraut und aktivieren durch ihr korrigierendes Eingreifen die Wendepunkte im

Leben der anderen mit der Botschaft: Es ist Zeit! Sehr klar und gezielt bauen sie eine intensive Krisenenergie auf, die sie bis zum Schluss halten können im Wissen um die zyklische Rückkehr des Lichts auf einer höheren Ebene. So werden durch sie enorme Kräfte freigesetzt für den jeweiligen Neubeginn. Wenn wir ihnen begegnen, lassen wir uns auf eine Instabilität ein, was oft zu einem intensiven Erlebnis wird.

In jeder guten Therapie beginnen wir zu akzeptieren, dass Veränderungen, Umbrüche und Loslassen zum Leben gehören, da sie ein neues Potenzial hervorbringen, das sonst möglicherweise nie gelebt werden würde. Aber spätestens in Zeiten des kollektiven Umbruchs und des Zerfalls unserer Systeme und Strukturen wird uns allen klar, dass Gewohnheiten das Valium des Erwachens sind. Sobald uns der Boden unter den Füßen weggezogen wird und uns nichts anderes übrig bleibt, als das, woran wir uns gewöhnt haben, loszulassen, sind wir dankbar für Krisenmanager. Sie bewahren einen kühlen Kopf, da sie die kosmischen Gesetze kennen und wissen, dass hier höhere Gesetzmäßigkeiten am Werk sind. In absoluter Klarheit führen sie die zerstörende Energie und öffnen innere Räume des Vertrauens, damit wir fühlend verstehen, dass der evolutionäre Impuls immer wieder Strukturen zerfallen lässt, um neue zu bilden. Und alles, was nicht Essenz ist, wird im Feuer der Läuterung zu Asche verbrannt. So wird unser Leben in einem jetzt kaum noch vorstellbaren Maß bereichert. Dieser Prozess dient dazu, dass wir wesentlich werden und nur noch das verfolgen, was wirklich wichtig ist.

Magier der zyklischen Zerstörung

Skorpion-Menschen sind auf Planet Erde, um sich als »Instrument des Göttlichen« in den machtvollen Dienst einer größeren Gemeinschaft zu stellen und die Schatten zu ergründen. Mit ihrem Röntgenblick schauen sie tief hinein in die großen Geheimnisse, legen Traumata frei, decken Korruptionen auf, korrigieren fehlende Verantwortungen und fehlende Integrität und sind insbesondere dort aktiv, wo der niedere Aspekt der Macht vorherrscht und im großen Stil manipuliert wird. So sind sie oft dort zur Stelle, wo überholte Sicherheitsstrukturen und verfilzte Machtverhältnisse durchlichtet werden müssen. Sie können unter Hochspannung höchste Konzentration und Nervenruhe bewahren. In Extremsituationen kommen sie richtig in Fahrt und nutzen ihre ausgeprägte, treffsichere, fast unheimlich anmutende Intuition. Oft umgibt sie eine magische Aura. Ihr Blick ist intensiv. Und sie entscheiden immer so, als ob es der letzte Tag in ihrem Leben wäre.

In vielen Inkarnationen wurden sie von Meistern der Weisheit darin geschult, an »das andere Ende des Feldes« zu gehen, damit sie durch die Extreme und nur mit einem Minimum äußeren Beistandes große Stärke entwickeln. Alle schamanistischen Initiationsrituale gehen in diese Richtung. Sie erfordern von allen Beteiligten ein sehr hohes Maß an Vertrauen in das Universum und in die Liebe.

Durch ihre Gaben, gewaltige Kräfte zu mobilisieren, können Skorpion-Menschen sehr reich und sehr einflussreich werden. Durch gekonnte mentale Polarisation ihrer starken Gedankenkraft können sie zu Magiern werden und eine Aura von hochgradigem Magnetismus kreieren. Dadurch wird es ihnen möglich, andere Menschen zu sich heranzuziehen und sie zu einer Transformation ihrer Persönlichkeit zu motivieren, ganz im Wissen, dass sie nicht die Seelenpläne der anderen kontrollieren können. Aber bei allem, was sie berühren, bewirken sie eine Ego-Reduzierung im anderen. Selbst starke Super-Egos werden im Licht der wahren Weißmagier lockerer und geben ihr Maskenspiel auf. Je stärker ihre magische Kraft wird, desto stärker können sie ihr Umfeld unterstützen.

Es versteht sich von selbst, dass es eine enorme Verantwortung mit sich bringt, die ihnen verliehene Macht nicht für persönliche Zwecke auszunutzen und Menschen hinter das Licht zu führen, anstatt das

Licht in ihnen freizusetzen. Für alle Skorpion-Menschen gilt explizit die kosmische Ansage: Macht muss da sein, um zu helfen. Deswegen ist das Bestreben, die eigenen niederschwingenden Wünsche und Leidenschaften zu transformieren, absolut fundamental.

Wir alle sind mindestens zu einem Zwölftel gesegnet mit der Skorpion-Frequenz und so gilt für uns alle, die für das kleine Ego verlockende Energie der Macht über andere führen zu lernen. Aber speziell Menschen mit Planeten, Hauptachsen oder Mondknoten, die als Brennpunkte dieser Skorpion-Energie wirken, werden zu Weißmagiern der zyklischen Zerstörung, indem es ihnen gelingt, die richtige Proportion zwischen Licht und Dunkel zu erschaffen, um die Not zu wenden und zum Guten zu verwandeln. Dies befähigt sie, andere Menschen durch das Dunkel zum Licht zu leiten. Dabei suchen sie immer wieder neue Grenzerfahrungen und machen auch vor Tabuthemen nicht Halt. Herausforderungen aller Arten bieten ihnen die besten Weiterentwicklungsmöglichkeiten, sodass sie zu einem ungewöhnlich tiefen Wissen über die Zusammenhänge des Lebens vordringen. Ihr Themenspektrum reicht von einem weit gespannten Interesse an sexueller Energie, Tod und Geburt über tiefenpsychologische Menschenkenntnis, Chirurgie bis hin zu den Naturgesetzen, Okkultismus, Metaphysik und Magie. Sie formen ihren scharfsinnigen, einfallsreichen und subtilen Geist durch das Erforschen von verborgenen Seiten der menschlichen Natur, von Grenzthemen, durch die Beschäftigung mit Finanzen, Kriminalistik, Politik oder mit dem Militär. Mit jeder gewonnenen Erkenntnis definieren sie sich neu. Das Leben bedeutet für sie ständige Veränderung, zu der sie auch andere Menschen immer wieder anregen wollen.

Sie fühlen sich berufen, ihre mächtigen, alles transformierenden Kräfte als Dienende der Menschheit mit allen ihnen zur Verfügung stehenden Mitteln einzusetzen – immer im Dienst einer Macht, die größer ist als sie selbst. Durch ihre starke Emotionalität, totale Loyalität und

tiefe Güte ziehen sie andere Menschen magnetisch an und haben auf sie eine heilende Wirkung. Ihr natürlicher starker Wille, ihr Mut und ihr Stolz können dazu führen, dass sie große Risiken auf sich nehmen und intensive Erfahrungen machen. Sobald es zu unspannend wird, tendieren sie dazu, neue Herausforderungen zu suchen und neue Projekte zu beginnen.
In allem, was sie tun, denken sie in ganz großem Maßstab und müssen sich in ihrem tiefsten Innersten angesprochen fühlen, sodass Oberflächlichkeit keinen Platz hat. Zudem haben sie ein gutes geschäftliches und finanzielles Talent, weil sie bei allem, was sie tun, auf Erfolg ausgerichtet sind und ihre Wünsche voller Leidenschaft verwirklichen wollen. Dies kann zu großem Reichtum führen und ihr Gefühl stärken, dass Geld Macht bedeutet und sich daraus neues Geld und noch mehr Macht mit steigenden Verantwortungen ergeben.

Je mehr wir uns von der Lebendigkeit der Quelle entfernen, ...

... desto mehr wird diese Willenskraft im niedersten Aspekt für das kleine Ich eingesetzt. Das Verlangen, die eigenen Wünsche zu leben, ist hier sehr instinktgesteuert und bringt alle zerstörenden bis selbstzerstörenden Tendenzen an den Tag. Wir sehen es überall. Das Bewusstsein eines heutigen durchschnittlichen Menschen dreht sich mehrheitlich um Macht und Kontrolle oder um Ohnmacht und die Angst, kontrolliert zu werden. Macht als Gefühl der Überlegenheit über andere; Kontrolle als Illusion, die Menschen lenken zu können; Ohnmacht, sich der Gefährlichkeit des Lebens ausgesetzt zu fühlen.
Wird diese gigantische Kraft als Hemmung gelebt, kann allein die Vorstellung, die Kontrolle über das Leben zu verlieren, eine geradezu lähmende Wirkung erzielen. Dann sind diese Skorpion-Menschen ganz im Bann ihrer Selbstsucht, und durch ihre Geheimniskrämerei und die Unfähigkeit, sich emotional zu öffnen, werden sie für andere

unerreichbar. Durch ihre Getrenntheit vom Kosmos entartet das Streben nach Dominanz und Macht und zeigt sich in getarnter Gier, um ein Gefühl der Kontrolle und der Vorherrschaft zu erhalten. So entsteht eine außerordentliche Fähigkeit, sich in Krisen still zu verhalten und Dramen einfach auszusitzen, bis der Kelch an ihnen vorbeigezogen ist, ohne dass sie von ihrem Posten zurücktreten mussten. Nie lassen sie sich wirklich in die Karten schauen, was ihrem Auftritt meist etwas Unnahbares gibt und unterschwellig das Gefühl der Manipulation mitschwingen lässt. Hinter ihrer perfekten Maske und all ihren Vertuschungen versteckt sich oftmals eine große Verletzlichkeit und die Angst vor Zurückweisung, Schwäche und Tod.

Da Skorpion-Menschen generell einen starken Sexualtrieb haben, kann es im Fall einer gehemmten Schöpferenergie zu Verklemmtheit und zu einem Triebstau kommen, was sich in gefährlichen Kurzschlusshandlungen entladen könnte. Diese Skorpion-Menschen sind in ihrem Opferdasein ständig mit jedem Menschen in einen Todestanz verwickelt, um die totale Vormachtstellung des einen Egos über das andere zu haben. Ähnlich wie die Spinne weben sie in Stille ihr Netz, um ihre Opfer anzulocken, einzufangen und ihnen leidenschaftlich die Lebenssäfte auszusaugen. Nach einer Weile verwandeln sich die skorpionischen »Säfte« in Gift und wenn die Skorpion-Menschen unerwacht bleiben, tötet sie dieses Gift und schickt sie noch tiefer in die Unterwelt.

Wird die Skorpion-Energie auf der anderen Seite in ihren niedersten und am wenigsten wünschenswerten Aspekten als Kompensation gelebt, entstehen Monster. Sobald die machtvollen Kräfte in ein nicht steuerbares Über-Ich einfließen, fühlen sie sich gottgleich, und das zwanghafte Bedürfnis, Macht über (!) andere zu haben, wird zum Fokus ihres Lebens. Hier zeigt sich die starke leidenschaftliche Skorpion-Kraft in allen Verzerrungen der hässlichen Fratzen. Mit blinder emotionaler Besessenheit kommt es zu Grausamkeit, Mobbing,

Rachsucht, Sadismus, Sarkasmus, Gier, Vampirismus, Herrschsucht, Sklaverei, Vergewaltigung, Mord, Totschlag, Missbrauch, Manipulation, Hinterhältigkeit, Erpressung, Betrug, zu tiefstem Misstrauen, krankhafter Eifersucht, Selbstzerstörung oder Hass. Die Gefühle können sich zu einer fast überfordernden Intensität hochschaukeln, was sich unter anderem auch in einer fehlgeleiteten, leidenschaftlich zerstörerischen Sexualität zeigen kann. Sie träumen von einem unaufhaltsamen, ewigen Wirtschaftswachstum und erliegen in ihrer Blindheit der Illusion, dass ein Mord ihnen Sicherheit bieten könnte.

Für sie können aufgrund ihres tief sitzenden Minderwertigkeitsgefühls Menschen, die selbstbewusster wirken als sie, schnell eine Bedrohung darstellen. Am Arbeitsplatz kann dies fatal sein. Das 2007 geschöpfte Wort »Bossing« besagt, dass sich der Boss nur um sein Ego kümmert, anstatt um das Wohl der Gemeinschaft. In den meisten Fällen handelt es sich sogar um extrem psychotische Chefs, die mit Lügen, lautstarken Schikanen und Mobbing ihre egozentrischen Wünsche befriedigen und versuchen, über ihre Angestellten zu herrschen, die dann zwischen Depression und Kündigung wählen können. Hier zeigen sich die dunklen, triebhaften Skorpion-Züge, die das kleine Ego aufblasen, um zu sozialem Prestige, Reichtum und Macht zu kommen. Diese Menschen sind so weit von sich selbst und vom Kosmos entfernt und in der Dunkelheit der Unterwelt gefangen, dass sie ihr eigenes Licht nicht spüren können. Sie benutzen manipulative Techniken, um Menschen in ihr Umfeld zu ziehen und von ihnen wie ein Vampir Energie abzusaugen. Sie können die Ressourcen der anderen Menschen vollkommen zu ihrem eigenen Vorteil nutzen, ohne dass die anderen es bemerken. Der Nimbus des Machtvollen umgibt sie, ohne offenzulegen, ob Schmiergelder, Mafia-Methoden oder Ähnliches sie im Hintergrund zu dem gemacht haben, was sie im Moment als Einflussreiche darstellen. Die Krönung des Ganzen sind Wortschöpfungen wie das Unwort des Jahres 2008: »Notleidende Banken«.

Das Drohen mit einer Atombombe für die totale kollektive Zerstörung ist einer der zurzeit gefährlichsten Gedanken, die wir Menschen aus dem aufgeblähten Ich heraus produzieren können. Genau wie eine Atombombe können die Menschen, die den niedersten Aspekt der Skorpion-Frequenz leben, alles vernichten und die Ressourcen der anderen Menschen mit allen Hilfsmitteln der Manipulation vollkommen zu ihrem eigenen Vorteil nutzen – rücksichtslos und fanatisch, bis alles zerstört ist. Aber das Schicksal bereitet diesen Menschen gewöhnlich eine zyklisch wiederkehrende Serie von selbstzerstörerischen Niederlagen, deren Zweck es ist, so viel Schmerz zu erzeugen, dass in ihnen der Wunsch nach Erlösung und Wandlung erwacht. Zum Burn-out kommt es immer dann, wenn die Maske zerbricht. Eine der größten Herausforderungen für sie ist es, aufzugeben – um dann zu erwachen.

Der Weg zurück zum vollen Potenzial …

… kann beginnen, wenn die duale Energie erkannt und integriert wird. Im Fall von Skorpion ist es die Energie der Stier-Frequenz. In ihrer tiefsten Krise kommt die fixierte Einseitigkeit der niederschwingenden Skorpion-Menschen ins Schwanken und es beginnt eine Schaukelbewegung zwischen Sterben und Werden, zunächst durch Widerstand, später bewusst. Sie erkennen das erste Mal, dass sie nicht über alles die Kontrolle haben können und dass es Kräfte gibt, die größer sind als sie. Ihnen wird die tiefe Bedeutung von »Nicht mein Wille, sondern dein Wille geschehe« bewusst, was zu einer seelischen Öffnung und zu einer Ergebenheit gegenüber dem Göttlichen führen kann. Sie erkennen, dass jedes Mal, wenn sie Zwang ausüben, die Verbindung zum Gegenüber unterbrochen wird, sodass sich nun ein Empfinden für Wertschätzung und mehr Lebensgenuss entwickelt. Sie beginnen, eine enorme Selbstdisziplin zu entwickeln, um ihre immensen Kräfte im Zaum zu halten. Sie praktizieren so lange

mit radikaler Akzeptanz mentale Polarisation für die stabile Beherrschung ihrer Gefühle, bis sie diese kosmischen Kräfte führen können und in lebensbejahende Energien umwandeln. Das Ziel dieser totalen Metamorphose ist das Weitergehen. Sobald sie zu fixiert sind und sich emotional in etwas hineinsteigern, können die in der Materie selbst ruhenden Zerstörungskräfte wirksam werden und das Innerste befreien. Dies nennen wir Tod.
So kann eine Tiefgründigkeit entstehen, die nicht nur hinter die Kulissen des subjektiven Lebens schauen kann, sondern auch in die Tiefe der kosmischen Ordnung. Eine chinesische Weisheit besagt, dass man das Schlechte nicht bekämpfen darf, weil es dadurch nur stärker wird.

Stattdessen kann man das Böse aushungern, indem man in die eigene Kraft geht und sich erhebt, statt zu zerstören. Je stärker das Licht strahlt, desto mehr wird die Dunkelheit erhellt.

So werden wahre Magier geboren, die sich mit der Kraft ihres disziplinierten Willens, mit der ihnen verliehenen Macht und ihrer Krisenfestigkeit für das Gute in der Welt einsetzen. Während andere schon längst aufgegeben haben, suchen und finden sie das Licht in der Dunkelheit, immer in Bereitschaft, sich dem Bösen zu stellen, alle Negativität umzuwandeln und alles Verborgene gnadenlos ans Tageslicht zu bringen. Durch ihre uneingeschränkte Entschlossenheit und ihre immense Konzentrationsfähigkeit dringen sie immer zum Kern des Themas vor und können dauerhaft sehr erfolgreich werden, mit einem mächtigen Einfluss, der weit über ihre Funktion hinausgeht.

Laserpointer zur integrierten Energie in Skorpion und/oder im 8. Haus

Sonne:	Tiefgründige Wahrhaftigkeit
Mond:	Gefühlstiefe und Zärtlichkeit
Merkur:	Wahrheit erschauen und Tabus kommunizieren
Venus:	Emotionale Bindungsfähigkeit
Lilith:	Unerschrockener Zugang zu den Schatten und der Lebenskraft
Mars:	Übermäßige Willensstärke
Jupiter:	Streben nach Weiterentwicklung
Saturn:	Große Selbstbeherrschung
Chiron:	Wahrnehmen und Heilen hintergründiger Prozesse
Neptun:	Konsequente Aufrichtigkeit
Uranus:	Schattenthemen sprengen
Pluto:	Wahrer Magier

Inspirationen

- Entscheide immer so, als ob es der letzte Tag in deinem Leben wäre.
- Was dominiert dich? Die Angst vor dem Sterben oder die Liebe zum Leben?
- Alle Stadien sind temporär und dazu da, dass wir über sie hinausgehen.
- Fühle das, was du wirklich fühlst, und reise in den Tod des Leidens.
- Mitunter braucht es eine tiefgreifende Erschütterung, damit du anschließend wieder die Schönheit des Universums sehen kannst.
- Im Universum setzt sich immer das durch, was dem Leben dient.
- Dein Licht wird dann strahlen, wenn die Schale bricht.
- Nur das Ego ist der Bedrohung gegenüber stets auf der Hut.

- Jede Veränderung ist am Anfang chaotisch, in der Mitte dynamisch und am Ende wunderschön.
- In dem Maße, wie du erwachst, lernst du, das freizugeben, was seinen Zweck erfüllt hat.
- Wir haben nur zwei Tage im Leben, die nicht vierundzwanzig Stunden lang sind. Lebe jeden Moment dazwischen.
- Jedes vermeintliche Hindernis kann ein Bewusstseinsbeschleuniger sein.
- Jeder Organismus baut sich um einen zentralen Kraftkern. Bleib zentriert.
- Du kannst ausweichen, verzögern, dich klein machen. Aber du kannst niemals dein Potenzial vernichten.
- Du brauchst nicht an Rache denken oder dir Sorgen machen, dass der andere nicht zu bezahlen hat. Du brauchst nur das Richtige tun.
- Alles, was jetzt ist, ist Teil der Totalität.
- Trauerst du um die Raupe, die du gern geblieben wärst? Oder freust du dich, ein bunter Schmetterling zu werden auf seinem Flug ins Unbekannte?
- Das Einzige, was die Kontrollierenden nicht kontrollieren können, ist die Power der Liebe.
- Was offen auf dem Tisch liegt, kann kaum mehr unter den Teppich gekehrt werden.
- Es gibt keinen Weg hinaus, sondern nur einen Weg hindurch.
- Dein Leben wurde durch mächtige Kräfte hervorgerufen, durch die fundamentale Triebkraft des Kosmos. Du bist das Geschenk.
- Nichts und niemand kann uns im Kern bedrohen.
- Unsere Größe ist unverhandelbar.
- Das Schöne findet dich immer.

Skorpion: Leitbegriffe für die Entwicklung des höheren Potenzials

Niedere Aspekte des Egos	Im Erwachen	Höhere Aspekte der Seele
Skorpion	Adler	Phönix
Selbstsucht	Konflikte	Höhere Einsicht
Degeneration	Regeneration	Auferstehung
Todestrieb	Lebenskampf	Unsterblichkeit
Versteckt sich in der Dunkelheit	Steigt auf in die Lüfte	Lebt im Licht
Versklavt	Beseelt	Erleuchtet
Verletzt	Heilt	Transformiert
Tötet	Unterstützt	Wiederbelebt
Dämon	Kämpfen	Geistiges Streben

Dualität Skorpion – Stier

Die Vervollkommnung gelingt durch die Integration der dualen Frequenz. Beim Skorpion ist das die Frequenz des Stier.

Skorpion | Wasser	Stier | Erde
Sucht das Abenteuer	Sucht Sicherheit
Zweifel und Widersprüche	Innere Harmonie
Risikofreudig	Vorsichtig und beharrlich
Angriff	Verteidigung
Radikal und kompromisslos	Hartnäckig bis stur
Geht über die Belastungsgrenzen hinaus	Ist lange belastbar und kennt seine Grenzen
Gar nicht flexibel	Nur langsam flexibel
Undurchsichtig	Gutmütig
Alles oder nichts	Alles, bloß nicht nichts

Skorpion | Wasser	**Stier | Erde**
Liebt geheime Machenschaften	Liebt seinen vertrauten Kreis
Spürt instinktsicher Schwachstellen im System auf	Kann in Ruhe gute Gelegenheiten abwarten
Motivierbar durch Macht und Einfluss	Motivierbar durch Materielles
Übt gern Kontrolle und Macht aus	Erschafft solide Werte
Fordert gern zum Kampf auf	Sucht Frieden
Sexuelle Leidenschaft	Körperliche Sinnlichkeit
Loslassen und Zerstörung	Festhalten und Stabilität
Transformiert	Erhält

Geboren im Zeichen Skorpion

Bekannte Frauen	Bekannte Männer
Agrippina die Jüngere	Boris Becker
Marie Antoinette	Joe Biden
Nadia Comăneci	Charles Bronson
Jamie Lee Curtis	Loriot
Jodie Foster	James Cook
Cornelia Froboess	Alain Delon
Indira Gandhi	Fjodor Dostojewski
Whoopi Goldberg	Leonardo DiCaprio
Vivien Leigh	Michael Ende
Anne Hathaway	Bill Gates
Goldie Hawn	Charles de Gaulle
Scarlett Johansson	Joseph Goebbels
Grace Kelly	Sven Hannawald
Astrid Lindgren	Burt Lancaster
Anni-Frid Lyngstad	Diego Maradonna
Erika Mann	Mads Mikkelsen
Sophie Marceau	Claude Monet
Demi Moore	Prince Charles Mountbatten-Windsor
Katy Perry	Gerd Müller
Katja Riemann	Bud Spencer
Julia Roberts	Erwin Rommel
Hillary Clinton	Theodore Roosevelt
Marika Rökk	Friedrich Schiller
Meg Ryan	Olaf Schubert
Winona Ryder	Uwe Seeler
Anna Seghers	Claus Schenk Graf von Stauffenberg
Emma Stone	Süleyman I.
Tilda Swinton	Leo Trotzki
Beate Uhse	Jan Vermeer
Kristina Vogel	Voltaire

SCHÜTZE

22. NOVEMBER BIS 21. DEZEMBER

- **Zukunftsorientierte Visionäre durch geistige Schau**
- **Die, die den Weg weisen als Träger des Feuers der Wahrheit**
- **Die weisen Instanzen der Gesellschaft**

Die wichtigsten Merkmale der Schütze-Frequenz

Tierkreiszeichen sind wie Tore, durch die ein Strom von kosmischen Energien umgewandelt wird in bestimmte Frequenzen, die wiederum auf uns Menschen unterschiedlich einwirken. Die wichtigsten Merkmale der Schütze-Frequenz sind:

- Element: **Feuer**
- Motivation: **Veränderlich** (dabei sein und vollenden)
- Exoterischer Leitplanet: **Jupiter** | Strahl: **2**
- Esoterischer Leitplanet: **Erde** | Strahl: **3**
- Galaktischer Leitplanet: **Mars** | Strahl: **6**
- Sternensystem: **Plejaden**
- Duales Zeichen: **Zwilling**
- Harmonisch unterstützt durch **Widder** und **Löwe**
- Herausgefordert durch **Fische**, **Zwilling** und **Jungfrau** auf dem veränderlichen Kreuz
- Seelisch verwandt mit **Fische**, **Wassermann** und **Jungfrau** (Jupiter), **Widder** und **Skorpion** (Mars)
- Entspricht im Lebensraum: **Haus 9**
- Strahl: **4** – Harmonie durch Konflikt
- Strahl: **5** – Konkretes Wissen
- Strahl: **6** – Hingabe & Idealismus
- Meisterin: **Lady Rowena**, die reinste Essenz der göttlichen Liebe

Zukunftsorientierte Visionäre durch geistige Schau

Visionen kommen nie durch die Persönlichkeit, sondern immer aus dem Feld jenseits der Persönlichkeit. Indem geistige Grenzen überschritten werden, strömt das Licht der Seele in das menschliche Denken und kann als Vision empfangen werden. In solchen Momenten fallen Lichtblitze auf Themen, für die in solch einem kosmischen

Moment Lösungen erschaut werden, die vielleicht noch fern, aber dennoch erreichbar sind. Diese geistige Schau ist von überragender Bedeutung für alles, denn echte Visionäre und Propheten führten immer schon die Menschheit von einem Ziel zum nächsten.

Die universellen Kräfte, die auf uns Menschen einwirken, sind sehr bedeutsam. Sie sind in allen Tierkreiszeichen immer vorhanden, doch hängt die Empfänglichkeit für die Einwirkung dieser Kräfte – wie immer – vom Bewusstsein des Menschen ab. Je bewusster, desto feinfühliger und sensitiver. Hochsensitive Menschen nehmen anders wahr als Normal-Bewusste. Ein wesentlicher Bestandteil ihrer erweiterten, feinstofflichen Wahrnehmung sind die ausgeprägte Intuition, die Empathie, die Gabe des Gesichts und weitere PSI-Fähigkeiten. Sobald das Denken stabilisiert ist und nicht mehr durch Gefühle gesteuert wird, kann die göttliche Idee, die sich um einen Gedanken herum befindet, wahrgenommen werden als Bild. Wenn dies geschieht, passiert etwas Wunderbares: Das Bewusstsein beginnt sich zu erweitern. Der tiefere Sinn des Lebens wird erkennbar. Nach und nach werden Zusammenhänge erschaut, die vorher nicht sichtbar waren. Der Intellekt wird immer mehr entwickelt, bis diese Menschen für eine noch höhere Art mentaler Erfahrung empfänglich sind und von den Wirkungskräften der kosmischen Liebe, die durch das Sternensystem der Plejaden ausstrahlen, inspiriert werden.

Im optimalen Fall entwickelt sich eine ganz eigene Lebensphilosophie, da der universelle Schöpfungsplan immer umfassender erkannt wird. So sind es auch die Schütze-Menschen, die die großen Fragen nach dem Sinn des Lebens diskutieren, da sie sich ganz natürlich auf immer noch höher schwingende Themen konzentrieren und dabei ihre Gabe der intuitiven Wahrnehmung stets verbessern – feurig, schnell, fokussiert, wissend, sprühend.

Der exoterische Leitplanet des Zeichens Schütze ist Jupiter, der größte Planet in unserem kleinen Sonnensystem und das Symbol für den griechischen Himmelsvater. Er wird auch »der Wohltäter« genannt und steht für das »große Glück«, während Venus »das kleine Glück« symbolisiert. Als Chef der Sinneswahrnehmungen wird Jupiters Energie gleichgesetzt mit Expansion und Raum-Einnehmen im Bereich des äußeren und inneren Wissens sowie der Wahrheit und Weisheit in den niederen und höheren Aspekten des Menschseins. Durch aktives Führen ihres Denkens können Schütze-Menschen ganz bewusst gedanklich schöpferisch werden, innere Bilder erfassen und aus der Ganzheit kommende Botschaften übermitteln. Das lässt diese Menschen in einer Authentizität wirken, die in allen Bereichen des Lebens so eine besondere und berührende Wirkung hat.

Ihr Optimismus ist kein Zweck-Optimismus, sondern ein Wissen um die göttlichen Zusammenhänge und kosmischen Gesetze, in Kombination mit einem tiefen Vertrauen in das Getragen-Sein.

Grundsätzlich haben die Schütze-Menschen einen angeborenen, gut entwickelten Sinn für die Wichtigkeit der philosophischen Dimensionen des Lebens. Sie leben für den Geist selbst und werden damit Träger einer machtvollen Kraft für positive Aktivitäten, tief verankert in einer inneren Überzeugung und Hingabe an ein höheres Ideal. Bei entsprechender Praxis wächst die Fähigkeit, göttliche Gedanken feinfühlig, geordnet, konzentriert und mit positiver Kraft zu lehren. So öffnen sie Räume zu neuen Horizonten und sobald sie nicht mehr jovial über das Ziel hinausschießen, ist tatsächlich weltweiter Ruhm möglich. Diese Menschen können sehr einflussreich werden, denn es gibt keine wahre Lenkung außer durch Gedanken, die, wenn sie als Vision erschaut und im höheren Sinne eingesetzt werden, sehr machtvoll sind. Bedenke: Es ist unmöglich, ohne die geringste Authentizität mit Erfolg zu lehren.

Meist sind es die markanten Wendepunkte im Leben, die die Gabe der geistigen Schau wecken. Geistige Schau blickt nach innen und sieht, was zu tun ist. Dies bringt den Geist in seinen Dienst. Sobald sich die geistige Schau öffnet, wird es immer schwieriger, Verzögerungen zu ertragen und dumme Gedanken denken zu müssen, da sie zu unnötigem Schmerz führen. Nutzlose Versuche, durch unangemessene Mittel mehr Wohlbehagen zu erlangen, sind für Menschen in der Schütze-Frequenz pure Verschwendung von wahren schöpferischen Kräften. Unwichtige Dinge lenken nur ab vom wirklichen Tun. Deswegen bündeln sie ihre Energien, sammeln sich immer wieder und suchen so lange konzentriert nach der Wahrheit, bis sie sich aus dem Kreislauf des Leidens lösen, den sie sonst aus Unwissenheit immer wieder von Neuem selbst erzeugen. Dies führt zu einer Verbesserung ihrer inneren Struktur und sie lernen, gut zu unterscheiden zwischen dem Eigenen und dem, was »man« so denkt.

Vollkommenes Wohlbehagen stellt sich ein durch das Wissen um eine übergeordnete Instanz und das Vertrauen in die eigenen Fähigkeiten, Sinnzusammenhänge auf dem Weg des Erwachens erkennen zu können.

Erwachen bedeutet, dass wir einen großen Lichtanteil in unseren Zellen und in unserem Lichtkörper freisetzen, diesen Zustand dauerhaft halten können und gleichzeitig Licht als Schöpfungsprinzip erkennen. Wir können ganz bewusst beginnen, durch Meditation die Antharakana zu bauen, die Regenbogenbrücke oder die Jakobsleiter, wie sie in der Bibel genannt wird, über die es der Seele möglich wird, menschliche Erfahrungen zu machen. Dies bringt eine Beweglichkeit des Geistes mit sich, was automatisch dazu führt, sich stetig von alten Gewohnheiten zu trennen, wodurch sich die Möglichkeiten potenzieren!

Deswegen werden die Lenkung der Gedanken und der Sinn für die richtige Richtung zum Maßstab aller Dinge. Konzentration, regelmäßige Meditation und Kontemplation sind immer die Grundlage für den Weg zur Erleuchtung und Merkmale eines erleuchteten Menschen, was wir meist unter Hochbegabung einordnen.

Dabei bleibt es nicht aus, dass es immer wieder zu Verwirrung kommt, wenn der Geist sich weitet. Wenn der mental definierte Sinn durcheinanderkommt, entsteht inneres Chaos. Der kleine Ego-Verstand will verstehen, aber die unermessliche Weite des Universums und die immensen Zusammenhänge, wer was wo wann wie sich gegenseitig bedingt, kann unser kleines Spatzengehirn gar nicht erfassen, geschweige denn begreifen. Wir können es nur erschauen, indem die rauschenden Gedanken still werden, sodass wir die Bekanntschaft mit dem 360-Grad-Wissen machen können. Dieses Denken hinter dem Denken hat der Neurochirurg Dr. Eben Alexander in seiner Nahtoderfahrung erfahren und 2012 in seinem Bestseller *Blick in die Ewigkeit* ausführlich beschrieben. Ich kann jedes Wort seiner Erfahrungen unterstreichen, denn in meiner zweiten Nahtoderfahrung im Alter von 49 Jahren hatte ich ähnliche Bilder. Als ich 16 Stunden später wieder im Tagesbewusstsein ankam, war ich mächtig beeindruckt vom Erleben der Geschwindigkeit dieser 360-Grad-Kommunikation mit allem, was ist. Frage und Antwort sind immer eins!

Ja, in gewisser Weise muss tatsächlich in uns etwas sterben, damit wir erwachen, nämlich unsere nieder schwingenden Gedanken, also unser Ego. Absolutes Bewusstsein geht viel tiefer als der mentale Lärm. In diesem numinosen Feld jenseits aller Gedankenformen hat jedes Leben seinen Sinn und seine Bedeutung. Denn nichts steht für sich allein! Wenn diese Erkenntnis im Weltbewusstsein ankommt und an den Schulen der Neuen Zeit gelehrt wird, werden sich unsere ethischen Prinzipien immer mehr am Weltprinzip der universellen Gesetzmäßigkeiten ausrichten und das Urteilen über andere wird aus unserem Weltbild verschwinden. Und wenn sich Weltbilder ändern, ändern sich auch die Machtverhältnisse. So bauen die Schütze-Menschen mit am Weg in die Neue Welt.

Träger des grenzenlosen mentalen Feuers

Menschen, die mit der Frequenz des Zeichens Schütze gesegnet sind, gelten als Träger des grenzenlosen mentalen Feuers. Sobald sie ihre innere Weisheit überhaupt wahrnehmen, drängen sie unermüdlich nach geistiger Erweiterung, disziplinieren ihr Denken und Sprechen, handeln weise in Übereinstimmung mit den kosmischen Gesetzen und geben ohne messianischen Eifer geistigen Halt, indem sie eine Synchronizität zwischen Himmel und Erde herstellen, die erhebend wirkt. Dabei gehen sie ganz im höheren Denken auf und hegen auf vollkommen natürliche Weise den tiefen Wunsch, der Menschheit zu dienen. Indem sie die mentalen Grenzen erweitern, können sie anderen helfen, über ihr kleines Ich hinauszugehen und neue Lebensthemen zu erschließen. Sie regen dazu an, die richtigen Gedanken zu denken, sich mit den richtigen Menschen zu umgeben (Resonanzprinzip!) und sich immer wieder schöpferisch einzumischen. Dazu gehört auch, unermüdlich die großen Fragen zu stellen. Wer sagt eigentlich, dass wir auf Planet Erde aufrecht stehen und nicht kopfüber nach unten ins Weltall hängen?

Es ist das Feuer der Wahrheit, das aus ihnen heraussprüht. Wenn wir die drei Feuerzeichen Widder, Löwe und Schütze betrachten und uns Widder als einen Vulkan vorstellen, in dem es mächtig brodelt, dann symbolisiert Löwe das Licht, das aus dem Vulkan hervortritt, und Schütze steht für den kraftvollen Feuerregen. Hinzu kommt der wichtige Einfluss des esoterischen Leitplaneten Erde und dessen Realitätsprinzip. Denn was nützen die anspruchsvollsten Fragen, wenn sie keinen Bezug zum Leben haben? Die Schütze-Menschen wissen genau, dass unsere Erde eine Schule für unsere Seelen ist. Deshalb fordert ihre innere Stimme sie immer wieder dazu auf, ihre Gedanken und Weltanschauungen realistisch und vor allem praktisch zu leben und zu lehren. Hier verschmilzt durch eine gewisse Fließfähigkeit das höhere Wissen mit den irdischen Erfahrungen.

Es ist ein Hochgenuss, diesen weisen Herzmenschen zuzuhören, wenn sie aus ihrer Tiefgründigkeit heraus erzählen.

Immer wieder bieten sie ihrer eigenen Seele Gelegenheiten an, nach außen in Erscheinung zu treten, indem sie andere Seelen über die großen Lebensleitlinien unterrichten, freudig inspirieren und ihnen den anfeuernden Impuls geben, damit sie vorwärtsgehen auf dem Pfad des Erwachens. Von daher sind die Schütze-Menschen wahre Philosophen, Motivatoren, Sinngebende und Wegbereiter für andere. Auf Englisch nennt man sie »The Way Shower«, also die, die den Weg zeigen; so, wie es alle weisen Menschen vor ihnen auch taten, indem sie die menschliche, philosophische und spirituelle Evolution des Bewusstseinsfeldes verstärkten.

Die weisen Instanzen der Gesellschaft

Wir alle sind mindestens zu einem Zwölftel mit der Schütze-Frequenz gesegnet. Aber speziell Menschen mit Planeten, Hauptachsen oder Mondknoten, die als Brennpunkte dieser Schütze-Energie wirken, werden zu tiefgründigen und weit vorausschauenden weisen Instanzen der Gesellschaft. Der weise Weg ist der Weg der Verwandlung zum Guten und bedingt die Gabe der Unterscheidung.
Diese Menschen sind geführt durch ihr Vertrauen in eine umfassendere, höhere Ordnung, was sich in ihrer toleranten und zukunftsorientierten Haltung zeigt, verbunden mit einem ungebremsten

Optimismus, einem angeborenen Glauben an das Leben, einer Zielgerichtetheit und einem stets freundlichen Wesen. Sie arbeiten mit großer Freude kulturell verbindend, Weisheit lehrend, interdisziplinär, philosophisch, sind offen für Feedback, erkennen die schöpferischen Werte und fördern die evolutionäre Kraft der gegenseitigen geistigen Befruchtung.

Jedes neue Ziel vor Augen wird voller Optimismus angestrebt, um zu verstehen, wie Gott und die Welt funktionieren. Ihre Fähigkeit, die Einheit von Leere und Form (Gott und die Welt) zu erfassen, lässt sie innerlich vollkommen frei und unabhängig werden, denn sie sind in ihrem erleuchteten Bewusstsein nicht mehr getrennt von der Welt »da draußen«, sondern sie werden zur Welt. Sie schauen nicht mehr in die Sonne, sondern sie sind die Sonne. Sie berühren nicht mehr die Erde, sondern sie sind die Erde. Und dann, während sie die alles einschließende Kommunikation zwischen Weisheit und Gedanken pflegen, passiert es. Sie lösen das Göttliche im Du aus! Denn sie können alles miteinander verbinden: Rückschau, Überblick, Weisheit. Indem sie die göttliche Idee kommunizieren, finden alle zur Ursache. Und das erzeugt Frieden durch Gewissheit.

Weise Instanzen sind immer mit der Ursache, sprich, mit der Wahrheit verbunden. Und Wahrheit ist immer einfach. Kompliziertheit kommt aus dem niederen Aspekt der Gedanken als Versuch des Egos, das Offensichtliche zu verschleiern. So können wir den Grad des spirituellen Erwachens an der Fähigkeit erkennen, sich in hohem Maße konzentrieren und fokussieren zu können, sowie an der Reaktion auf Ereignisse. Wahre Meister der Weisheit lassen sich durch nichts aus der Ruhe bringen, weil sie das größere Bild hinter dem Ereignis erkennen. Je tiefer sie in sich ruhen, desto ruhiger und bewusster reagieren sie. Bei der Zerstörung der Berliner Mauer würden sie sagen: »Aha?« Bei der Zerstörung der Zwillingstürme in New York würden sie ebenso unaufgeregt sagen: »Aha?«

Ihr Kennzeichen ist die kraftvolle Weigerung zu urteilen,
ganz im Wissen: Lass die Wahrheit die Arbeit tun,
was in Englisch noch schöner schwingt:
Let the truth do the work.

So frage dich: Gelingt es dir, mit offenen Fragen zu leben und einfach zu warten, bis du Tage, Monate, Jahre später den Sinn erfassen kannst? Der US-Astrophysiker Neil deGrasse Tyson brachte es sehr schön auf den Punkt, als er schmunzelnd sagte, dass das Universum nicht verpflichtet sei, für uns einen Sinn zu ergeben.

Je mehr wir uns von der Lebendigkeit der Quelle entfernen, ...

... desto mehr wird das mentale Feuer im niedersten Aspekt für das kleine Ich eingesetzt. Die mentale Energie von Schütze-Menschen auf den niederen Frequenzen steht völlig unter der Führung der Emotionen, ohne dass sie sich dessen bewusst sind. Diese Menschen sind sehr beschäftigt und viel unterwegs, da die feurige Aktivität des Denkens ständig neue Wünsche erschafft, die befriedigt werden müssen. Sie haben weder Führung noch Brennpunkt. Das Feuer brennt, wo immer ein Wunsch es entfacht.

Wird das mentale Feuer als Hemmung gelebt, bleiben sie im aktiven Denken stecken und sind sehr unkreativ. Sie lassen sehr schnell die anderen gewähren und geben nach. Ihr Denken und Sprechen sind noch nicht diszipliniert und sie sind sehr auf das Ego bezogen. Ihre Gedankenfunken fliegen vollkommen unzentriert, ohne Richtung und Form. Ihre Wortmenge reicht für zehn und sie rechtfertigten die Befriedigung ihrer privaten Wünsche mit stichhaltigen, philosophischen Begründungen, gegen die kaum etwas einzuwenden ist. Damit werden diese Schütze-Menschen zu Demagogen. Sie verlieren sich leicht in komplizierten Gedankengängen und sitzen auf einem hohen Ross.

Das Exzessive im Philosophischen kann unter Umständen auch dazu führen, dass sie andere Menschen mit der Verkündung der vermeintlich absoluten Wahrheit belästigen und sie sich dabei in ihrer Egozentrik unantastbar fühlen. Die vielen Chancen, die sich ihnen immer wieder bieten, werden dabei rasch übersehen und von zu vielen klugen Worten zugedeckt. Das Wettbewerbsdenken führt sie zu großer Energieverschwendung, denn sie kennen keine Struktur, was zu einem Mangel an Beharrlichkeit und Konzentrationsfähigkeit führen kann.
Wird die Schütze-Energie auf der anderen Seite in ihren niedersten und am wenigsten wünschenswerten Aspekten als Kompensation gelebt, wollen sie ihre Meinung innerhalb eines bestimmten Narrativs grenzenlos verbreiten. Das kleine Ich schwingt so stark, dass sie immer alles besser wissen und dadurch schnell zu Rechthabern und Oberlehrern mutieren, um alle anderen mit ihren neuen Erkenntnissen zu überzeugen, missionarisch zu bekehren oder ihnen gar ihre Meinung aufzuzwingen unter Androhung von schlimmsten Konsequenzen. Ihr blinder Fleck ist die mangelnde Selbstkritik, was sie meist zu arroganten Besserwissern macht, die selbst keine Kritik vertragen. Wir alle kennen sie, die Moralapostel, die mit ihren überheblichen Ansprüchen auf Toleranz und Solidarität lautstark um sich werfen, anders Denkende scharf verurteilen und als »Verschwörungstheoretiker« ausgrenzen und sich selbst aber hinter ihrem geistigen Stacheldrahtzaun verschanzen aus Angst, dass ihre mentalen Lücken entlarvt werden könnten. Sie sind in ihren starren Glaubenssätzen zutiefst davon überzeugt, dass sie im Vergleich mit anderen immer die moralisch Überlegenen sind, geben sich oft größer, als sie sind, und lassen dies in ihrem Hochmut innerhalb einer Spannweite zwischen Eigenlob, Narzissmus und spiritueller Arroganz die anderen fühlen.
Die Steigerung dessen ist das Gefühl des Abgetrenntseins vom Universum, verbunden mit der Illusion, außerhalb allen Geschehens zu stehen in der tiefen Überzeugung, sie allein könnten das Weltgeschehen

lenken. So kommt es sogar zu spirituellen Konkurrenzkämpfen, die als Guru-Wettbewerb sehr scharf und endlos geführt werden, wobei sie sehr viel kostbare Energie verlieren, bis der Körper schlapp macht – und sie erwachen.

Der Weg zurück zum vollen Potenzial …

… kann dann beginnen, wenn die duale Energie erkannt und integriert wird. Im Fall von Schütze ist es die Energie der Zwilling-Frequenz. Mit aufziehender Krise beginnt der niederschwingende Schütze-Mensch, die Zwilling-Kräfte gezielter einzusetzen, und die notwendige Veredelung des Charakters kann mit der Gedankenhygiene beginnen, die den blinden Fanatismus ausreinigt. So erkennen diese Menschen in kleinen Momenten der Erleuchtung das erste Mal, dass sie nicht über alles Wissen in der Welt erhaben sind, und ihr Streben nach Höherem wird zum Motor ihres Lebens, bis sie zur kosmischen Demut erwachen und erkennen:

»Ich weiß, dass ich nichts weiß.«

Da sie in ihrem Expansionsdrang immer über die Grenzen, die ihnen auferlegt wurden, hinausgehen möchten, beginnen sie nun, in eine immer größer werdende Welt einzutauchen, die sie staunen lässt und die Frage aufwirft: »Werde ich das alles jemals verstehen?« Sie machen sich auf die Suche nach der Wahrheit, bringen die nötige Selbstdisziplin auf und durchlaufen einen bewussten Prozess, durch den sie oft in Grenzgebiete des Wissens vorstoßen und neue Horizonte öffnen. Indem sie beginnen, sich neu zu orientieren, wird ihr Stand in der Welt immer sicherer und ihre Realitätsbezogenheit immer klarer, sodass sie ihre hochtrabenden Philosophien durch einfache Worte mit der Praxis im Alltag verbinden können.

Jetzt sind sie imstande, ihre Erkenntnisse, die ihnen so viel bedeuten, klar verständlich zu vermitteln und damit andere Menschen anzuregen, die Welt neu zu denken. Bei entsprechender Sprachbegabung ist es ein Hochgenuss, ihnen bei ihren Ausführungen über den Sinn und Unsinn des Lebens zu lauschen, denn sobald ihre Vision klar ist, werden sie zu sympathischen Wegweisern für die großen Lebensleitlinien und ermöglichen uns neue Einsichten auf der Basis »Think big«.
Ja, durch die Schütze-Menschen können wir den Heiligen Gral finden und uns die Fähigkeit aneignen, in schwierigen Situationen den Blick für das Wesentliche zu bewahren und zentriert zu bleiben. Und es lohnt sich, mit den feurigen Enthusiasten in Kontakt zu bleiben, denn im Laufe des Lebens verfeinern sie ihre prophetische und inspirierende geistige Brillanz und beherrschen perfekt das Axiom »Energie folgt den Gedanken«.

Durch ihr erleuchtetes Denken bringen sie eine Weisheit zum Vorschein, von der wir alle profitieren dürfen, und ihr nicht endender Optimismus, gepaart mit ihrem kontrollierten, gezielten Denken, führt oft zu einem lokalen, nationalen oder globalen Engagement für mehr Gerechtigkeit, für humanitäre Aufgaben und für eine bessere Welt im Dienste der Wahrheit.

Wenn wir Menschen die großen Wahrheiten miteinander teilen, erreicht unser Menschheitsbewusstsein neue Höhen. Hierzu sagen die Indianer: Der Wolf ist der Pfadfinder, der Vorläufer mit den neuen Ideen, der zum Clan zurückkommt, um zu lehren und seine Medizin zu teilen. Der Wolf kommt nur, wenn wir den größten Lehrer des Stammes bitten, zu erscheinen.

Laserpointer zur integrierten Energie in Schütze und/oder im 9. Haus:

Sonne:	Bewusstes, konzentriertes positives Denken
Mond:	Hohe Begeisterungsfähigkeit für Neues
Merkur:	Fähigkeit des abstrakten Denkens
Venus:	Warmherziges, intuitives Verstehen
Lilith:	Unerschrockene initiierende Überzeugungskraft
Mars:	Konzentrierte Zielstrebigkeit und Überzeugungskraft
Jupiter:	Expansion der Weisheit auf allen Ebenen
Saturn:	Streben nach Wahrheit und Bewusstseinserweiterung
Chiron:	Spirituelle und geistige Lehrer und Weise
Neptun:	Grenzenloser Optimismus
Uranus:	Spirituelle Expansion
Pluto:	Totalität der ganzheitlichen geistigen Schau

Inspirationen

- Wahrheit braucht keine Verteidigung.
- Von Schwachsinn zum Sinn.
- Wer nur sieht, was er kennt, wird nur erfahren, was er schon weiß.
- Im größeren Bild macht alles plötzlich Sinn.
- Es gibt keine privaten Gedanken.
- Entscheide weise.
- Finde den Goldenen Faden.
- Nur Egos streiten.
- Sei entschlossen, die Dinge anders zu sehen.
- Es schwebt eine Idee um jedes Ereignis herum.
- Verwende deine Erfahrungen nicht, um das, was du gelernt hast, zu bestätigen.
- Das Universum ist unteilbar.
- Setze dein Denken schöpferisch ein.

- Lass die Wahrheit die Arbeit tun.
- Drei Tage vor dem Ereignis ist es schon passiert.
- Wahrheit kann nicht in einen Geist einkehren, der beschlossen hat, sich ihr zu widersetzen.
- Benutze deine alte Wahrheit nicht als das Licht, das dich führen soll.
- Dein spirituelles Training beginnt mit innerer Reinigung.
- Das Richtige folgt dir, auch wenn Menschen in deinem Umfeld dies nicht unterstützen.
- Vertraue deinem inneren Wahrheitsbewusstsein.
- Schöpfe aus der Pluralität der Perspektiven.
- Mit jeder durchschauten Lüge kannst du nicht mehr zurück.
- Sei das Wahrheitsministerium.
- »Gott ist in allem, was ich sehe.«

Schütze: Leitbegriffe für die Entwicklung des höheren Potenzials

Niedere Aspekte des Egos	Im Erwachen	Höhere Aspekte der Seele
Unentschieden	Absichtsvoll	Zielgerichtet
Selbstzentrierte Erfahrungen	Integrierende Erfahrungen	Das Ziel der Erfahrungen
Wünsche beherrschen das Denken	Gedanken und Wünsche sind verbunden	Höheres Denken taucht auf
Das Pferd reitet den Reiter	Reiter und Pferd	Der Reiter reitet das Pferd
Zentaur	Ritter	Bogen und Pfeil
Konzentration auf das kleine Ich	Konzentration auf ein Ziel	Konzentration auf die Menschheit
Im Dschungel	Klarheit kommt	Der Pfad

Dualität Schütze – Zwilling

Die Entwicklung des höheren Potenzials gelingt durch die Integration der dualen Frequenz – beim Schütze ist das die Frequenz von Zwilling.

Schütze | Feuer	Zwilling | Luft
Will langfristig hoch hinaus	Macht kurzfristige Karriereschritte
Wohl überlegt	Schlagfertig
Entscheidet weitsichtig	Entscheidet schnell und vorläufig
Ausdauer durch Sinnsuche	Ausdauer durch Neugierde
Ich weiß es besser als du	Ich weiß etwas, das du nicht weißt
Umgibt sich gern mit Studierten	Sucht den Small Talk unterwegs
Spricht und hört nicht zu	Spricht und hört zu
Hält gern Vorträge für andere	Unterhält sich gern mit anderen
Informiert die anderen	Informiert sich selbst
Denkt theoretisch	Denkt praktisch
Universität	Schule des Lebens
Leitet gern ein Team	Arbeitet gern im Team
Höheres Wissen	Praktisches Wissen
Weisheit	Wissen
Philosoph, Prophet, Visionär	Intellektueller
Studiert gern Philosophisches	Liest gern die Tagespresse

Geboren im Zeichen Schütze

Bekannte Frauen	Bekannte Männer
Christina Aguilera	Woody Allen
Jane Austen	Carl Benz
Annalena Baerbock	Heinrich Böll
Kim Basinger	Willy Brandt
Denise Biellmann	Rudi Carell
Jane Birkin	Winston Churchill
Maria Callas	Walt Disney
Yvonne Catterfield	Kirk Douglas
Miley Cyrus	Friedrich Engels
Judi Dench	Francisco Franco
Heike Drechsler	Papst Franziskus
Billy Eilish	Heinrich Heine
Anke Engelke	Werner Heisenberg
Jane Fonda	Jimi Hendrix
Anke Huber	Samuel L. Jackson
Liesl Karlstadt	Hape Kerkeling
Petra Kelly	Bruce Lee
Renate Künast	Emmanuel Macron
Eva Mattes	Reinhard Mey
Bette Midler	Marius Müller-Westernhagen
Sinéad O'Connor	Nero
Édith Piaf	Nostradamus
Beatrice Richter	Brad Pitt
Alice Schwarzer	Matthias Reim
Britney Spears	Little Richard
Maria Stuart	Keith Richards
Taylor Swift	Till Schweiger
Tina Turner	Werner von Siemens
Madame Tussaud	Frank Sinatra
Liv Ullmann	Steven Spielberg
	Josef Stalin
	Friedensreich Hundertwasser

STEINBOCK

22. DEZEMBER BIS 20. JANUAR

♑

- **Physische Perfektion des Geistigen**
- **Überirdische Ordnung durch klares Licht**
- **Die spirituell Einweihenden**

Die wichtigsten Merkmale der Steinbock-Frequenz

Tierkreiszeichen sind wie Tore, durch die ein Strom von kosmischen Energien umgewandelt wird in bestimmte Frequenzen, die wiederum auf uns Menschen unterschiedlich einwirken. Die wichtigsten Merkmale der Steinbock-Frequenz sind:

- Element: **Erde**
- Motivation: **Kardinal** (Impulse setzen)
- Exoterischer Leitplanet: **Saturn** | Strahl: **3**
- Esoterischer Leitplanet: **Saturn** | Strahl: **3**
- Galaktischer Leitplanet: **Venus** | Strahl: **5**
- Sternensystem: **Großer Hund/Sirius**
- Duales Zeichen: **Krebs**
- Harmonisch unterstützt durch **Stier** und **Jungfrau**
- Herausgefordert durch **Widder**, **Krebs** und **Waage** auf dem kardinalen Kreuz
- Seelisch verwandt mit **Stier**, **Zwilling** und **Waage** (Venus)
- Entspricht im Lebensraum: **Haus 10**
- Strahl: **1** – Wille & Macht
- Strahl: **3** – Aktive Intelligenz
- Strahl: **7** – Magie & Ordnung
- Meisterin: **Lady Portia**, die weibliche Kraft der Transformation

Physische Perfektion des Geistigen

Durch die Frequenz des Zeichens Steinbock kommen die stärksten materiellen Verdichtungen zum Ausdruck, deren die menschliche Seele fähig ist. Wenn die Kristallisation einen bestimmten Grad der Dichte angenommen hat, entsteht Härte, weswegen Steinbock in einem direkten Bezug zur Welt der Mineralien steht. Eine der schönsten Formen der physischen Perfektion des Geistigen kennen wir als funkelnden Diamanten. Es ist der Verdichtungsgrad der Lebensenergien, über den hinaus keine weitere materialistische Steigerung möglich ist, außer die eigene Vernichtung. Deswegen wird die Steinbock-Energie auch mit Karma gleichgesetzt, weil man auf dieser Frequenz zu den höchsten Gipfeln steigen kann, wo kein Fortschritt mehr möglich ist, was die Vollendung des Irdischen bedeutet. Alle großen Einweihungserfahrungen dieser Art fanden immer auf Berggipfeln statt, die wir erklimmen müssen. So kommt es durch die Steinbock-Energie auf dem Weg »nach oben« zu Erfahrungen von Anstrengungen, Mühen und Prüfungen, die zur Einweihung und zur Erfüllung von Karma führen. Und oftmals ist dieser Weg physisch und emotional der härteste.

Prüfungen jeder Art stellen uns Menschen immer vor die Verantwortung, eine Wahl zu treffen. Sie wecken in uns das Streben zur Selbstbestimmung und zur Entscheidung, die Prüfung bestehen zu können. Im Zeichen Steinbock wirken die Kräfte des Leitplaneten Saturn, sowohl exoterisch als auch esoterisch, die wiederum unter dem Einfluss von Sirius stehen. Er ist der hellste Stern des Sternensystems Großer Hund, gilt als »königlich« und zeichnet die Menschen, die unter seinen Einfluss kommen, mit Eifer und Hingabe aus. Saturn steht immer für Stabilität und die Grenze zwischen Innen und Außen. Am physischen Körper repräsentiert er unter anderem das Knochengerüst und die Haut. Im Sonnensystem ist er der letzte, den wir mit bloßem Auge sehen können. Nach ihm kommen die Transsaturnier, für die wir bereits ein Teleskop brauchen. Saturn gilt als der mächtigste Planet des Karmas, weil er uns mit Grenzen und Prüfungen konfrontiert. Sobald sein Einfluss aktiv wird, werden wir quasi gezwungen, uns mit unserer karmischen Vergangenheit auseinanderzusetzen, um uns in der Gegenwart für die Zukunft vorzubereiten. Erst nach diesem Erfolg folgen Anerkennung, Ruhm und der Pokal oben auf Platz eins. Ohne Schweiß kein Preis. So können Menschen, die im Team Menschheit die Steinbock-Frequenz vertreten, sehr extrem sein, denn sie streben mit großem Ehrgeiz so lange den physischen Triumph der Materie an, bis die irdischen Befriedigungen nicht mehr an erster Stelle stehen, da ihre enormen geistigen Fähigkeiten stärker werden.

Dieser Weg ist meist ein langer und harter Weg und setzt eine ungewöhnlich hohe Disziplinierung voraus. Es liegt in der Aufgabe der Steinbock-Frequenz, die engsten Grenzen des Lebens zu erfahren, da alles geprüft wird, um nichts zu tun, das in Verwicklungen oder Verstrickungen führt.

Zunächst wird die »waagerechte« Disziplinierung auf körperlicher, emotionaler und mentaler Ebene gefordert, was vordergründig zu Begrenzungen, Verlangsamungen und Verzicht führt. Die Steinbock-Menschen müssen zunächst in ihrem Menschsein quasi alles richtig machen, eine Prüfung nach der anderen bestehen und ihr Leben in eine gute Balance bringen. Sie wissen, wie niemand anderes aus dem Tierkreis, dass sie nicht an ihren Worten, sondern an ihren Taten erkannt werden und dass dies eine Zeitlang notwendig ist, bis sie eine Perfektion erreichen und eine gewisse Demut im Leben entwickeln. Erst dann kann die Erweiterung ihres Bewusstseins stattfinden, indem sie dem Hüter der Schwelle, also dem kosmischen Bodyguard Saturn, begegnen und es zur Einweihung kommt. Bei einer Einweihung schreiten wir jedoch nicht locker durch ein goldenes Tor. Es sind meistens Krisen, da es zum Einströmen von mehr Licht aus einer höheren Frequenz kommt.

Unter der karmischen Regie von Saturn kommt es alle 29,5 Jahre zu größeren Einweihungen und alle 7,5 Jahre zu den kleineren, zum verflixten siebten Jahr. In diesen Phasen geschieht die wundersame Verwandlung der Disziplin. Bei entsprechender Reife beginnt eine neue Qualität der »senkrechten« Disziplinierung gegenüber der eigenen Seele. Die persönlichen Ich-Aspekte wie Stolz, Gier, Kritik, Verletzlichkeit und so weiter treten immer mehr zurück, bis sie nicht mehr existieren. Nichts ist dann wichtiger, als der eigenen Seele zum Ausdruck zu verhelfen. So folgen die hochschwingenden Steinbock-Menschen der physischen Perfektion des Geistigen, was ihrer wahren Berufung entspricht.

> In diesem Sinne verstanden, wird Disziplin zu reiner Liebe und das Leben zu einem Leben in Liebe und Achtsamkeit, inklusive aller Schwierigkeiten.

Sobald ihre spirituelle Ausrichtung vollkommen klar ist, sind sie sich ganz bewusst, welche Rolle sie in der Welt übernehmen. Sie wissen, dass sie nicht allein sind, sondern Teil eines riesigen Impulses im kollektiven Bewusstsein, was eine innere Leidenschaft aktiviert für das, was sie in jedem Moment erschaffen. Ihnen ist bewusst, dass sie trotz aller Unvollkommenheit immer bessere Führungsqualitäten zu entwickeln haben, um ein Beispiel dessen zu sein, was individuell möglich ist. Aber Führung (Steinbock) braucht Menschen, die geführt werden wollen (Krebs). Wenn die Steinbock-Inspirierten als Führungspersonen sämtliche trennenden Motive wie Machtgehabe, Filzwirtschaft, Konkurrenzdenken oder Ähnliches hinter sich gelassen haben und in Einklang mit ihrer Seele tätig sind, handeln sie als spirituell ausgerichtete oder erleuchtete Menschen kollektiv verbindend, ganz im Wissen, dass eine Führungskraft die symbolische Seele des Gruppenbewusstseins ist.

Überirdische Ordnung durch klares Licht

Hochschwingende Steinbock-Menschen erschließen als echte spirituelle Führungskräfte nicht nur ihr eigenes Potenzial, sondern das Potenzial aller Menschen auf diesem Planeten, da sie durch den Kontakt zu ihrer Seele den evolutionären Impuls des Universums nutzbar machen für mehr Gutes, für Wahrheit, Harmonie, Gerechtigkeit und Gleichheit. Sie folgen ihrem Ruf, alle Probleme zu lösen, die die Menschheit plagen, und zwar nicht nur auf der Ebene, auf der die Probleme geschaffen wurden, sondern von einer höheren Ebene aus, von der aus sie nichts anderes tun können, als das klare Licht dorthin zu bringen, wo Dunkelheit herrscht. Sie erkennen die kollektiven Sehnsüchte und das höchste Niveau an Kreativität, die allesamt im kollektiven Bewusstsein existieren, aber erst von wahren Führungsmenschen aufgeweckt werden müssen, damit sie sich entfalten können.

Meist werden diese Steinbock-Menschen als Lichtgestalt bezeichnet, denn in ihrem überirdischen Licht entwickeln sie Vorbildqualitäten, an denen andere sich orientieren können. Diese Menschen sind ausgerüstet mit spirituellem Mut, schreiten voran und übernehmen auf eine ganz individuelle Art Verantwortung für die Lösungen, die sie anstreben. So wird sich auch ihr Erfolg automatisch dann einstellen, wenn sie mit Respekt gegenüber ihrem Selbst und der gesamten Schöpfung, mit großer Verbindlichkeit und von ganzem Herzen das tun, was sie tun. Für gewöhnlich gehen sie mit allem und jedem mit großer Achtsamkeit und Sorgfalt um, da sie die Welt in ihrer Vollkommenheit erkennen. So sind sie in ihrer Sensitivität durch die feinstofflichen Ebenen inspiriert und entwickeln unendlich hohe magnetische Qualitäten, die eine enorme Ausschüttung von schöpferischen Kräften ermöglichen.

Dies entspricht auch der Lebenswelle, die im Zeichen Widder begann und im Zeichen Steinbock ihre perfekte Manifestation erfährt. Das heißt, alles durch sie Manifestierte entwickelt eine überpersönliche Gültigkeit, sodass Steinbock auch das überirdische Ordnungsprinzip genannt wird. Diese Menschen können das Geistige erfassen und enorme schöpferische Fähigkeiten entwickeln, um mit ihrer strukturierenden Kraft und Konzentration konkrete Ergebnisse zu erschaffen, die sowohl bei ihnen als auch bei anderen zu Momenten der

Erleuchtung führen können. Es ist die Erfahrung des göttlichen Lichts, die durch sie ermöglicht wird, denn sie können in absoluter Präsenz Tore zur Welt der Vollkommenheit öffnen. Sie erschaffen Klarheit von oben durch das Einfließenlassen des Seelenlichts und Klarheit nach unten durch Übernahme von Verantwortung. Ihre Vorbildaufgaben basieren auf einer ethisch korrekten und würdevollen Lebenshaltung, verbunden mit dem perfekten Sensorium, im richtigen Moment spirituelle Geheimnisse des Lebens preiszugeben. So werden wir durch sie zu Einweihungen geführt. Wir fühlen es an ihrer Fähigkeit zur Konzentration, die immer ein Merkmal einer hochschwingenden Seele ist. Das stille Praktizieren von Meditation ist für sie selbstverständlich. So sind sie immer eins mit dem Licht. Und immer, wenn Würde und Respekt einschwingen, beginnen die Dinge sich wie von selbst zu verwandeln. Genau hieran sind diese Steinbock-Menschen zu erkennen: Sie sind umgeben von einer wohltuenden Aura der Würde durch ihre Gabe, das große Ganze in aller Demut aus der Perspektive der Einheit zu betrachten. Sie sind mit ihrer Persönlichkeit ins Reine gekommen, haben alles geordnet und ihr Leben mit größerer Klarheit korrigiert, sodass das Seelenlicht aus ihnen herausstrahlen kann. Im Team Menschheit sind sie diejenigen, die mit ihrem angeborenen Gefühl für Autorität und Führung gern auf langsames, aber stetes Wachstum hinarbeiten und mit viel Disziplin und Beständigkeit immer nach der perfekten Form suchen. Dies führt unweigerlich dazu, dass andere Menschen sich an ihnen als Vorbild orientieren. Dabei wird das in sie gesetzte große Vertrauen immer erfüllt.

Ja, die hochschwingenden Steinbock-Menschen sind besondere Führungspersönlichkeiten. Es geht ihnen aber nicht so sehr um Macht, sondern vielmehr um Anerkennung und Respekt. Das, was sie anpacken, packen sie richtig an durch ihren natürlichen Drang, alle potenziellen Risiken schon im Voraus erkennen zu wollen. So geht auf der Steinbock-Frequenz nichts auf die Schnelle. Stattdessen melden sich

Vorsicht und Achtsamkeit. Deswegen kann man äußerlich den Eindruck haben, dass sie es sich selbst mitunter unnötig schwer machen. Sobald sich zeigt, dass Risiko und angestrebte Resultate in einem angemessenen Verhältnis zueinander stehen, werden sie mit sehr viel Ausdauer auf ganz bestimmte Weise aktiv. Eine gewisse Portion Risiko nehmen sie dann auf sich und gewinnen dadurch meist an Autorität. Dabei sind ihr hohes Verantwortungs- und Pflichtgefühl wirklich nachahmenswert. Sie können gewiss mehr leisten als andere, denn die Ressourcen, über die sie verfügen, sind enorm. Damit verbunden ist auch eine Klarheit und Bestimmtheit, mit der sie geduldig und wohlüberlegt vorgehen. Und je bewusster und hochschwingender sie werden, desto anspruchsvoller wird es für sie, ihr Handeln, Fühlen, ihre Kreativität und ihr Sein zu leben, denn sie sehen immer wieder Staub und sind damit beschäftigt, ihn zu entfernen, um alles in Übereinstimmung mit den großen Gesetzmäßigkeiten zu korrigieren und eine überirdische Ordnung hervorzurufen.

Mit Blick auf die Zukunft ändern sich auf dieser Frequenz auch das Wesen Wirtschaft und das Wesen Politik im Wissen, dass Planet Erde »ein Unternehmen« ist und jedes von Menschen geschaffene Unternehmen sich in die beiden größeren Unternehmen Erde und Universum einfügen muss.

Denn wenn die Erde bankrottgeht, ist auch alles andere ruiniert. Aber sobald sich die Führungsmenschen der Neuen Zeit, die den höheren Aspekt der Wirtschaft und der Politik leben, als Seele der Firma und als Frequenzhalter erkennen, in die Dynamik der Liebe eintreten und ihr Unternehmen lichtvoll organisieren, wird die gesamte Lebenskraft eher gesteigert statt herabgesetzt, und bei allen wächst die Freude. Und dann wird auch der Frieden der neuen Generation garantiert.

Die spirituell Einweihenden

Wir alle sind mindestens zu einem Zwölftel gesegnet mit der Steinbock-Frequenz. Aber speziell Menschen mit Planeten, Hauptachsen oder Mondknoten, die als Brennpunkte dieser Steinbock-Energie wirken, werden zu Trägern der kosmischen Verantwortung auf allen Ebenen: individuelle Verantwortung gegenüber ihrer eigenen Persönlichkeit; kollektive Verantwortung innerhalb der Wirtschaft und des Staates; universelle Verantwortung gegenüber unserer Erde; Verantwortung für ihre Entscheidungen, ohne dabei das Katastrophenpotenzial zu erhöhen.

Sie tragen aber nicht nur die Verantwortung, sondern sie kümmern sich um diejenigen, die ihnen anvertraut sind, denn Verantwortung bedeutet für sie, die Menschen um sie herum aufsteigen zu sehen. Ihr Führungsbewusstsein in Kombination mit ihrer Gabe der Selbstwirksamkeit verstehen sie als eine Kunst, menschliches Verhalten so zu beeinflussen, dass eine Aufgabe in der von ihnen gewünschten Weise zum Wohle des Ganzen erfüllt wird. Dabei ermutigen sie alle Mitglieder in ihrem Team, eine eigene Autorität zu werden und zu lernen, wie sie ein Leben in Harmonie, Zusammenarbeit, Teilen und Ehrfurcht vor dem Leben schaffen können. So werden die Steinbock-Menschen zu spirituell Einweihenden. Einweihung ist ein entscheidend beeinflussender Vorgang im Leben. Sie führt uns vorbereitend immer hinab in die Dunkelheit und in die Angst. Durch den Moment der Initiation wird ein neuer Zyklus eröffnet, der den Willen zum Leben neu aktiviert, also den Willen zum Weitergehen mit allen Konsequenzen und den daraus entstehenden Kontakten.

Wir sehen es symbolisch an der Wintersonnenwende, die jedes Jahr die Steinbock-Zeit einläutet. Die Stunde der Dunkelheit (auf der nördlichen Hemisphäre) ist eine hoch spirituelle Qualität, denn sie steht für die höchste Verdichtung des Geistigen. Während sich die Natur im Winterschlaf befindet, kommt es zur größten Kristallisation aller Lebensenergien, die uns an Weihnachten in Kontakt mit einer Ur-Kraft bringt, die uns alle vereint: die Götterdämmerung. Steinbock ist die Frequenz, die für das Licht steht, das wiedergeboren wird durch die Geburt des inneren Erlösers in der vom Licht geweihten Nacht.

Je mehr wir uns von der Lebendigkeit der Quelle entfernen, ...

... desto mehr wird diese Willenskraft im niederen Aspekt für das kleine Ich eingesetzt. Das Verlangen nach Anerkennung ist hier sehr instinktgesteuert und macht diese Steinbock-Menschen oftmals zu extremen Materialisten mit der Unfähigkeit, sich Fehler einzugestehen. Wird die perfektionierende Erdenergie als Hemmung gelebt, zeigt sie sich als Starrheit und Unflexibilität aufgrund einer tief sitzenden Angst, etwas falsch zu machen. Ihre geistige Bewegungslosigkeit macht sie sehr kritisch und ablehnend gegenüber jeglichen Erneuerungen. An der Oberfläche möchten sie niemanden enttäuschen. Sie wollen von allen geliebt werden und beginnen, sich kognitiv zu verhalten mit einer getarnten Neigung zur blinden Autoritätshörigkeit. Sie tun, was man ihnen sagt. Sie überlassen nichts dem Zufall und halten sich konsequent an ihre Prinzipien. Sie fühlen sich meist in beruflicher Hinsicht einer Sache in derartigem Maße verpflichtet, sodass kaum noch Raum für Privates bleibt. So können ihr Optimismus und das Expansionsbedürfnis unter einer zu ernsthaften oder zu verbissenen Einstellung leiden.

Da ihnen ihr Auftreten und ihr Ansehen sehr wichtig sind, wird alles genau studiert und vorher überlegt, was zu sehr langen Wartezeiten führen kann, wenn man mit ihnen zusammen ist. Und es kann zu einem ewigen Hin und Her kommen zwischen »Rappenspalterei« und unmäßigen Geldausgaben. Solange es um geschäftliche Projekte geht, investieren sie gern große Summen, die mit ihrem hohen Qualitätsstandard übereinstimmen. Aber wenn ihr Geiz sie packt, gehen sie

lieber ins Leiden und werden durch ihren geistigen Stolz, ihre Engstirnigkeit, ihre emotionale Härte und Verschlossenheit sowie ihre mangelnde Demut zu Weltmeistern des Verzichts.
Wird die Steinbock-Energie auf der anderen Seite in ihren niedersten und am wenigsten wünschenswerten Aspekten als Kompensation gelebt, bedeutet dies der Höhepunkt der Kristallisation und damit die völlige Gebundenheit an die physische Welt. Diese Menschen erfahren oft eine Inkarnation mit besonders schwierigen Lektionen und sind weit entfernt von ihrem Zentrum der schöpferischen Quelle. Ihre Gebundenheit an die Materie ist so total, dass die Verankerung des Selbst in irgendeiner höheren Ausrichtung vollkommen fehlt. Die Auswirkungen des eigenen biologischen Erbes und die gegenwärtigen familiären Umstände führen zum Festhalten an tiefen psychologischen Mustern, die nur eine geringe Freiheit für eigene Entscheidungen offenlassen. In ihren schwierigsten Phasen erleben sie die engsten Grenzen und wissen noch nicht, dass Schuld immer ein Machtmittel ist, das über die Angst gesteuert wird und zulasten der Liebe geht.
Das Denken dieser niedrig schwingenden Steinbock-Menschen wird beherrscht von Angst: Angst vor Mangel und Verlust; Angst, nicht zu bekommen, was sie möchten; Angst, zu verlieren, was sie erreicht haben. Das Leben erscheint ihnen als ein harter Kampf, und das ist es auch. Sie tragen nicht nur all das überschüssige karmische Gepäck aus vielen anderen Lebenszeiten mit sich, sondern auch das »Kreuz des Herrn« als stärkste Form der Limitierung. Sie setzen all ihre Kraft ein, um ihre Gewohnheiten, Gedanken und Gefühle – wie Ziegelsteine auf dem Rücken festgeschnallt – zu erhalten. Diese Ziegel sind fest verleimt durch emotionale Gewohnheitsmuster, die sich aus Angst eingenistet haben und sich nicht regenerieren. Das macht diese Menschen äußerst rigide, selbstverliebt und hart. Ein enormer Ehrgeiz treibt sie vorwärts auf ihrer Selbstsuche. Und oft erzeugen sie so lange weiteres Karma, bis die Ziegel zu Felsblöcken werden und sie unter ihrem

Gewicht zusammenbrechen. Sobald das geschieht, durchdringt ein Lichtschimmer die verdichtete, festgetretene Erde und ein Strahl des Lichts erweckt ihr unbewusstes Herz – sodass sie erwachen.

Der Weg zurück zum vollen Potenzial …

… kann dann beginnen, wenn die duale Energie erkannt und integriert wird. Im Fall von Steinbock ist es die gefühlvolle Energie der Krebs-Frequenz. Mit aufziehender Krise beginnen die niederschwingenden Steinbock-Menschen, die Krebs-Kräfte gezielter einzusetzen, indem sie das erste Mal erkennen, dass Leben nicht nur Verzicht und harte Arbeit bedeutet und Anerkennung nicht an Leistung gekoppelt sein muss. Eine der größten Herausforderungen ist in diesem Moment, nicht an sich zu zweifeln und sich depressiv nach innen zu verkriechen, sondern den Glauben an die eigene Kraft und den Erfolg aufrechtzuerhalten. So beginnen sie zu fühlen, dass Blockaden stets trennend wirken, und wollen ihre Fürsorglichkeit für Menschen ihres Herzens stärker entfalten. Denn durch ihr langes Leiden und die vielen Opfer, die sie erbringen mussten, erkennen sie, dass die Qualitäten der Fürsorge, des familiären Miteinanders und der emotionalen Hingabe wichtige Ergänzungen auf ihrem Lebensweg sind und sie dies mehr leben sollten.

> Die Erleuchtung beginnt in dem Moment, wo sie erkennen, dass sie nur weiterkommen und persönlich wachsen können, wenn sie immer wieder ihre einsamen Höhen verlassen und sich auf das Abenteuer Ursprungsfamilie, eigene Familie und Menschenfamilie einlassen.

Nun treten der persönliche Ehrgeiz und das Machtstreben vermehrt in den Hintergrund, da sie verstehen, dass wir Menschen keine Angstmenschen sind und Erfolg von der Seele anders betrachtet wird. Jegliches Streben nach Reichtum, gesellschaftlicher Anerkennung und Karriere wird so lange unerfüllt bleiben, bis sie durch die Erfüllung ihrer karmischen Pflichten eine Demut entwickelt haben, die ihnen das Tor zu ihrer Berufung öffnet. So können sie nach und nach ihr (Familien-)Karma vollständig aufarbeiten und erlösen, bis die Energien beruhigt sind und sie beginnen können, sich auf das Wesentliche zu konzentrieren. Durch die Integration der Werte von Menschlichkeit und familiärer Geborgenheit haben sie gelernt, sich in aller Demut auf ihre innere Stimme zu verlassen und der göttlichen Absicht zu folgen.

Und jetzt kommt die Magie: Der ursprüngliche Wunsch nach weltlichem Status und Anerkennung wandelt sich immer mehr in geistiges Streben. So erwacht das Bedürfnis, Verantwortung zu übernehmen, nicht nur für sich selbst, sondern für das Wohl, anderen Menschen zu dienen. Da der Wille der Steinbock-Menschen für gewöhnlich sehr stark ist, haben sie weit gesteckte Ziele, auf die sie gewissenhaft und entschlossen hinarbeiten. Wenn sie ehrgeizig handeln, ohne dass sie sich an den Erfolg binden, ist ein großer evolutionärer Bewusstseinsschritt erfolgt. Ihnen ist bewusst, dass jeder Mensch auf jeder Ebene eine Führungsrolle übernehmen kann, mit einer einzigen Bedingung: Wenn man führen will, muss man bereit sein zu dienen. Diese Haltung entspricht dem höheren Steinbock-Aspekt und wird in der Neuen Zeit den niederen Aspekt in der Wirtschaft, in der Politik und in der Gesetzgebung ablösen.

Laserpointer zur integrierten Energie in Steinbock und/oder im 10. Haus

Sonne:	Geboren, um zu führen
Mond:	Treue und Zuverlässigkeit
Merkur:	Realitätssinn und Sachlichkeit
Venus:	Bescheidenheit und Selbstdisziplin
Lilith:	Radikale öffentliche Konfrontation mit Tabus
Mars:	Klares und kontrolliertes Handeln
Jupiter:	Ethische Vollkommenheit
Saturn:	Gelebte Würde und Authentizität
Chiron:	Natürliche Würde als öffentlicher Maßstab
Neptun:	Praktischer Mystizismus
Uranus:	Unkonventionelle praktische Ideen
Pluto:	Totale Verantwortung gegenüber der Quelle

Inspirationen

- Kern des Prozesses ist zu lernen, der Seele zu vertrauen und nicht den äußeren Autoritäten.
- Eine Einweihung ist immer eine Krise!
- Du musst nicht alle Menschen mögen. Doch kannst du die Seele in ihnen respektieren, egal wie versteckt sie auch sein mag?
- Jegliche Form der Negativität beruht auf der Trennung von der Ganzheit.
- Ist es das, was du sehen möchtest?
- Willst du wirklich Zeit damit verschwenden, Entscheidungen auszuprobieren, die nicht aus der Seele kommen?
- Angst will dir nicht erlauben, die hohen Frequenzen in deinen Feldern zu spüren.
- Offensichtlich besitzt die Seele eine Agenda. Sie ist immer positiv und nützlich für dein Wachstum, obwohl es nicht immer so aussieht.

- Mächtige Ideen erfordern eine hohe Verantwortung.
- Du bist nicht verantwortlich dafür, was sich in den Feldern deiner Freunde abspielt. Aber du bist verantwortlich dafür, was in deinen Feldern passiert.
- Wenn du beginnst, die Wirkungen deiner Ursachen zu beobachten, wirst du viel über Verantwortung lernen.
- Fehler sind eine charmante Art des Universums, dir zu sagen: Liebling, sei immer präsent.
- Nimm die Überforderung als deinen spirituellen Lehrer und komm wieder in deine Stabilität.
- Du musst nicht vollkommen werden. Du bist schon vollkommen.
- Die Schöpfungskraft des Universums lässt sich durch nichts unterbrechen.
- Liebe und Angst können nicht nebeneinander existieren.
- Wer Angst hat, kann nicht im Flow sein.
- Da der Planet ein großes Energiefeld ist, macht es jeder Schritt, den du in Richtung Aufstieg gehst, nicht nur leichter für dich, sondern auch für alle anderen. Du wirst zu einem Role-Model für die anderen.
- Das Große entsteht, wenn das Kleine respektiert, gewürdigt und wertgeschätzt wird.
- Verantwortung bedeutet, eine Wahl zu treffen mit allen Konsequenzen.
- Tue immer das Richtige, auch wenn die Menschen es nicht bemerken.
- Wir alle tragen eine kosmische Verantwortung.
- Das Universum sorgt immer für das perfekte Timing.

Steinbock: Leitbegriffe für die Entwicklung des höheren Potenzials

Niedere Aspekte des Egos	Im Erwachen	Höhere Aspekte der Seele
Übermäßiger Ehrgeiz	Diszipliniert	Verantwortungsvolle Absicht
Stolz	Innere Reifung	Integrität
Extremer Materialismus	Verbindung von Energie und Form	Wahrnehmung der Energie in der Form
Umgeben von Struktur	Verbindung von Struktur	Erschaffen von Struktur
Abgrenzung	Vertrauen	Klarheit
Angststarre	Ehrlichkeit	Loyalität
Erdgebunden	Beweglich	Initiiert
Härte	Verantwortung	Klarheit
Missbrauch von Ressourcen	Anwendung von Ressourcen	Schöpfer von Ressourcen
Unflexibel	Einsichtig	Frei für Transformation
Ausschließend	Krise des Alleinseins	Einweihender
Kohle	Kristall	Diamant

Dualität Steinbock – Krebs

Die Vervollkommnung gelingt durch die Integration der dualen Frequenz. Beim Steinbock ist das die Frequenz des Krebs.

Steinbock | Erde	Krebs | Wasser
Führung und weltlicher Status	Menschenfamilie
Hohe Sensitivität	Hohes Einfühlungsvermögen
Liebt den Einsatz für Recht und Ordnung	Liebt das Gefühl, helfen zu können
Kann sich selbst seelisch aufbauen	Kann andere seelisch aufbauen
Verantwortungsvoll gegenüber Autoritäten	Verantwortungsvoll gegenüber Schutzbedürftigen
Entscheidet wohlüberlegt	Entscheidet instinktsicher
Ausgeprägter Sinn für Realität	Viel Fantasie
Arbeitet ausdauernd und beharrlich	Arbeitet in kreativen Wellen
Klar	Empfindsam
Festgelegtes Leben	Feiern, statt auf die Rente hinarbeiten
Schaut gern nur für sich	Schaut gern für die anderen
Lässt sich gern vom Verstand leiten	Lässt sich gern von Gefühlen leiten
Mental stark	Gefühlsmäßig stark
Feste Strukturen	Flüssige Welt
Berufsleben ist wichtig	Privatleben ist wichtig
Karriere, eigener Weg	Wohliges Familiennest
Alleinsein	Miteinander, mitten im Leben

Geboren im Zeichen Steinbock

Bekannte Frauen	Bekannte Männer
Joan Baez	Humphrey Bogart
Simone de Beauvoir	David Bowie
Herzogin Catherine	Nicolas Cage
Marlene Dietrich	Al Capone
Annette von Droste-Hülshoff	Muhammad Ali
Elisabeth von Österreich-Ungarn	Kevin Costner
(Sissi)	Gérard Depardieu
Ava Gardner	Friedrich Dürrenmatt
Maybrit Illner	Theodor Fontane
Jeanne d'Arc	Benjamin Franklin
Janis Joplin	Friedrich von Staufen
Christine Kaufmann	Hermann Göring
Angelique Kerber	Gary Grant
Hildegard Knef	Jakob Grimm
Christine Lagarde	Gregor Gysi
Annie Lenox	Stephen Hawking
Ghislaine Maxwell	Anthony Hopkins
Kate Moss	Johannes Keppler
Michelle Obama	Martin Luther King
Dolly Parton	Ben Kingsley
Madame de Pompadour	Louis Pasteur
Josefine Preuß	Edgar Allan Poe
Judith Rakers	Molière
Mary Roos	Helmut Schmidt
Maria Schell	Michael Schumacher
Silvia von Schweden	Frank-Walter Steinmeier
Maggie Smith	Rod Stewart
Katharina Thalbach	J. R. R. Tolkien
Greta Thunberg	Denzel Washington
Caterina Valente	Mao Zedong
Betty White	
Felicitas Woll	

WASSERMANN

21. JANUAR BIS 18. FEBRUAR

- **Visionäre Genialität**
- **Die Speerspitze der Evolution**
- **Humanisten im Dienst der einen Menschheit**

Die wichtigsten Merkmale der Wassermann-Frequenz

Tierkreiszeichen sind wie Tore, durch die ein Strom von kosmischen Energien umgewandelt wird in bestimmte Frequenzen, die wiederum auf uns Menschen unterschiedlich einwirken. Die wichtigsten Merkmale der Wassermann-Frequenz sind:

- Element: **Luft**
- Motivation: **Fix** (Impulse aufnehmen und formen)
- Exoterische Leitplaneten: **Uranus** und **Saturn** | Strahlen: **7** und **3**
- Esoterischer Leitplanet: **Jupiter** | Strahl: **2**
- Galaktischer Leitplanet: **Mond** | Strahl: **4**
- Sternensysteme: **Plejaden/Alcyone** und **Großer Bär**
- Duales Zeichen: **Löwe**
- Harmonisch unterstützt durch **Zwilling** und **Waage** (Element Luft)
- Herausgefordert durch **Löwe**, **Stier** und **Skorpion** auf dem fixen Kreuz
- Seelisch verwandt mit **Waage** und **Widder** (Uranus), **Steinbock** (Saturn), **Schütze**, **Fische** (Jupiter), **Jungfrau** (Jupiter, Mond) und **Krebs** (Mond)
- Entspricht im Lebensraum: **Haus 11**
- Strahl: **7** – Magie & Ordnung
- Strahl: **2** – Liebe & Weisheit
- Strahl: **4** – Harmonie durch Konflikt
- Meister: **Djwal Khul**, Meister der Kraft und Weisheit

Visionäre Genialität

Der Einfluss der Wassermann-Frequenz gewinnt mit jedem Jahrzehnt an Bedeutung und wird innerhalb des aktuellen Weltenjahres von etwa 25 800 Jahren immer mächtiger. Die Menschen, die in unserem

Welt-Team mit der Wassermann-Energie gesegnet sind, sind die galaktisch-schöpferische Vision in Person. Aktuell erhalten sie eine zusätzliche Wirkungskraft, da sie durch ihre geistige Empfänglichkeit und ihre visionären Gaben die neu hereinkommenden Impulse der kosmischen Einflüsse aufnehmen können, speziell in der Zeit von 2023 bis 2044 mit Pluto in Wassermann. Sie empfangen permanent Informationen aus der »Zukunft« und wissen auch, warum. Ihnen obliegt die Aufgabe, durch neue Ideen und Erfindungen bisherige Weltanschauungen zu zerbrechen und so die Gesellschaft in ihren Grundsätzen und Gewohnheiten zu reformieren. Sie ziehen eine Stärke des Geistes zu uns heran, die dem weltlichen Denken noch unbekannt ist, und erschaffen viele neue Möglichkeiten und Rahmenbedingungen, die der Weltgemeinschaft helfen, sich freier zum Ausdruck zu bringen und in der Evolution weiterzukommen. Da Wassermann ein Luftzeichen ist, kann ihr Einfluss überall wirken und alles beeinflussen. So wird die Weltbevölkerung mit neuen Ideen experimentieren können, um ihr Verständnis zu vertiefen und ihr Bewusstsein weiterzuentwickeln, sodass sich die bisherige Schwere in Luft auflöst und eine Kultur der Leichtigkeit entsteht. Mit der zunehmend stärker werdenden Wassermann-Frequenz wird eine experimentelle Gemeinschaft entstehen, die viel besser funktioniert als die Gesellschaft, in der wir zurzeit leben.

Es sind die Gaben der visionären Genialität und des Erfassens von einzigartigen, visionären Bildern einer sinnvollen Zukunft, welche die Wassermann-Menschen ständig nach vielfältigen neuen Möglichkeiten suchen lassen, um die jetzigen Lebensumstände zu optimieren und mit großem Engagement für eine bessere Welt zu revolutionieren. Unter dem Einfluss des esoterischen Leitplaneten Jupiter dient ihr Bestreben immer der Wohltätigkeit und dem Wohle des Ganzen. Dabei erscheinen ihre Ansätze oftmals unkonventionell und extrem, denn es handelt sich um Informationen, die noch niemand zuvor gedacht hat und die auch alles Außerirdische miteinbeziehen. Deshalb werden sie trotz ihrer Herzwärme meist als exzentrisch oder weltfremd – im wahrsten Sinne des Wortes – angesehen und erhalten zuweilen Kritik als Querköpfe, weil die Durchschnittsweltbürger sie einfach noch nicht verstehen. Aber kein anderes Zeichen steht unter dem Einfluss der beiden exoterischen Leitplaneten Saturn und Uranus, die auch noch auf den höheren Frequenzen durch eine Energielinie in direkter Verbindung mit Alcyone stehen, einem Stern aus dem System der Plejaden. Alcyone wird auch der »Stern der höheren Intelligenz« genannt. Manche nennen ihn auch die »zentrale Geistsonne«, deren Informationen über eine Kraftlinie in die Wassermann-Frequenz einfließen und nur intuitiv und telepathisch erfasst werden können, meist in Form von Geistesblitzen, sobald die mentale Verschmutzung ihren Einfluss verloren hat.

Genau diese Kombination macht die Wassermann-Menschen so genial: Als ausgeprägte Individuen denken sie in ihrer kosmischen Rückverbindung »out of the box« (Uranus) und haben zusätzlich die Fähigkeit, das Geistige praktisch und verantwortungsbewusst in Umsetzung zu bringen (Saturn). Sie folgen ihrer angeborenen spontanen Aktivität, was sich in einem Drang nach immer besseren Gelegenheiten zeigt. Sie konzentrieren sich auf die Welt der Ursachen, denn sie wissen, dass die äußere Welt der Wirkungen nicht die Wahrheit ist, sondern immer nur Hinweise liefert. Diese Annäherung geht immer weiter, bis ein Kontinuum beider Welten entsteht, das wir multidimensionales Bewusstsein nennen. Diese Menschen ziehen magnetisch Energien an, die von einer höher schwingenden, dynamischeren Ebene kommen. Dabei sind sie sensitiv genug, um auf diese kosmische Dynamik antworten zu können, indem sie die höhere kosmische Komplexität, die alle Galaxien, unseren Heimatplaneten, unsere Visionen und Ideen gestaltet, in die geringere Komplexität auf Planet Erde einfließen lassen, sodass optimale Verbindungen entstehen. Da sie systemisch denken und handeln, erkennen sie die faszinierende Vernetztheit des gesamten irdischen Prozesses und wissen wie niemand anderes, dass alles mit allem verbunden ist. Sie wissen, dass Makrokosmos und Mikrokosmos in jedem einzelnen Ereignis des gesamten Systems von Sein und Lebens synchron miteinander kommunizieren und dass sich jede Instabilität innerhalb des Systems auf das ganze System auswirkt. Diese mächtige Synchronizität zwischen Geist (Uranus) und Materie (Saturn) wird im Symbol des Wassermann-Zeichens dargestellt. Es zeigt zwei übereinander liegende Wellen, wobei die obere Welle das Geistige und die untere Welle das Materielle darstellt – mit gegenseitiger Rückwirkung, was immer zur Synthese von beidem führt. Diesen Vorgang nennen wir Bewusstwerdung und es ist das Hauptziel der Evolution.

So werden die Wassermann-Menschen zu evolutionären Vordenkern und bilden die geistige Elite der Menschheit, denn sie sind in den höheren Sphären des Geistes ganz einfach zu Hause. Dort haben sie aber nicht nur Freunde. Die schärfste Kritik kommt meist von denjenigen, die sich selbst aus geistigem Hochmut einer Elite zugehörig fühlen, aber »nur« intellektuell und nicht intuitiv-visionär veranlagt sind. Von anderen wiederum werden die Wassermann-Vordenker in ihrer Brillanz erkannt und als Genie bezeichnet, bis ihre Visionen und Erfindungen ins Allgemeinwissen einsickern – und dann sind sie die Helden. Mahatma Gandhi fasste die Situation solch geistig inspirierter Personen zusammen:

»Erst ignorieren sie dich,
dann lachen sie über dich,
dann bekämpfen sie dich
und am Ende gewinnst du.«

Die Speerspitze der Evolution

Hochschwingende Wassermann-Menschen sind die evolutionären Wegbereiter unserer Gesellschaft und bilden die Speerspitze der Evolution. Da echte Intuition immer zu 100 Prozent unpersönlich ist, sind ihre Wahrnehmungen zweifelsfrei, multidimensional und kristallklar. So können sie revolutionäre und zukunftsfähige Konzepte von langfristiger Tragkraft entwickeln. Ihnen ist bewusst, dass wir alle ständig einem Ansturm vieler Kräfte ausgesetzt sind, denn das ganze Universum ist ein Ausdruck des einen Bewusstseins, das sich auf unterschiedliche Weisen ausdrückt. Ihnen ist ebenso bewusst, dass sich eine ganze Spezies beschränkt hat. Deswegen sorgen sie für die Zirkulation von geistiger Lebensenergie, um das Bewusstsein der Menschheit weltweit anzuheben, und werden zu weisen Verteilern von spiritueller Energie. Ihr größtes Bestreben ist es, die Neue Zeit zu manifestieren, indem sie uns Menschen lehren, eine kleine Zelle in einem gigantischen Ganzen zu sein und unsere Verantwortung zum Wohle des Ganzen wahrzunehmen. Mit viel Hingabe entsteht dann unter den Gleichgesinnten eine neue Selbstverständlichkeit, sich für Aufgaben zu engagieren, die der Entwicklung der Gruppe und der Evolution dienen, ganz im Wissen, dass das Ganze mehr ist als nur die Summe seiner Einzelteile. Dies geschieht aber nicht aus falscher Solidarität, sondern bewusst und freiwillig.

Als geistige Führer und Weltlehrer haben die Wassermann-Inspirierten die meisterhafte Disziplinierung ihres Geistes gelernt und beschenken die Welt mit großen wissenschaftlichen, technischen, psychologischen oder künstlerischen Erfindungen und Entdeckungen. Oft sind sie es, die hinter den Mächtigen dieser Welt stehen und diese gedanklich oder beratend zum Wohle des Ganzen stärken, immer inspiriert durch eine tiefe moralische und universale Verankerung. Die Beschäftigung mit persönlichen Anliegen, die ihnen kostbare Zeit wegnehmen könnte, ist so gut wie gar nicht mehr von Bedeutung. Stattdessen ist ihr Lebensinhalt genährt durch eine Vision der Menschlichkeit und durch das Wissen um einen großen universellen Plan. Ihre Erfüllung liegt in einem Engagement für universelle und ethisch-humanitäre Aufgaben, die in gesunden Teams und schnell funktionierenden Netzwerken von Gleichgesinnten umgesetzt werden. Und wenn sie erkennen, dass sie in einem System gefangen sind, erschaffen sie neue Organisationsstrukturen oder Parallelsysteme. Sie beherrschen den kosmischen Rhythmus, das richtige spirituelle Timing und das richtige Maß zwischen ihrem genialen Geist und der trägen Materie und machen den Weg frei für das Neue, egal wie. So werden sie zu Wegweisenden der Menschheit, da sie ihre Aufgabe auf Planet Erde kennen: die Umgestaltung der Welt.

Wassermann-Menschen sind immer auf die Zukunft ausgerichtet und beschleunigen die Evolution in einer unvorstellbaren Geschwindigkeit. Eines der markantesten Werkzeuge dieser schnell zirkulierenden geistigen Energie ist das Internet. Es konnte nur entstehen, da unser menschliches Inner-Net es erschaffen konnte. Parallel zur Geburt des World Wide Web kamen 1991/92 auch die Digital Natives auf diese Welt, deren Bewusstsein den Samen für die nächsten fünfhundert Jahre trägt. Diese Generation des neuen Jahrtausends zeigt uns, dass wir Menschen zu viel mehr fähig sind, sobald die Vernetzung unserer Synapsen in vollem Ausmaß aktiv ist und das Bewusstsein auf ihnen surfen kann. Die Bandbreite der Virtuosität ist in der neuen »flüssigen« Welt gigantisch.

Darauf aufbauend entstehen mit dem Quanten-Internet und der Blockchain-Technologie völlig neue Sprachen. Es werden verschränkte Lichtzustände erzeugt, die Informationen wieder auf völlig neue Weise beeinflussen. Es entstehen Smart Citys, digitale Gesellschaften zum Nutzen aller und neue weltweite Verteilernetzwerke. Es wird lokal produziert und nur noch Know-how transportiert, ohne unseren Planeten zu verletzen. Die künstliche Intelligenz wird dabei ein ganz natürlicher Teil der neuen lebendigen Organismen. Zukunftsbehörden, Cyber-Security und Digital-Ethiker halten alles im Gleichgewicht, speziell, wenn es um Genomsequenzierung, Biohacking, das Klonen von Menschen und ähnliche Experimente geht. Der Kontakt mit höheren Frequenzen, die außerhalb des Planeten Erde leben, ist in der Neuen Welt ganz normal, und so wirken die extremen Ideen der Wassermann-Menschen oft befremdend oder gar schockierend. Aber weil sie mit der Rolle des schwarzen Schafes ganz gut umgehen können und sie auch nutzen, fällt es ihnen für gewöhnlich leicht, die notwendigen Gruppenprozesse in Gang zu bringen und die Evolution zu beschleunigen. In den Gruppen und Communitys der Neuen Zeit bleiben die geistige Unabhängigkeit und die Toleranz gegenüber den Individuen immer gewahrt. Dadurch, dass sich alle Gleichgesinnten gegenseitig respektieren, würdigen und wertschätzen und auch dem Kosmos in einer neuen Art begegnen, wird es möglich, neue höhere Kulturen zu entwickeln. Auch wenn dies jetzt vielleicht noch utopisch klingen mag – möglich ist es. Denn es ist die Grundschwingung der höheren Wassermann-Frequenz.

Humanisten im Dienst der einen Menschheit

Wir alle sind mindestens zu einem Zwölftel gesegnet mit der Wassermann-Frequenz. Aber speziell Menschen mit Planeten, Hauptachsen oder Mondknoten, die als Brennpunkte dieser Wassermann-Energie wirken, werden zu Trägern der Re-Orientierung des Miteinander. Ihr Mantra ist das Höhere Wir, geführt durch ethische Prinzipien, die sich an den universellen Gesetzmäßigkeiten ausrichten. Sie bewegen sich in Teams an den Rändern der Organisationen, die permanent am Puls der Zeit sind und sich fragen: Wie wollen wir uns ausrichten? Durch ihre genialen visionären Fähigkeiten, ihr einzigartiges Vorstellungsvermögen sowie ihre unparteiische und offene Lebenshaltung sind sie die geborenen Humanisten, Künstler und Wissenschaftler der Neuen Zeit und fördern die Kraft der Gemeinschaft im Dienst der einen Menschheit. Sie wissen: Niemand ist gleich. Und doch sind wir alle gleich vor Gott. Aber unterschiedlich im Ausdruck. Dies ist die Vielfalt der Schöpfung und das Individuelle im Gemeinsamen, jenseits der Spaltung durch Rasse, Religion, Hautfarbe, Alter, Bildung oder Geschlecht. Hier beginnt das Bewusstsein des überpersönlichen Miteinanders durch die Aufhebung der Polarität. Hier dienen alle dem Ganzen, jeder individuell auf seine ganz persönliche Art, ohne Angst vor Andersartigen. Alle erkennen, was sie wirklich zu tun haben. Und alle können sich innerhalb der kosmischen Gesetzmäßigkeiten verwirklichen, ohne dass dabei die gemeinsame verbindende Einheit verloren geht. In diesen Teams, die von Ethik, universaler Moral, Fairness und Menschlichkeit geprägt sind, gibt es keine Konkurrenz, da sich alle ihrer Aufgaben und Fähigkeiten bewusst sind, immer das übergeordnete Ziel als zentralen Punkt verfolgen – und dabei auch noch Spaß haben. Wassermann-Menschen leben eine ethisch-moralische Beziehung zum Universum. Ihre Gründe, in der Welt zu sein, sind vollkommen andere als die des Durchschnittsbürgers. Sie sind nicht in der Welt als Konsumenten und verschwenden keine Zeit mit Nebensächlichkeiten, militärischen Muskelspielen oder Gockelverhalten in einer alles zerstörenden Wegwerfgesellschaft. Nein, sie erschaffen eine neue humanistische Welt. Sie fördern eine enorme kulturelle Weiterentwicklung, indem sie uns lehren, dass wir selbst es sind, die in diese größere Ethik hineinwachsen und durch unsere tiefe Beziehung zum Universum selbst zu diesem evolutionären Impuls werden.

Hinzu kommt das Privileg, dass wir unter allen Menschen, die bisher gelebt haben, unter den günstigsten Umständen geboren wurden und sozusagen eine uns innewohnende moralische Verpflichtung als ethische Maxime mitbekommen haben. So wird jedes Engagement durch humanistische und moralische Zukunftsmodelle geprägt, die zu mehr

Freiheit in der Einheit führen. Für diesen Weg sind die Unterschiede, die wir in den Kulturen haben, sehr gesund. Jeder nimmt einen anderen Aspekt wahr, sodass im Laufe der Zeit eine Weltkultur entsteht, die viele Sprachen spricht. In dieser alles umarmenden kosmischen Geschichte wird dann jede Tradition über die Maßen aufblühen, wenn sie mit den anderen in fruchtbare Interaktion tritt.

Erleuchtete Gruppen werden eine wichtige Funktion bei der Entfaltung der Neuen Welt haben. Sobald die Mitglieder einer spirituell ausgerichteten Community ihre Frequenzen synchronisiert haben, können sie eine Sogwirkung für das Bewusstsein herstellen und damit den Wandel beschleunigen.

Je mehr wir uns von der Lebendigkeit der Quelle entfernen, ...

... desto mehr wird diese Genialität im niedersten Aspekt für das kleine Ich eingesetzt, sodass ein absonderndes Denken einsetzt, erschaffen durch das kulturell konditionierte Unwissen. Wird diese gigantisch schnelle Luftenergie als Hemmung gelebt, ist das Gefühl für das Selbst nicht besonders verankert, was zu einer großen Zerstreuung führt. Das Zentrum der Persönlichkeit ist sehr schwach und hat wenig Eigenbewusstheit und Zusammenhalt, sodass diese Menschen nicht fähig sind, Prioritäten zu setzen. Sie bringen nichts Neues in die Welt und vermehren nur den toten Ballast von gestern. Sie spielen den Clown, der sich eine lustige Maske aufsetzt und sich selbst dahinter versteckt. Sie bleiben lieber Einzelgänger, als dass sie sich mit jemandem unter ihrem Niveau einlassen würden.

Oft sind sie geistig brillant, aber praktisch vollkommen unbegabt. Das macht sie sehr sprunghaft und chaotisch, teilweise elitär und vor allem distanziert. So kommt es, dass sie sehr willkürlich sind in der Wahl ihrer Partner und Ziele. Diese Oberflächlichkeit kann manchmal als ein Gefühl von innerer Freiheit wahrgenommen werden. In

Wirklichkeit ist aber kein profundes Persönlichkeitszentrum vorhanden. So ist auch ihre Risikobereitschaft, Gefühle zu zeigen, sehr gering. Sie bleiben emotional auf Distanz und wirken oftmals kühl. Ihr Wohlbehagen wird in einer Art Losgelöstheit von allem gesucht, sodass sie in mancherlei Hinsicht weltfremd wirken, was das normale Alltagsleben betrifft, und nichts richtig hinbekommen. Sie sind eher geprägt von einer luftigen Gedankenlosigkeit anstatt von innerer Beschäftigung mit dem Leben. Sie schweben gern in weltverbessernden Theorien des Geistes, haben aber »zwei linke Hände«, wenn es an die Umsetzung geht. Auch schließen sie sich gern Sekten an, da sie sich selbst als Individuum noch nicht kennen. Sie huldigen gern einem Guru, identifizieren sich mit einer Gruppe von Gleichgesinnten und verschmelzen am liebsten mit dieser unbewussten Masse, im Sinne von: »Wir gegen den Rest der Welt.« Die Gefahr liegt darin, dass sie sich gedanklich nur im Kreis drehen und denken, denken, denken, wobei die Grenze zur Geisteskrankheit sehr dünn werden kann.
Wird die Wassermann-Energie auf der anderen Seite in ihren niedersten und am wenigsten wünschenswerten Aspekten als Kompensation gelebt, werden diese Menschen absolut unberechenbar und schweben zwischen Genie und Wahnsinn. Sie sehen sich gern als Außenseiter und lieben das Schockieren. Dabei nimmt ihr Verhalten gegenüber Andersdenkenden oder weniger intelligenten Menschen eine übermäßige Arroganz an. Sie sind abgehoben, herablassend und fühlen sich in ihrem pathologischen Narzissmus unübertreffbar besonders. Sie verstehen die Systeme und sind dermaßen an deren Profiten interessiert oder so abhängig von der Gunst der Systeme, dass aus ihren Reihen nie eine Opposition hervorgehen wird. Sie sorgen geschickt für die Privatisierung der Gewinne und die Sozialisierung der Verluste und sind fest eingebunden in ihre kleine, eingeschworene, sich elitär fühlende Gruppe. Wenn die »falschen« Menschen die richtigen Methoden anwenden, können sie weltweit Angst erzeugen, den Online-

Pranger einsetzen und die Massenmenschen als willenlose Materialisten unten halten, sodass diese geistig unfähig bleiben und ohne Murren die ganze soziale Last tragen, vielleicht sogar ohne je Verdacht zu schöpfen, dass das System gegen sie arbeitet.
Ihre Weltfremdheit und ihr Hang zu geistigem Hochmut mündet oft aber auch in einer störenden Spontaneität. Sie organisieren sich als Querulanten und Rebellen, die mit allen ihnen zur Verfügung stehenden Mitteln das System sprengen wollen. Auf der Straße rotten sie sich mit Gleichgesinnten zusammen und setzen sogar Waffen ein, um jede Form von Hierarchie als Form der Unterdrückung von Freiheit auszuschalten. Dies führt im Extremfall zum Anarchismus.
Von den geistig intellektuell abgespaltenen Gruppierungen wird die Weltherrschaft angestrebt, indem sie beginnen, die »nutzlose Masse« zum Beispiel durch Algorithmen zu verfolgen und sie zu geistigen Sklaven zu machen. Diese Menschen haben sich so weit von der Liebe entfernt, dass sie sich in ihre eigenen wahnhaften Ideen verlieben und sich in den Stand der Götter erheben im festen Glauben, Gutes zu tun. Und diese Götter werden für andere zu Idolen. Wenn dies geschieht, verstärken sie ihre krankhaften Züge, verlieren den Kontakt zu den Menschen außerhalb ihres gedanklichen Stacheldrahtzaunes und überschreiten so lange ethische Grenzen, bis sich entweder das Volk gegen sie erhebt und sie davonjagt oder die kosmischen Gesetze greifen und ihr fehlgeleitetes Imperium ganz natürlich zerbricht. Jede Diktatur fällt, wenn die Leute nicht mehr gehorchen. Im besten Fall erwachen diese vermeintlichen Herrscher jetzt.

Der Weg zurück zum vollen Potenzial …

… kann dann beginnen, wenn die duale Energie erkannt und integriert wird. Im Fall von Wassermann ist es die Energie der Löwe-Frequenz. Mit aufziehender Krise beginnen die niederschwingenden

Wassermann-Menschen, die Löwe-Kräfte gezielter einzusetzen. Eine der größten Herausforderungen ist es dann für sie, sich immer wieder zu zentrieren, die Identifikation mit ihrer elitären Gruppe abzulegen und eine eigene Identität mit einem eigenen Selbstbewusstsein aufzubauen. Durch ein klares Gefühl für ihr Selbst verlieren sie sich nicht mehr in der Gruppe und ziehen sich nicht mehr elitär zurück. In dieser Phase erkennen die Wassermann-Menschen das erste Mal, dass sie ohne die anderen nichts erreichen können und die Gemeinschaft zwingend brauchen, um sich als Mensch zu vervollkommnen. Sie erkennen ihre Verantwortung gegenüber der Gruppe und gegenüber der Welt.

Es mag ein harter Weg für sie sein, aber der Weg zur vollständigen Entfaltung beginnt, indem sie vom Elfenbeinturm herabsteigen und sich zu einer humanitären Persönlichkeit entwickeln. Dann erkennen sie die Leiden dieser Welt und versuchen, soziale Konzepte, künstlerische, computertechnische oder gesellschaftliche Projekte zu initiieren, die der Menschheit und der Evolution dienen. So werden sie zu sozial progressiven Ideenlieferanten und Reformern für eine bessere Zukunft. Dabei schaffen sie es immer wieder, andere für eine gemeinsame Idee oder Vision zu begeistern und dank ihrer natürlichen Gabe der Vernetzung alle zusammenzuschließen. In den von ihnen gegründeten Communitys halten sie sich gegenseitig innerhalb bestimmter Grenzen, indem die Stärken jedes Einzelnen so eingesetzt werden, dass die ganze Gemeinschaft davon profitiert.

An einem bestimmten Punkt der Entwicklung erkennen sie in tiefer Rückverbundenheit mit dem Kosmos, dass auch sie ganz gewöhnliche Menschen sind. Außergewöhnlich an ihnen ist nur das, was durch sie in die Welt kommt. Die Essenz des Menschseins aber haben sie mit allen anderen gemeinsam. Es ist die Liebe in ihnen, die nun erwacht und ihr Herz öffnet. Wenn dieser »magic moment« zündet, sind sie mit ganzem Herzen bereit, in unserer durch und durch vernetzten

Welt die vielen kreativen Möglichkeiten des Lebens zu nutzen und mit ihnen zu spielen als Grundpfeiler einer neuen Ethik. Dabei übernehmen sie nun auch die große Verantwortung für ihre zukunftsweisenden Entscheidungen, die immer die vielen beeinflussen können – im Dienste des Guten.

Laserpointer zur integrierten Energie in Wassermann und/oder im 11. Haus

Sonne:	Visionäre der Neuen Zeit
Mond:	Freude am Netzwerken
Merkur:	Abstraktes vernetztes Denken
Venus:	Toleranz mit hohem Anspruch
Lilith:	Bahnbrechende Wahrnehmungsfähigkeit
Mars:	Unkonventionelles Handeln
Jupiter:	Das Wohlergehen aller
Saturn:	Die Seele der Gruppe
Chiron:	Achtsamer Umgang mit Freunden und in Gruppen
Neptun:	Hohes soziales Engagement
Uranus:	Visionäres Genie
Pluto:	Zerschlagen aller lebensfeindlichen Absichten

Inspirationen

- Nichts im gesamten Universum geschieht jemals zufällig.
- Im größeren Bild macht alles plötzlich Sinn.
- Deine Bestimmung ist immer Teil der Bestimmung des Universums.
- Wie viele Daten willst du teilen?
- Das Universum ist kein Routineprogramm, sondern in jedem Moment neu, bunt und wunderschön. So wie du.

- Bist du bereit, dem gigantischen Ganzen beizutreten und gemeinsam Fortschritte zu machen?
- Der Vorteil des einen wird zum Vorteil des anderen.
- Wenn du deiner Seele folgst, dann kommen die Dinge zusammen, anstatt auseinanderzufallen, und es treten Leute in dein Leben, die dir helfen, anstatt dich zu behindern.
- Pflege dein spirituelles Wachstum.
- Je universeller dein Blick wird, desto weniger hast du das Bedürfnis zu urteilen.
- Schön, dass du da bist. Ohne dich wäre das Universum unvollständig.
- Lass die universelle Unbegrenztheit in deine menschliche Begrenztheit fließen.
- Wir leben alle auf unterschiedlichen Wegen, die uns miteinander verbinden.
- Je universeller dein Blick wird, desto weniger hast du das Bedürfnis zu urteilen.
- Gemeinsam erinnern wir uns wieder, wer wir sind, und vergessen, wer wir nicht sind.
- Wir sind viele!

Wassermann: Leitbegriffe für die Entwicklung des höheren Potenzials

Niedere Aspekte des Egos	Im Erwachen	Höhere Aspekte der Seele
Zerstreut	Ursachenorientiert	Dienstorientiert
Wahllos	Ausgerichtet	Anspornende Vision
Egozentrisch	Humanitär	Planetarisch
Persönlich	Unpersönlich	Transpersonal
Distanziert	Organisiert	Vereinigend
Reflektierend	Einfallsreich	Schöpfer neuer Archetypen
Oberflächlich	Expansiv	Universal
Anarchist	Revolutionär	Kenner des Plans
Chaotische Bewegung	Absichtsvolle Bewegung	Zyklische Bewegung
Arrogant	Emotionale Öffnung	Narrenfreiheit
Geistiger Stolz	Beginn der Selbstzentrierung	Geistige Genialität
Außenseiter	Schulung der Begabungen	Begeisterung für gemeinsame Ideen
Bruch aller Vereinbarungen	Verantwortung	Weiser Menschenlenker
Weltverbesserer	Weltbedürfnisse	Visionäre Erfindungen

Dualität Wassermann – Löwe

Die Vervollkommnung gelingt durch die Integration der dualen Frequenz. Beim Wassermann ist das die Frequenz des Löwen.

Wassermann | Luft	Löwe | Feuer
Eigenwillig künstlerisch	Schwungvoll kreativ
Rebellischer Visionär	Künstler
Theoretisch innovativ	Praktisch innovativ
Schnell und überraschend	Souverän und kompetent
Taktische Klugheit	Große Gesten
Strategisch durchdacht und tolerant	Siegessicher und dominant
Motivierbar durch geistige Impulse und humanitäre Aufgaben	Motivierbar durch Anerkennung und Lob
Ist im Team gern unter Gleichgesinnten	Hat im Team das Sagen
Das Team ist der Mittelpunkt	Steht gern im Mittelpunkt
Wir unter uns	Ich auf der Bühne
Teamworker	Führungspersönlichkeit
Liebt Vernetzungen	Liebt das Repräsentieren
Innovativ schöpferisch	Kreativ schöpferisch
Schnell und intuitiv im Denken	Kreativ im Denken
Aktive höhere Intelligenz	Herz-Liebe
Stark auf der Denkebene	Stark auf der Herzebene
Eher distanziert	Voller Herzwärme
Freude, den Zeitgeist zu prägen	Freude zu führen
Gruppenbewusstsein	Selbstbewusstsein
Archetyp Humanist	Archetyp König

Geboren im Zeichen Wassermann

Bekannte Frauen	Bekannte Männer
Jennifer Aniston	Dieter Bohlen
Beatrix	Bertolt Brecht
Andrea Berg	Phil Collins
Dagmar Berghoff	Charles Darwin
Katharina von Bora	James Dean
Heidi Brühl	Charles Dickens
Colette	Thomas Alva Edison
Olivia Colman	Ludwig Erhard
Ellen DeGeneres	Falco
Malu Dreyer	Friedrich der Große
Zsa Zsa Gabor	Galileo Galilei
Petra Gerster	Joachim Gauck
Elke Heidenreich	H. R. Giger
Paris Hilton	Gerald Hüther
Nastassja Kinski	Boris Jelzin
Elke Lasker-Schüler	Michael Jordan
Maria I.	Nikolaus Kopernikus
Michelle	Gotthold Ephraim Lessing
Wencke Myhre	Abraham Lincoln
Magdalena Neuner	Charles Lindbergh
Kim Novak	Bob Marley
Yoko Ono	Wolfgang Amadeus Mozart
Rosa Parks	Grigori Rasputin
Minh-Kai Phan-Thi	Ronald Reagan
Vanessa Redgrave	Cristiano Ronaldo
Shakira	Franklin D. Roosevelt
Hella von Sinnen	Franz Schubert
Rita Süßmuth	Harry Styles
Oprah Winfrey	Eckhart Tolle
Virginia Woolf	Jules Verne

FISCHE

19. FEBRUAR BIS 20. MÄRZ

- Unpersönlicher Kanal für das Göttliche
- Schöpferische Leerheit durch absolutes Urvertrauen
- Träger des überirdischen Lichts

Die wichtigsten Merkmale der Fische-Frequenz

Tierkreiszeichen sind wie Tore, durch die ein Strom von kosmischen Energien umgewandelt wird in bestimmte Frequenzen, die wiederum auf uns Menschen unterschiedlich einwirken. Die wichtigsten Merkmale der Fische-Frequenz sind:

- Element: **Wasser**
- Motivation: **Veränderlich** (dabei sein und vollenden)
- Exoterischer Leitplaneten: **Jupiter** und **Neptun** | Strahlen: **2** und **6**
- Esoterischer Leitplanet: **Pluto** | Strahl: **1**
- Galaktischer Leitplanet: **Pluto** | Strahl: **1**
- Übergeordneter Einfluss: **Anima Mundi**
- Duales Zeichen: **Jungfrau**
- Harmonisch unterstützt durch **Krebs** und **Skorpion** (Element Wasser)
- Herausgefordert durch **Zwilling**, **Jungfrau** und **Schütze** auf dem veränderlichen Kreuz
- Seelisch verwandt mit **Schütze**, **Jungfrau** und **Wassermann** (Jupiter), **Krebs** (Neptun) und **Skorpion** (Pluto)
- Entspricht im Lebensraum: **Haus 12**
- Strahl: **2** – Liebe & Weisheit
- Strahl: **6** – Hingabe & Idealismus
- Meisterin: **Maria Magdalena**, Meisterin der Eigenliebe

Unpersönlicher Kanal für das Göttliche

Es gibt Menschen, bei denen man das Gefühl hat, sie seien nicht von dieser Welt, da sie die Aura einer vollendeten Einzelseele ausstrahlen und von purer göttlicher Liebe erfüllt sind. Agape nennen wir diese von Gott inspirierte uneigennützige Liebe, die sich durch eine Glückseligkeit auszeichnet, die nicht an Äußerlichkeiten gebunden ist. Die

Menschen, die im Welt-Team die Fische-Frequenz verkörpern, inspirieren ihr Umfeld als Quelle der Vollendung. In ihrer Gegenwart sind die Felder der Kreativität vollkommen offen, denn sie wirken als Instrumente des Göttlichen und erzeugen ein immer größer ausstrahlendes, reines, heiles und heilendes Energiefeld des Friedens. Unter dem Einfluss des exoterischen Leitplaneten Neptun konzentrieren sie sich hierbei immer auf die Menschheit als Ganzes und auf die göttliche Quelle, die von ihnen als fundamental positiv erfahren wird. Mit Hingabe verkörpern sie den Himmel auf Erden und ihr Einfluss ist grenzenlos.

Im Tierkreis vereint die Fische-Frequenz Ursprung und Ziel und wird dadurch zum Zeichen der Erlösung. Menschen, die mit dieser Frequenz gesegnet sind, verkörpern das Erlösungsprinzip Christi und wirken durch reines Mitgefühl als unpersönlicher Kanal für das Göttliche. Sie kennen ihre machtvolle Rolle innerhalb des Universums, denn ihr esoterischer und galaktischer Leitplanet ist Pluto, dessen Energie immer direkt ins innerste Wesenszentrum führt und auf allen Ebenen alles Hinderliche an die Oberfläche bringt, um es dann zu zerstören. So nehmen die Fische-Menschen viele Opfer auf sich. Mithilfe ihrer hoch entwickelten sensitiven Fähigkeiten und getragen durch ein unerschütterliches Vertrauen in eine höhere Macht erlösen sie andere Menschen von deren Illusion der Getrenntheit. Im Zustand der Präsenz nehmen sie in allumfassender Liebe uneingeschränkt alles in sich auf und verschmelzen Seele und Form, indem sie eine Energie kanalisieren, die immer den Tod des Egos zur Folge hat und die Seele zum Vorschein bringt. Dabei erzeugen sie eine liebevolle Ausstrahlung, durch die andere Menschen großes Vertrauen finden und beginnen, das Dunkle als nicht mehr lebenswert zu empfinden und sich dem Licht zu wenden. So werden die Fische-Menschen in der höchsten Formvollendung zu Friedensbringern und Welterlösern. Ihre Liebe ist stärker als jedes Hindernis.

In wundersamer Weise fließen auf der Fische-Frequenz Ende und Anfang zusammen. Dies sehen wir im Tierkreis an der Stelle, wo sich das letzte Zeichen Fische und das erste Zeichen Widder berühren. Beide Zeichen sind verbunden durch die kosmische Spalte, jenen Nullpunkt im Tierkreis, in dem sich Ende und Anfang treffen. Hier ist der gesamte Plan der Schöpfung enthalten und wartet auf den Beginn. Hier ist das Feld der reinen Potenzialität. Noch ist alles unkonkret. Noch liegt vieles im Verborgenen, sodass wir hier dem Ungeformten begegnen: Altes löst sich auf und geht in den Kosmos zurück. Neues bereitet sich vor und kommt aus dem Kosmos herein. Hier nimmt der kosmische Moment Form an durch das Empfangen der vollkommenen Kommunikation zwischen den Welten. Fische-Menschen kennen das kosmische Zusammenspiel zwischen Stille und Aktivität. Sie wissen, dass vor der Schöpfung Schweigen und Konzentration herrschen, und würdigen die Lücke. Und dann wird aus der Stille heraus unter dem Einfluss des exoterischen Leitplaneten Jupiter jene magnetische Wirkkraft aktiv, die alles neu und besser zusammenführt und den Fluss der Spiritualität (reiner Geist) und der Liebe wiederbelebt.

So verschmelzen die Fische-Menschen Liebe und Denken miteinander und können sich ganz dem Einfluss der Weltenseele Anima Mundi hingeben, der inneren Verbindung zwischen allen Lebewesen, von der schon Plato schrieb. In seinem Spätwerk *Timaios* bezeichnete der Philosoph das Universum als ein mit Seele und Vernunft ausgestattetes lebendiges Lebewesen. Später wurde die Anima Mundi zu einem wichtigen Bestandteil der neuplatonischen Kosmologie und fand sich als Konzept des Weltgeistes in den Gedanken europäischer Philosophen wie Spinoza, Leibniz, Schelling, Hegel und Kant. Eines der wohl berühmtesten Zitate mit Bezug auf die Weltenseele stammt vom persischen Mystiker Rumi: »Jenseits der Idee von Gut und Böse liegt eine Wirklichkeit. Dort werde ich dich treffen.«

Schöpferische Leerheit durch absolutes Urvertrauen

Für die Fische-Menschen ist gemeinsames Menschsein verwurzelt in dem einen großen Leben, das wir mit allen teilen. Aus ihrem Weltbild kann niemand herausfallen – so wie meine Mutter immer sagte: »Alle kommen mit.« Ihre Allverbundenheit ist eine Herzqualität, die aus dem gemeinsamen Herzen der einen Menschheit in sie einschwingt. In jedem Moment können sie die Göttlichkeit aller fühlen, sowohl deren Weltfreude als auch deren Weltschmerz, was das Leben nicht unbedingt leichter macht, aber seinen Sinn hat. Oft sind sie begnadete Visionäre und große Seelen, die die Balance zwischen Innenschau und Evolution des Bewusstseins herstellen können. Ihr höchstes Ziel ist immer der Frieden, für den sie sich hingebungsvoll, ruhig und unerschrocken engagieren. So nehmen sie am Wohlergehen der Menschheit regen Anteil, indem sie heilend, mitfühlend, wohlwollend, verbindend, kreativ künstlerisch oder musikalisch aktiv sind. Konkurrenz existiert für sie nicht, weil für sie die gesamte Schöpfung eine Einheit bildet, in der es keine Trennung gibt.

Fische ist ein Wasser-Zeichen, ein Gefühlszeichen, und das Leben dieser Menschen ist beseelt durch ein unglaubliches Mitgefühl. Sie wissen, wie wichtig die spirituellen Dimensionen sind, und setzen sich ein für das, was dem Leben dient. Gelegentlich können sie auf harte Kritik stoßen, doch sie fühlen sich stets durch ihr hohes Ideal der Menschenliebe getragen und angespornt und lassen alle Störfaktoren einfach durch sich hindurchfließen.

Dabei müssen sie sich zyklisch immer wieder von allem zurückziehen, um gedanklich still zu werden und über das Denken hinauszugehen. Sie verbringen hierfür viel Zeit in der Natur, geben sich schöner Musik hin, meditieren in friedvoller Atmosphäre oder legen sich zwischendurch schlafen. In den altägyptischen Mysterientraditionen konnten sich die Aspiranten in der Stille des Tempelschlafs den zeitlosen Mythen anvertrauen. Diese besondere Form der Trancearbeit vermochte schon vielen Menschen die Pforten zu einer umfassenden Selbsterkenntnis erschließen. Rumi sagte: »Stille ist die Sprache Gottes. Alles andere ist schlechte Übersetzung.«

Hingabe an den steten Prozess des Neuwerdens ist der Schlüssel und die große Kunst. Fische-Menschen schöpfen aus der Leere und werden zu Wunderwirkenden.

Ein Wunder versetzt uns zwar immer in Staunen, aber es selbst tut nichts. Die einzige Voraussetzung für ein Wunder ist, den bestehenden Irrtum aufzuheben. Diese Menschen fügen also nichts hinzu, sondern nehmen dank ihrer sehenden Fähigkeiten einfach die Beeinträchtigungen weg. Sie öffnen den Schleier des Vergessens. Das eigentliche Wunder ist dann schlussendlich das freudige Gefühl, dass die Vergangenheit vorüber ist. Und was zu Ende ist, hat keine Wirkung mehr.
Meine Hebamme sagte damals während der Hausgeburt mit unserer Tochter: »Mit Wundern umzugehen, fällt heute schwer. Viele werdende Mütter sind verunsichert und trauen sich das Wunder nicht zu. Sie haben gelernt, dass alles machbar und planbar ist. Nun stehen sie plötzlich in einem Prozess, bei dem es darum geht, geschehen zu lassen. Vieles dabei ist ungewiss und einfach nicht steuerbar. Als Hebamme bestärke ich Frauen darin, sich auf das Unbekannte einzulassen und die Verantwortung für ihre Schwangerschaft und Geburt selbst zu übernehmen. Sonst kann es am Termin dazu kommen, dass die Mutter nicht wirklich gebärt, sondern von ihrem Kind entbunden wird.«
Fische-Menschen können geschehen lassen. Durch ihr absolutes Urvertrauen arbeiten sie engagiert, feinfühlig, fantasievoll und übernehmen die volle Verantwortung für ihr Tun. Als Seele unter den Menschen leben sie eine innere Stärke, die andere sehr beeindrucken kann. Sie führen ein gesegnetes Leben des Dienstes, immer erfüllt durch

ihre immense Liebe zur gesamten Schöpfung. Sie können nicht nur den Tod im Leben handhaben, sondern auch die Geburt im Tod erkennen. Sie wissen, dass Freude und Frieden die größten Feinde des Egos sind – und leben Freude und Frieden. Dabei gehen sie in Resonanz mit etwas Größerem. Sie stehen in Kontakt mit der höchsten spirituellen Realität und verlieren sich in Ehrfurcht und Staunen über das Majestätische dieser tiefen Schau, wodurch sie ruhig und unerschrocken werden. Bei kleinen Kindern sind diese Kanäle noch ganz offen, was in der Neuen Welt im Zusammenleben mit ihnen oberste Priorität haben wird.

Die wohl schönste Ausdrucksform auf der Fische-Frequenz ist die Kunst. Da es in der großen Leere nichts außer Potenzialität gibt, kann die kreative Beschäftigung mit diversen künstlerischen Kanälen derartig stark berühren, da sie über den trennenden Intellekt hinausgeht und uns vereint in der gemeinsamen Vision von der Heimat unserer Seele. Alle künstlerisch Tätigen ziehen ihre Kreationen aus dem archetypischen Reich und je nach Bewusstseinsgrad entstehen Werke der Zeitlosigkeit, die über den kulturellen Rahmen einer Epoche hinausreichen. Auch die Welt der Fantasie, der Sagen, Mythen, Märchen, Engel und der Medialität sind Kanäle der Fische-Frequenz. Hier sind die Farben strahlender und die Gefühle stärker. Hier besitzt das Leben eine erweiterte Qualität des Leuchtens und der Schönheit.

Die Leerheit, aus der die Natur und alle Künstler schöpfen, ist der nicht lokalisierbare Geist. Er ist nirgendwo und überall. Er ist die Stille zwischen den Gedanken. Es ist ein Zustand, der die Fische-Inspirierten derart sicher macht, dass sie von außen nicht mehr manipulierbar sind, weil sie »wissen«, sie sind geführt und gehalten von einer höheren, nicht weltlichen Macht. In den religiösen Traditionen wird diese alles beinhaltende Energie Gott genannt. Die Wissenschaft nennt sie Quantenvakuum oder das Reich reiner Potenzialität. In den indischen Upanischaden spricht man von Brahman, der Idee des Absoluten. Im westlichen Sprachgebrauch nennen wir es das Numinose, das Jetzt oder die alles beinhaltende Leere.

Wenn die Natur immer wieder aus dieser Leere eine Galaxie, einen Stern oder einen Gedanken kreiert, dann können wir das auch. Durch Meditation und die bewusste Lenkung unserer Aufmerksamkeit können wir jederzeit in diesen Zustand des Seins gehen und eine tiefe Beziehung zu unserem Selbst aufbauen. Wir können von dort Organe nachwachsen lassen. Wir können uns von dort auf den Lebensprozess und die Verwirklichung unseres höchsten Potenzials einlassen, da wir dort in Kontakt sind mit dem sich entwickelnden dynamischen Lebensimpuls und der Liebe zur Schöpfung. Hier schwingt alles miteinander in einem großen, pulsierenden Rhythmus – vom kleinsten Teilchen bis zur entferntesten Galaxie. Hier öffnet sich das gigantische Potenzial der Neuen Zeit, denn auch die modernen Wissenschaften sprechen genau vom Gleichen wie alle spirituellen Disziplinen: von der Verbundenheit auf der Basis von Schwingung und Klang. Der Astrophysiker Prof. Dr. Simon White vom Max-Planck-Institut nennt es gar ein kosmologisches Orchester (in der faszinierenden gleichnamigen Dokumentation) und schreibt: »Alles hat sich durch Musik aus Nichts entwickelt.«

Träger des überirdischen Lichts

Wir alle sind mindestens zu einem Zwölftel gesegnet mit der Fische-Frequenz. Aber speziell Menschen mit Planeten, Hauptachsen oder Mondknoten, die als Brennpunkte dieser Fische-Energie wirken, werden zu Trägern des überirdischen Lichts. Dieses Licht wird insbesondere durch den hoch spirituellen Akt der Vergebung aktiviert, der auf Mitgefühl basiert. Bedingungsloses Mitgefühl ist eine kraftvolle Geisteshaltung, die auf dem Weg in die Neue Zeit eine immer stärkere Rolle übernimmt und die Welt positiv verändert. Mitgefühl geht weit über Empathie und Mitleid hinaus, denn es kann das Leid aller mildern und wandeln. Mit tiefem Mitgefühl und gestärkt durch ihre innere plutonische Kraft begegnen die Fische-Welterlöser allem Übel im Wissen, dass es nur einen Übeltäter auf der Erde gibt, und das ist die menschliche Unbewusstheit. Durch wahre Vergebung helfen sie den anderen, den Kreislauf ihrer persönlichen Geschichte zu durchbrechen, sodass sich deren Opferidentität auflöst und die dahinter verborgene Kraft hervortreten kann. Anstatt zu klagen, bringen sie das Licht und richten alles neu aus, was vorher durcheinander war. So können sich aus dem Chaos heraus Innen- und Außenwelt in eine neue schönere Harmonie einschwingen. Dann ist die göttliche Ordnung wiederhergestellt und die Therapiestunden sind zu Ende. Dann ist alles gut.

Wer jedoch die Opferrolle aufrechterhält und nicht bewusst werden will, wird weiterhin unter den Folgen der eigenen Unbewusstheit leiden müssen. Denn wenn ein Mensch nicht bei Bewusstsein ist, wie kann er dann wissen, was er tut? Spätestens wenn er den Kreislauf des Leidens nicht mehr ertragen kann, beginnt er zu erwachen. Fische-Inspirierte können mit leidenden Menschen bis an den Rand des nicht Aushaltbaren gehen – und darüber hinaus, da sie wissen, dass eine ganze Spezies ihre Wahrnehmung begrenzt hat und den Weg nach Hause ins Licht sucht, den Weg des verlorenen Sohnes im Lukas-Evangelium. Nichts kann sie in ihrem göttlichen Frieden stören, da sie diesen göttlichen Frieden in sich tragen.

Diese innere Beziehung ist im Fische-Symbol dargestellt durch zwei Halbkreise, die durch eine gerade Linie verbunden sind. Einer der Halbkreise stellt das menschliche Bewusstsein dar, der andere das galaktische. Die verbindende Linie in der Mitte steht für die Regenbogenbrücke, die Antahkarana (Sanskrit), die Mensch und Kosmos verbindet und immer zu Frieden führt. Frieden in den Gedanken. Frieden in den Worten. Frieden im Handeln.

Je mehr wir uns von der Lebendigkeit der Quelle entfernen, …

… desto mehr wird die Hingabefähigkeit im niedersten Aspekt für das kleine Ich eingesetzt. Alle Erfahrungen dieser Fische-Menschen werden gewöhnlich über sehr starke Emotionen erlebt. Dabei sind sie speziell empfänglich, aber noch nicht imstande, die Ursachen und Ebenen dieser Empfänglichkeit zu unterscheiden. Sie nehmen alle Nuancen der Gefühle auf subtilste Art und Weise wahr. Die Astralebene ist weit offen und noch führungslos. So unterliegen sie ihrer eigenen Täuschung und beginnen, sich selbst zu belügen. Ihr Einfühlungsvermögen halten sie für Mitgefühl und ihre Medialität für spirituelles Verstehen.

Wird ihre Hochsensitivität als Hemmung gelebt, sind sie durch ihre Willenlosigkeit sehr schnell abhängig von anderen Menschen. Sie träumen von einer heilen Welt, verdrängen das Böse und merken immer erst zu spät, dass sie in ihrer undifferenzierten Gutgläubigkeit und unkritischen Haltung von anderen verführt und schamlos ausgenutzt werden. Unbewusst suchen sie die Opferrolle und bemitleiden sich selbst, was ihnen ein Gefühl von Wichtigkeit gibt.

Oftmals sind sie bequem bis feige, haben große Angst vor Verantwortung und verstehen es brillant, sich mit ihrer schauspielerischen Gabe irgendwie unauffällig durchs Leben zu schmuggeln. Als liebevoll auftretende Schmarotzer gelingt es ihnen, auf Kosten ihres Umfeldes oder des Staates zu leben und sich zum Beispiel als Mamas Liebling lange umsorgen zu lassen.

Ihre Welt ist die Welt der Träume, was oft der Realität entbehrt. Sie verschmelzen derart total mit der Musik oder mit den Energien ihrer Umgebung, dass sie anschließend Mühe haben, wieder in die Realität zurückzukommen. Meist führt dies zur Desorientierung und sie finden sich im Chaos wieder oder in einer Depression. Oft haben sie auch ein großes Bedürfnis nach Schlaf, wollen meist aber einfach nur in Ruhe gelassen werden. Ihre Sehnsucht nach der spirituellen

Heimat zeigt sich im Missbrauch von Alkohol, Drogen und Medikamenten. In ihrer spirituellen Verblendung werden sie von jenen religiösen Gruppen angezogen, die totalen Gehorsam fordern und in ihren Zeremonien sehr großen Wert auf Gefühlsbetontheit legen. Dies ist ein Aspekt von ungesunder Selbstaufopferung und geschieht vollkommen unbewusst. Eine der größten Herausforderungen für diese Fische-Menschen ist es, Selbstdisziplin zu lernen, anstatt allen Schwierigkeiten auszuweichen und vor der Welt zu flüchten.

Wird die Fische-Energie auf der anderen Seite in ihren niedersten und am wenigsten wünschenswerten Aspekten als Kompensation gelebt, kann es zum Messias-Komplex kommen. Wenn das kleine verschlossene Ich durch die Energie Plutos geflutet wird, kommt es zu Kontroll- und Machthunger. Sie beginnen, sich ohne irgendeine Grenze wahllos auszubreiten und ihre Umgebung zu beherrschen. Im festen Glauben, von Gott auserwählt zu sein, um die Welt zu retten, gehen sie mit einer extremen Härte vor und zeigen sich gefühlskalt. Sie haben sich so weit von ihrer wahren Natur entfernt, dass sie ihr Umfeld durch subtiles Hineinsickern in erstaunlichem Maße manipulieren und erbarmungslos kontrollieren. Geschieht dies über die digitalen Medien, sind ihrer Fantasie keine Grenzen gesetzt, um in ihrer Kontrollsucht im Namen Gottes die ganze Welt zu beherrschen. Dabei sind sie im tiefen Glauben, dass dies so richtig sei, und verpacken ihre selbstentfremdete Motivation als das Gute.

Besondere Achtsamkeit ihnen gegenüber ist geboten, wenn es um Medialität geht. Gewöhnliche Medien, speziell die Trance-Medien, sind ein hervorragendes Beispiel für die schlimmsten niederen Aspekte der Fische-Frequenz. Sie setzen ihre sensitiven Fähigkeiten gekonnt ein, um ihr Bedürfnis nach Macht über andere auszuleben, indem sie sie verführen. Dabei tarnen sie sich durch verständnisvolles Eingehen auf die Bedürfnisse der anderen, die ihnen blind vertrauen und so perfekt manipulierbar sind. Ihre Herrschsucht als Zeichen für ihren Mangel an Liebe geht so weit, bis sie in göttliche Ungnade fallen und die Realität sie einholt – sodass sie erwachen.

Der Weg zurück zum vollen Potenzial ...

... kann dann beginnen, wenn die duale Energie erkannt und integriert wird. Im Fall von Fische ist es die Energie der Jungfrau-Frequenz. Oft holt eine unausweichliche physische Erfahrung diese Menschen zurück in die Realität, vor der sie in solchen Phasen nicht mehr flüchten können. Wenn dann die ordnende und rhythmische Jungfrau-Energie in ihnen erwacht, geschieht eine echte Wandlung des Egos. Das Fließende, das ja zum Wesenskern der Fische-Natur gehört, bleibt erhalten, aber sie beginnen nun, ein Gefühl von Richtung zu entdecken, indem sie ein Gleichgewicht zwischen Ruhe und Aktivität, zwischen Ebbe und Flut finden. Bei Ebbe ziehen sie sich zurück, um sich von allen unbewusst absorbierten Energien zu befreien. Bei Flut haben sie unbegrenzten Vorrat an Kraft und setzen diese um. Keine Barriere kann den ungeheuren Kräften der heranschießenden Flut ihrer feinen Gefühle standhalten. Aber dies braucht Klarheit und Struktur. So erkennen sie die Bedeutung der Selbstständigkeit und beginnen, ihr Leben zu ordnen. Sie laufen nicht mehr vor der Arbeit davon, sondern wenden sich einer konkreten Tätigkeit zu, sodass Ausrichtung und Struktur in ihr Leben kommen. Sie beginnen, hinzuschauen und sich von allen Süchten und Illusionen zu lösen. So erhalten sie eine Ahnung davon, dass sie nur durch konkretes Tun ihr Urbild des Kosmischen stückweise auf der Erde verankern können. Ab jetzt heißt es: Träume nicht dein Leben, sondern lebe deinen Traum.
Die Notwendigkeit der Abgrenzung ist für Fische-Menschen etwas Unnatürliches. Aber mit zunehmendem Erwachen entwickeln sie die Fähigkeit zur Unterscheidung. Die immensen Emotionen können

nun viel feiner gehandhabt werden, denn sie stehen auf viel festerem Boden. Auch ihre künstlerische Seite kann jetzt viel klarer zum Ausdruck kommen. Ihre emotionale Kompetenz wird kraftvoller und zielgenauer, was sie prädestiniert für alle Formen des sozialen, menschlichen, künstlerischen und spirituellen Engagements macht. Wenn sie ihre Fähigkeiten in den Beruf einfließen lassen, werden sie sehr erfolgreich sein, wobei ihr Erfolg nur wenig mit Geld oder materiellen Gütern zu tun hat. Was für sie zählt, sind vor allem Erfüllung und Freude. Egal, in welche Richtung ihre Seele sie schickt, sie wissen, dass sie immer von etwas Größerem getragen sind. Daher ist ihre Freude still. Sie ruht in sich. Sie können ihrem Schicksal zustimmen, mit allem, was es fordert. Sie leben ganz aus einer Haltung des liebenden Verstehens und brauchen nicht unbedingt viele Worte. In ihrer Gegenwart werden andere Menschen ruhig und gesammelt und finden zum Wesentlichen, zur eigenen Präsenz und zum Licht, das sie sind.

Laserpointer zur integrierten Energie in Fische und/oder im 12. Haus

Sonne:	Friedensbringer
Mond:	Einfühlsamkeit und höchstes Mitgefühl
Merkur:	Empfänglich für Eingebungen, bildhaftes Verstehen
Venus:	Medialität und Anpassungsfähigkeit
Lilith:	Direkter Zugang zur Macht des Unbewussten
Mars:	Sanfter Krieger
Jupiter:	Höchstes Menschheitsideal
Saturn:	Spirituelle Führung
Chiron:	Tiefer Zugang zur spirituellen Welt
Neptun:	Totales Urvertrauen
Uranus:	Spirituelle Lehrer aus der fernen Zukunft
Pluto:	Höchste kosmische Liebe

Inspirationen

- Seelenruhe ist die höchste Kunst des Urvertrauens.
- Wahre Macht zeigt sich darin, dass du im Dienst deiner Seele unterwegs bist.
- Zur Ruhe kommst du nicht durch Schlafen, sondern durch Erwachen.
- Die Freude des Universums kennt keine Grenzen und wird mit jedem erwachten Menschen stärker.
- Hoffnung will immer ein Objekt. Liebe will nichts. Liebe ist.
- Die Seele erkennt sich als reine, freudvolle und kreative Energie aus der Quelle.
- Bist du bereit für ein Wunder, an das du gerade nicht glaubst?
- Durch Nichthinsehen werden Illusionen geschützt.
- Ein Baum, der fällt, macht mehr Krach als ein Wald, der wächst.
- Welch eine Ehre, auf Planet Erde sein zu dürfen.
- Fokussiere dich nicht auf das, was du tun könntest. Fokussiere dich auf das, was du tun kannst.
- Fantasie ist der Rohstoff für die Zukunft.
- Irgendwann kommt der Moment in unserer geistigen Entwicklung, in dem wir erkennen, dass uns hilfreiche Hände führen.
- Der Flow ist wie ein innerer Strom, der dich von selbst zum Ort deiner Bestimmung trägt.
- Die Umgestaltung der Welt kann dann fruchten, wenn das Wunderbare in das Weltliche einfließt.
- Glückseligkeit ist nicht an Äußerlichkeiten gebunden und von daher unvergänglich.
- Träume verwirklichen hat nichts mit deinem Willen zu tun, sondern mit deinem Sein.
- Die Essenz hast du mit allen Wesen gemeinsam.
- Deine drei wichtigsten Aufgaben in diesem Leben: Erwachen – Dienen – Feiern.

- Die wirklich Seeleninspirierten sind geduldig und gehen einfach kontinuierlich weiter.
- Schau von der Wahrnehmung deiner eigenen Heiligkeit zur Heiligkeit des anderen.
- Schau mit den Augen der Quelle.
- Das Ego ist dazu bestimmt, sich aufzulösen.
- Die Seele kennt den Plan.
- Der wahre Charakter eines Menschen zeigt sich nicht bei der ersten Begegnung, sondern bei der letzten.
- Am Ende steht immer Frieden.

Fische: Leitbegriffe für die Entwicklung des höheren Potenzials

Niedere Aspekte des Egos	Im Erwachen	Höhere Aspekte der Seele
Medium	Vermittler	Welterlöser
Undurchsichtiges Wasser	Durchsichtiges Wasser	Wasser des Lebens
Empfindung	Hingabe	Mitgefühl
Unbewusste Empfänglichkeit	Ausgerichtete Feinfühligkeit	Universale Einschließlichkeit
Undiszipliniertes Leben	Gekreuzigtes Leben	Auferstandenes Leben
Extremes Schutzverhalten	Emotionale Öffnung	Ganzheitliches Fühlen
Süchtig	Klarheit	Losgelöst
Hart und erbarmungslos	Zurück zur Natur	Sich spüren können
Sklave	Diener	Dienender
Verachtung des Materiellen	Loslösung von der Identifikation	Auflösung aller Bindungen an die Welt
Totale Abhängigkeit	Eine Aufgabe übernehmen	Unpersönlicher Kanal für das Göttliche

Niedere Aspekte des Egos	Im Erwachen	Höhere Aspekte der Seele
Weltflucht	Persönlichkeit entwickeln	Höhere Ergebenheit
Bequem und feige	Schulung der Sensitivität	Einer höheren Sache dienen
Sparsamer Schmarotzer	Sich den Schwächen stellen	Spirituelle Fülle
Belügt sich selbst	Realitätssinn und Disziplin	Den Himmel auf die Erde bringen

Dualität Fische – Jungfrau

Die Vervollkommnung gelingt durch die Integration der dualen Frequenz. Bei Fische ist das die Frequenz der Jungfrau.

Fische | Wasser	Jungfrau | Erde
Das Unsichtbare	Das Sichtbare
Die Kraft der Wahrnehmung	Die ordnende Kraft
Orientiert sich im Irrationalen	Orientiert sich am Rationalen
Fantasievoll und musikalisch	Praktisch und pragmatisch
Nimmt nicht alles so genau	Nimmt alles sehr genau
Träumend	Diszipliniert
Geniale Gabe für Visionen und Trends	Scharfes Auge für das Detail
Entscheidet intuitiv	Entscheidet wohlüberlegt
Künstler	Manager
Spiritualität	Wissenschaft
Lässt Kritik durch sich hindurchfließen	Kritisiert scharf

Fische | Wasser	**Jungfrau | Erde**
Im Konfliktfall: weicht aus und taucht ab	Im Konfliktfall: bleibt sachlich und klar
Emotional überflutend	Emotional zurückhaltend
Motivierbar durch das Gefühl, helfen zu können	Motivierbar durch knifflige Aufgaben
Wird vom Beruf gefunden	Findet einen Beruf
Lebt in der jenseitigen Welt	Lebt in der diesseitigen Welt
Intuitiv und instinktsicher	Wohlüberlegt und nüchtern
Chaos	Struktur
Das Ungeformte	Das Geformte

Geboren im Zeichen Fische

Bekannte Frauen	Bekannte Männer
Ursula Andress	Fürst Albert von Monaco
Drew Barrymore	Alexander Graham Bell
Juliette Binoche	Justin Bieber
Glenn Glose	Osama bin Laden
Cindy Crawford	Karlheinz Böhm
Karin Dor	Michelangelo
Katja Ebstein	Frédéric Chopin
Uschi Glas	Kurt Cobain
Nina Hagen	Daniel Craig
Hannelore Kohl	Adolf Eichmann
Zarah Leander	Recep Erdogan
Luise von Preußen	Heinz Erhardt
Rosa Luxemburg	Gert Fröbe
Miriam Makeba	Juri Gagarin
Peggy March	Tedros Ghebreyesus
Eva Mendes	Michail Gorbatschow
Liza Minelli	Georg Friedrich Händel
Christiane Paul	George Harrison
Claudia Pechstein	Yuval Harari
Rihanna	Erich Kästner
Marianne Rosenberg	Markus Lanz
Anneke Kim Sarnau	Niki Lauda
Andrea Sawatzki	Karl Lauterbach
Loki Schmidt	Jerry Lewis
Barbara Schöneberger	Karl May
Sharon Stone	Sidney Portier
Walentina Tereschkowa	Heinz Rühmann
Gloria von Thurn und Taxis	Arthur Schopenhauer
Rachel Weisz	Matthias Schweighöfer
Anne Will	Antonio Vivaldi
	Bruce Willis

MOND-KNOTEN UND PLANETEN

Mondknoten – Deine Bestimmung

Wenn wir alle mit solch wunderschönem Potenzial gesegnet sind, muss dies ja einen Sinn innerhalb der Schöpfungsweisheit ergeben. Als ich während meiner Ausbildung Anfang der 1990er-Jahre zum ersten Mal von der Mondknoten-Achse erfuhr, war ich sofort elektrisiert! Es ist faszinierend, dass wir im Horoskop unsere Fragen nach der Bestimmung beantworten können. Zugegeben – die Deutung eines Horoskops ist eine Kunst. Aber es gibt innerhalb der kosmischen Geometrie sensitive Punkte, die unser Schicksal erkennen lassen, sodass wir sowohl unsere Kinder auf ihrem Lebensweg viel verständnisvoller begleiten als auch für uns selbst einfacher Orientierung finden und dem Leben eine Richtung geben können. Sobald wir unser Leben in Übereinstimmung mit dem Kosmos bringen, können wir durch unsere Erfüllung der Welt viel mehr helfen und ihr dienen, als wenn wir irgendwelchen ehrgeizigen Plänen folgen und nur zu überleben versuchen.

Die Informationen über die Mondknoten stammen aus Indien, aus der östlichen vedischen Astrologie, wo sie vor mehr als 4000 Jahren entdeckt und mit der Idee der Reinkarnation und des Karmas (Gesetz von Ursache und Wirkung) in Verbindung gebracht wurden. Sie stellen das Wichtigste im Horoskop dar, denn sie klären viele Fragen über das Woher und Wohin, was immer zu Frieden führt. In der westlichen Astrologie ist die geistige Dimension des Schicksals noch nicht so lange bekannt. Umso wichtiger erscheint es mir, sich als Erstes hiermit zu beschäftigen, da sich alle anderen Fragen von hier aus beantworten lassen. Ohne groß auf die mathematischen Details einzugehen, sei gesagt, dass sich von der Erde aus gesehen die Sonnen- und Mondbahn an zwei Stellen überschneiden, die sich im Tierkreis gegenüberliegen.

Diese Schnittstellen nennt man die beiden Mondknoten, die zusammen die Mondknotenachse bilden. Der Schnittpunkt in süd-nördlicher Richtung ist der aufsteigende, der in nord-südlicher Richtung der absteigende Mondknoten. Die Mondknoten laufen rückwärts durch den Tierkreis mit einer Umlaufzeit von 18,6 Jahren und haben für die Berechnung von Finsternissen eine wichtige Bedeutung. Damit stehen sie in direkter Beziehung zum globalen Evolutionsprozess.

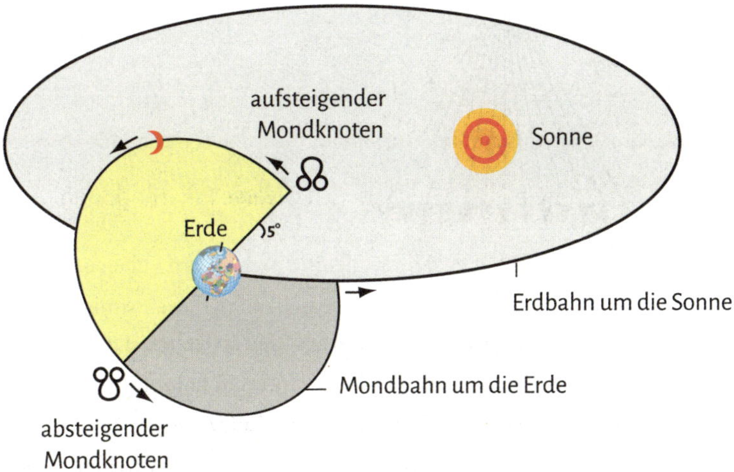

Das Gesetz von Ursache und Wirkung lehrt, dass jede Aktion im ätherischen Feld registriert wird und unweigerlich eine Reaktion vergleichbarer Stärke nach sich zieht. Das Wirken von uns Menschen zeigt sich in unterschiedlichen Formen:

- Handlungen aus früheren Leben, die noch nicht angefangen haben, sich auszuwirken.
- Handlungen des gegenwärtigen Lebens, die durch wahre Erkenntnis und deren Umsetzung verändert werden können.
- Handlungen, die schon begonnen haben, Frucht zu tragen, und den Ist-Zustand herbeiführen.

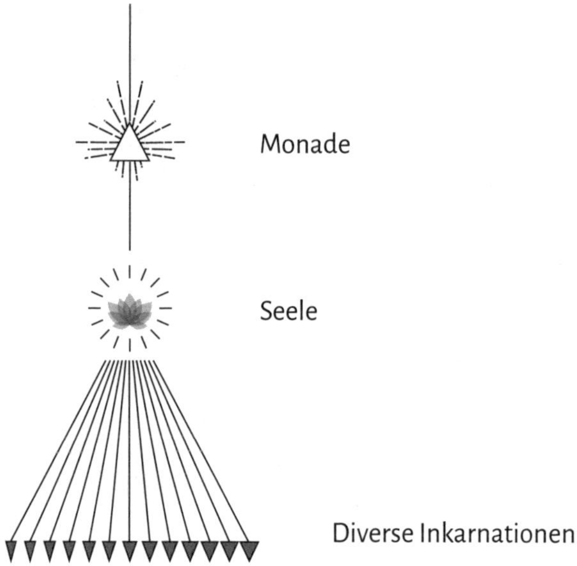

Die Seele dient hierbei als Verbindungsglied zwischen den Inkarnationen und sorgt für die Kontinuität. Sie filtert in jeder Inkarnation die Essenz aus den Erfahrungen heraus und nimmt sie in sich auf; beim Sterben läuft der Lebensfilm rückwärts. Für jede Inkarnation wird ein neuer Körper erschaffen, der der Seele als Anker dient. Bei jeder Rückkehr der Seele findet sie einen besser ausgerüsteten Körper vor (körperliche Behinderungen sind in diesem Kontext eine Ausnahme, denn sie sind Teil der Seelenaufgabe) und durchläuft neue Erfahrungen unter neuen Umständen, immer in anderer Umgebung und mit der Absicht, jede mögliche Phase zu durchlaufen, die das physische Leben zu einem bestimmten Thema vermitteln kann.

Unser individuelles Karma wird zudem von verschiedenen weiteren Arten von Karma beeinflusst, über das wir keine direkte Kontrolle haben: universelles oder kosmisches Karma, Weltkarma, Karma der Menschheit, der Nation, des Volkes, der Organisation, der Gruppe und der Familie. Oft kommt es vor, dass einzelne Menschen zu Trägern des Weltkarmas werden und dass ganze Gruppen von Menschen zu Trägern des Menschheitskarma werden. Auch wenn niemand genau sagen kann, wie die unmittelbare Zukunft konkret aussieht, so liegt es doch in unserer Hand, durch die Myriaden von Möglichkeiten und Entscheidungen den Verlauf und das Tempo der Menschheitsentwicklung zu beeinflussen – sowohl in die aufbauende als auch in die zerstörende Richtung.

Die Kompassnadel

Die Mondknoten sind wie eine Kompassnadel. Wie ein kosmischer Scheinwerfer bündeln sie alle Informationen, die im Horoskop erkennbar sind, und zeigen uns die aufbauende Richtung der Entwicklung, was ich als großen Segen empfinde. Sie sind der Teppich, auf dem wir in die Zukunft fliegen. Sie sind wie ein Leitstern in den Weiten des Universums, obwohl sie keine Sterne sind. Sie stehen sowohl individuell als auch kollektiv für die Verbindung zwischen Vergangenheit, Gegenwart und Zukunft und führen in zwei Richtungen:

☋ Durch den absteigenden Mondknoten erhalten wir Hinweise auf die Ausgangslage, die zum Zeitpunkt unserer Geburt vorherrschte. Hier können wir erkennen, welche Erfahrungen, Gaben und Fähigkeiten wir aus vergangenen Inkarnationen mitbringen und was wir allenfalls noch aufarbeiten müssen. Grundsätzlich ist es sehr bequem, sich auf die Talente des absteigenden Mondknotens zu besinnen, denn diese Themen haben wir bereits gemeistert und sie fallen uns leicht. Wir kommen hier aber mit unserer Entwicklung nicht weiter, weswegen der Südknoten als Prinzip der Kristallisation auch der Saturn-Punkt genannt wird.

☊ Der aufsteigende Mondknoten zeigt die Wachstumsrichtung unserer Seele in dieser Inkarnation an, das, was uns »erwachen« lässt. Wir erkennen, wohin die Reise geht und wo unsere größten Entfaltungsmöglichkeiten liegen. Diesen Weg empfinden wir oft als herausfordernd oder unbequem. Sobald wir aber einverstanden sind mit dem Thema, das die Seele in dieser Inkarnation »studieren« will, und uns auf dieses noch unbekannte Terrain wagen, gehen überall im Leben Türen auf und wir beginnen, unsere Bestimmung zu erfüllen. So können die Informationen des Nordknotens als permanente Gelegenheiten des Wachstums wahrgenommen werden. Spätestens wenn wir nicht weiterwissen, ist der Blick auf den aufsteigenden Mondknoten der Schlüssel zum Glück, weswegen der Nordknoten als Prinzip des Erfolgs auch der Jupiter-Punkt genannt wird.

In der Horoskopdeutung arbeiten wir heute aufgrund der exakten Messmethoden mit dem »wahren« Mondknoten im Gegensatz zu früher, wo vor allem der »mittlere« Mondknoten verwendet wurde. Für die Deutung dieses wichtigen Themas orientieren wir uns an der Linie zwischen dem aufsteigenden und dem absteigenden Mondknoten: der Mondknoten-Linie oder Mondknoten-Achse. Der aufsteigende Mondknoten als Zukunftspunkt ist im Horoskop immer eingezeichnet. Da es sich beim absteigenden Mondknoten um die Vergangenheit handelt, ist er normalerweise nicht eingezeichnet. Da sich im Tierkreis aber beide Knoten immer exakt gegenüberliegen, können wir uns ihre Linie vor dem inneren Auge vorstellen.

Wie können wir erkennen, was unsere Aufgabe ist?

Die Richtung der Kompassnadel zeigt im Horoskop a) in eines der zwölf astrologischen Häuser, b) in eines der zwölf Tierkreiszeichen und c) gegebenenfalls auf einen oder mehrere Planeten.

- Die Häuser stellen die zwölf Lebensbereiche dar. Der aufsteigende Mondknoten leuchtet in den Raum der größtmöglichen persönlichen Reifung hinein und zeigt durch die Themen den Schwerpunkt der Verwirklichung für diese Inkarnation.
- Durch das Tierkreiszeichen, in das der Nordknoten hineinzeigt, erkennen wir, welche Art und Weise wir zu entwickeln haben, damit wir den Weg der Bestimmung optimal gehen können.
- Planeten dienen als Wegweiser und erhalten, sofern sie sich in der Nähe des aufsteigenden oder auch des absteigenden Mondknotens befinden, eine überragende Bedeutung. Insbesondere die Themen der Planeten am Jupiter-Punkt, also am Nordknoten, sind immer berufsindikativ und erhalten eine sehr wichtige psychologische Leitfunktion in dieser Inkarnation. Planeten am absteigenden Südknoten geben Hinweise auf Themen, die aus vergangenen Inkarnationen mit in dieses Leben gebracht wurden, entweder als eine fantastische Fundgrube an mitgebrachtem Wissen oder als noch nicht erfülltes Karma, das wir in dieser Inkarnation lösen dürfen.

Alles, was wir benötigen, um unsere Bestimmung zu erkennen, sind die drei Koordinaten des kosmischen Momentes der Geburt, mit denen wir das Horoskop erstellen: Datum, Uhrzeit und Ort.

Der aufsteigende Mondknoten in den zwölf Häusern: Was steht auf deinem Ticket?

Im Sinne der Neuen Zeit gebe ich nur ein paar Stichworte, damit du zügig beginnen kannst zu forschen, was auf deinem Ticket für diese Inkarnation steht. Die ausführliche Besprechung dieses nahezu unerschöpflichen Themas kannst du mithilfe von 32 Stunden Videomaterial in meiner Community unter »Astrologie lernen« erkunden.

Leitbegriffe für das 1. Haus

TRADITIONELL	SEELENZENTRIERT
• Der physische Körper und seine Form • Die physische Erscheinung • Tätigkeiten der Persönlichkeit • Charakteristik des Egos • Gehirn und Kopf • Drang nach persönlichem Raum • Das Ego in Aktion	• Der Seelenkörper • Die Aura • Hervortreten der Seelenabsicht • Eigenschaften des Strahlentyps • Kopfzentren/Chakras • Ausdruck des manifestierten Willens • Aktivitäten der Seele

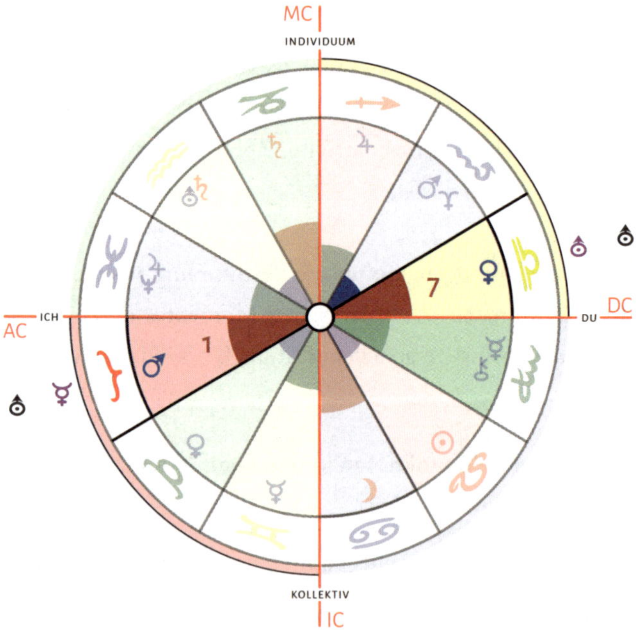

Der Weg deiner Bestimmung mit Mondknoten im Haus 1: Mut zur Eigenständigkeit

Altes Muster im Haus 7	Turning Point des Erwachens	Erfüllung in Haus 1
• Oft wird Sicherheit in der Beziehung zu einer starken Persönlichkeit gesucht in der Hoffnung, dass er/sie das gibt, über das du nicht zu verfügen scheinst. • Notfalls wird provoziert, manipuliert oder ein Streit angezettelt, damit eine Beziehung entsteht. • Neigung, sich dem Vis-à-vis unterzuordnen und das zu tun, was von dir erwartet wird. • Überanpassung an die Bedürfnisse des Partners/der Partnerin. • Es fällt schwer, klare Standpunkte zu beziehen oder Konflikte offen auszutragen aus Angst, durch allzu eigenwilliges Handeln Akzeptanz und Liebe zu verlieren. • Es ist leicht, sich hinter einem Partner / einer Partnerin zu verstecken.	• Meist wächst dieser Mensch mit Botschaften auf, dass er nichts für sich selbst verlangen darf. • Oft akzeptiert sich dieser Mensch nicht so, wie er wirklich ist. • Glaubt, kein Recht auf Eigenständigkeit zu haben. • Das Kind opfert eigene Interessen zugunsten der Anliegen anderer. • Hoffnung auf Beziehungen durch großes Engagement für andere. • Fühlt sich alleingelassen. • Gedankenmuster: Beziehungen funktionieren nicht gut. • Oft erfordert es die Überwindung der Angst, zu sagen, was du denkst, was du wirklich willst. Aber genau das führt zur Befreiung aus der Du-Abhängigkeit.	• Ein starkes Ich entwickeln. • Sich von der Meinung anderer unabhängig machen. • Weniger Rücksichtnahme, mehr die eigene Persönlichkeit leben. • Mutig das eigene Ich zeigen – egal, was die anderen sagen. • Mutig eigene Wege gehen, klare Standpunkte beziehen und sich dadurch nach außen stärker als eigenständige Person profilieren. • Die eigene Wirkung erkennen und die eigenen Anliegen zum Ausdruck bringen. • Ein klares Ich führt zu echten Vertrauenssituationen. • Wirkliche Begegnung kann nur dort stattfinden, wo auch Unterschiede akzeptiert werden und Klarheit es ermöglicht, echte Verbindungen einzugehen, ohne sich selbst dabei zu verlieren. • Impulse in die Welt setzen!

Leitbegriffe für das 2. Haus

TRADITIONELL

- Finanzen, persönliche Ressourcen
- Substanz, eigene Mittel
- Nutzung der materiellen Ressourcen
- Einstellung zum Geld
- Verluste durch falsche materielle Werte
- Gewinne durch rechte Anwendung der Materie
- Angebot und Nachfrage
- Landwirtschaft, Nahrungsmittel

SEELENZENTRIERT

- Vorrat an Lebensenergie oder Prana
- Spirituelle Ressourcen und Werte
- Nutzung der Lebensenergie
- Kontrolle der Formen, Gestaltung der Materie als Ausdruck spiritueller Werte
- Entzug der Lebensenergie aus ihren Formen, sodass die Energie frei ist, sich umzuformen
- Aneignung spiritueller Werte

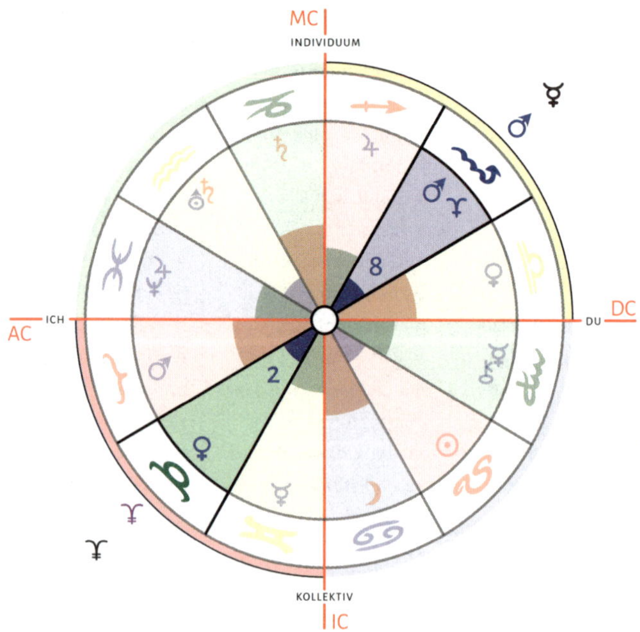

Der Weg deiner Bestimmung mit Mondknoten im Haus 2: Auf die eigenen Talente vertrauen

Altes Muster im Haus 8	Turning Point des Erwachens	Erfüllung in Haus 2
• Extremer Machtdrang, oft werden dafür die eigenen Werte verraten. • Abhängigkeiten werden in Kauf genommen. • Man stützt sich auf die Fähigkeiten anderer Menschen. • Spekulation auf fremde Mittel. • Aus mangelndem Vertrauen in die eigenen Fähigkeiten wird versucht, durch fremde Mittel oder manipulatives Verhalten Kontrolle auszuüben, um vermeintliche Vorteile zu erzielen.	• Raus aus dem Armutsbewusstsein. • Sich auf die eigenen Talente und Ressourcen besinnen. • Unsicherheiten erkennen, Selbstwertgefühl entwickeln, mangelnde Wertschätzung heilen, Abhängigkeiten auflösen. • Finanziell unabhängig werden. • Vertrauen und die Sicherheit entwickeln, auf nährendem Boden zu stehen. • Vertrauen ins Leben finden. • Reichtumsbewusstsein entwickeln.	• Vertrauen in die eigenen Fähigkeiten. • Echte Wertschätzung der eigenen Person. • Treue gegenüber sich selbst. • Selbstsicherheit. • Innere und äußere Fülle. • Umsetzen der eigenen Talente durch eigenes Bemühen. • Alles, was du kannst und hast – auch wenn es wenig erscheint –, nach besten Kräften einsetzen, auswerten und in Umlauf bringen. • Jedem Sturm standhalten.

Leitbegriffe für das 3. Haus

TRADITIONELL	SEELENZENTRIERT
• Informationen und Bildung • Das rationale Denken, der Denkvorgang • Kommunikation • Kollektives Denken • Das gesprochene und geschriebene Wort • Mimik, Gestik, die Art der Bewegung • Der Prozess, mit anderen in Beziehung zu treten • Kurze Reisen • Geschwister, Verwandte und Nachbarn	• Manas, Denksubstanz • Denkenergie • Mentale Telepathie • Mentale telepathische Energieübertragung • Die Entstehungsart der Regenbogenbrücke • Die Chakren der Hände • Die Beziehung des höheren zum niederen Selbst • Seelenbrüder und -schwestern • Die Gefährten

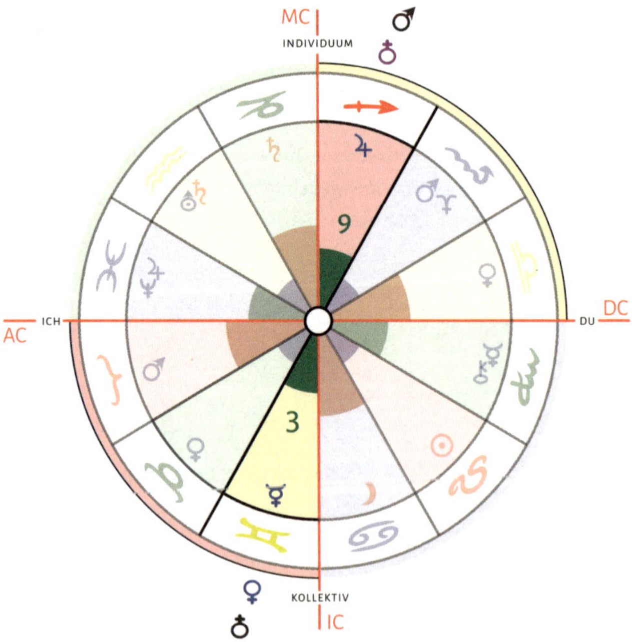

Der Weg deiner Bestimmung mit Mondknoten im Haus 3: Vielfalt anerkennen

Altes Muster im Haus 9	Turning Point des Erwachens	Erfüllung in Haus 3
• Neigung, nur die eigene Meinung gelten zu lassen. • Die anderen sind zu »dumm«, um dich zu verstehen. • Glaubenssätze und Vorurteile schränken Kommunikation und Lernbereitschaft ein. • Es fällt schwer, sich mit scheinbar Profanem auseinanderzusetzen. • Der Blick schweift immer in die Ferne. • Zwanghafte Suche nach Bedeutung und Sinn. • Das eigene, alltägliche Leben erscheint bedeutungslos. • Überheblichkeit führt leicht zu Absonderung und Isolation.	• Eigene Vorurteile und überholte Meinungen hinterfragen. • Herunterkommen vom »hohen Ross«. • Neugierig auf andere zugehen. • Für alles offen sein, was um dich herum vorgeht. • Unterschiedliche Standpunkte kennen- und akzeptieren lernen. • Neue, aktuelle Informationen sammeln. • Sich eine objektive Meinung bilden. • Die eigene Weisheit in einfache Worte kleiden. • Zuhören lernen.	• Vielseitiger, lebendiger Austausch mit der Umgebung. • Das Wissen des Kollektivs annehmen und auswerten. • Die öffentliche Meinung prägen. • Das Leben wird durch das Einfache als erfüllt und sinnvoll erfahren. • Richtiges Aufnehmen und Weitergeben von Gedanken bringt alles in Fluss. • Mit möglichst vielen Menschen einen einfachen Gedankenaustausch pflegen. • Du wirst vom Kollektiv getragen, die soziale Anpassung geschieht von allein.

Leitbegriffe für das 4. Haus

TRADITIONELL	SEELENZENTRIERT
• Biologisches Erbe, Familienkarma • Die Mutter und die eigene Familie • Tiefe seelische und psychologische Prägungen • Das Heim, der Ort der Familie • Verhältnis zu unseren Eltern • Gemüthafte Bindung an Menschen, die uns nahestehen und mit denen wir eine Gemeinschaft bilden • Menschenfamilie • Unsere Wurzeln • Der Raum der Ahnen	• Biologisches Karma • Die Mutter als Mutterprinzip • Die Gruppenseele, von der unsere Seelenbrüder und -schwestern abstammen • Die Grundlage der Seele, ihre Verankerung in der gegenwärtigen Inkarnation • Die Grundlage zur Bildung des Selbstbewusstseins • Karmische Schlüsse aus den Lebensumständen • Der Ashram des Meisters, das spirituelle Heim des Schülers

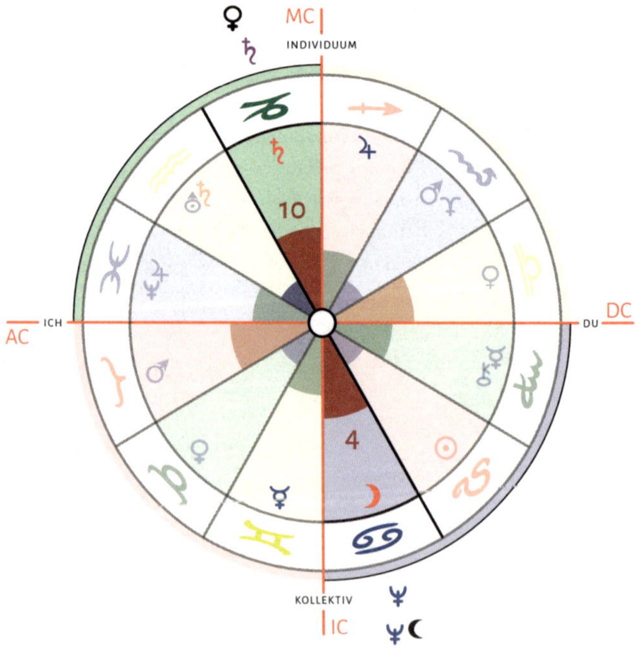

Der Weg deiner Bestimmung mit Mondknoten im Haus 4: Die Wurzeln pflegen

Altes Muster im Haus 10	**Turning Point des Erwachens**	**Erfüllung in Haus 4**
• Enormes Leistungsdenken. • Starkes Individualstreben, das häufig durch das Schicksal korrigiert wird. • Starker Drang nach öffentlicher Anerkennung. • Mit eiserner Disziplin und viel Ehrgeiz werden berufliche Ziele verfolgt. • Hoffnung auf Ansehen und Prestige. • Die Suche nach Erfüllung über Ämter und Würden. • Emotionale Bedürfnisse und persönliche Anliegen werden oft verdrängt oder vernachlässigt. • Manchmal schämt man sich seiner Familie oder seiner Herkunft. • Will aus dem angeborenen Milieu herauswachsen.	• Engpässe auf dem »Weg nach oben«. • Hinwendung zum eigenen Seelenleben, um andere lohnenswerte Ziele zu erkennen. • Besinnung auf die eigene Herkunft, Pflege der Wurzeln. • Sich wieder als einer von vielen fühlen. • Sich genügend Zeit für die eigene Familie und die eigene Privatsphäre nehmen. • Stolz überwinden und sich positiv vom Kollektiv tragen lassen. • Bedürfnis nach Liebe, Wärme und Geborgenheit eingestehen. • Familientradition ehren; Konflikte mit Eltern oder einem Elternteil klären. • Sich als Segen für die Familie erkennen.	• Durch die Verbindung zu seinen Wurzeln wird der Auftritt nach außen gefestigter, reifer und überzeugender. • Die eigenen Bedürfnisse eingestehen. • Sich auch seiner Schwächen bewusst sein. • Eventuell eigene Familie gründen. • Zugehörigkeit zu einem Kollektiv, zur Familie und zur ganzen Menschheit zulassen. • Du erhältst Zugang zu den Menschen, die du führen willst. • Du verstehst die Menschen und sie stehen hinter dir. • Du unterstützt das Kollektiv und kannst es prägen. • Träger einer karmischen Aufgabe gegenüber der Familie oder der Menschenfamilie.

Leitbegriffe für das 5. Haus

TRADITIONELL	SEELENZENTRIERT
• Die Bühne, der Mittelpunkt • Persönlicher Wille • Aktiver, kreativer Selbstausdruck • Romanzen, Liebesaffären • Erotik • Kinder • Hobbys, Lieblingsbeschäftigungen • Spiele und Sport	• Sonnenlogos durch dich. • Spiritueller Willensausdruck. • Verwirklichung des höheren Selbst. • Liebe, die sich in kreativem Tun in Übereinstimmung mit dem Plan ausdrückt. • Kreativität, angespornt durch die Liebe der Seele. • Bezeugung des Willens zu dienen. • Tätigkeiten, die den Willen stimulieren.

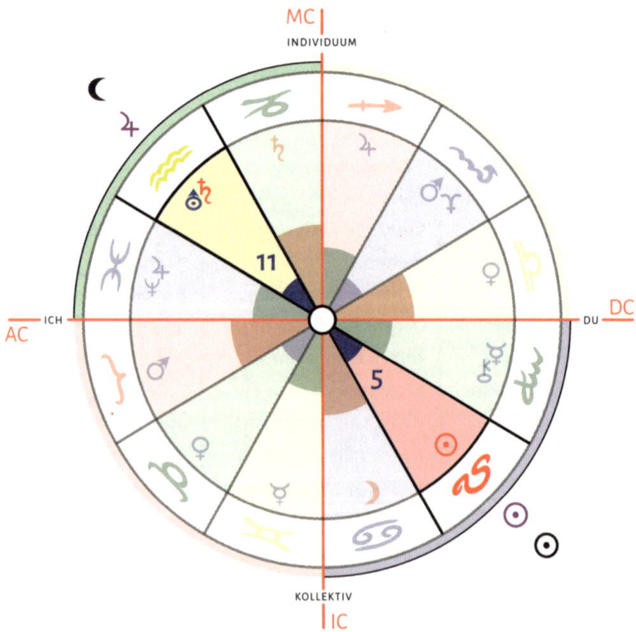

Der Weg deiner Bestimmung mit Mondknoten im Haus 5: Mut zur Kreativität

Altes Muster im Haus 11	Turning Point des Erwachens	Erfüllung in Haus 5
• Ausgesprochen teamorientiert. • Hoch selektiv gegenüber Mitmenschen. • Sucht Gleichgesinnte auf dem gleichen geistigen Niveau. • Zeigt wenig von sich selbst und wirkt unnahbar bis arrogant. • Eigene Persönlichkeit wird der Gruppe untergeordnet. • Setzt sich für Anliegen anderer ein. • Beschäftigt sich lieber mit Theorien, anstatt konkret zur Tat zu schreiten. • Konflikt zwischen Wunsch nach Zugehörigkeit und persönlicher Selbstverwirklichung. • Vermeidet vitale Kontakte und körperliche Beziehungen. • Bleibt oft ohne echte Liebeserfahrung einsam und verlassen. • Die brillanten Fähigkeiten sind immer weniger in der Gruppe gefragt.	• Sich als mutige und engagierte Einzelperson entdecken. • Befreiung aus Gruppenzwängen. • Beginnt, aus der Reihe zu tanzen. • Vorschriften, Regeln, Ängste und moralische Hemmungen werden über Bord geworfen. • Sich zeigen lernen. • Das eigene Licht auf den Scheffel stellen. • Kann allein im Zentrum stehen. • Entwickelt persönliches Engagement für eigene Ziele und Visionen. • Beherzte Taten helfen guten Ideen zum Durchbruch. • Die neue Welt soll Realität werden. • Nimmt das Wagnis der Liebe auf sich. • Ist bereit zum Experiment und zum Ausprobieren. • Erkennt sich als die Seele der Gruppe.	• Ausgeprägter Drang nach Unabhängigkeit. • Selbstmanifestation der Persönlichkeit. • Souveränität im Auftritt, ein Leben im Zentrum des Scheinwerferlichtes. • Verleiht kraft der eigenen Persönlichkeit humanitären Zielen konkrete Gestalt. • Setzt beherzt und kreativ Zukunftsvisionen um. • Lässt sich durch nichts von eigenen Vorhaben abbringen. • Nimmt das Risiko neuer Unternehmungen auf sich. • Stürzt sich voller Schwung und mit Freude in neue Abenteuer. • Genießt das Leben und die Liebe; liebt hautnahe Berührung mit dem Vis-à-vis. • Entwickelt positive Strahlkraft. • Fördert andere in deren Selbstbewusstsein und Auftritt.

Leitbegriffe für das 6. Haus

TRADITIONELL	SEELENZENTRIERT
• Bedienstete, Angestellte • Gesundheit, Krankheit und physischer Körper • Physische Existenz, Arbeit und Beruf • Haustiere, kleine Tiere • Umwelt • Reinigung • Alltagspflichten • Soziales Engagement	• Dienende • Alle, denen man dient • Synthese der niederen Körper • Dienst am Tierreich • Dienst an der Menschheit durch Heilen und Nähren • Das erforderliche Wissen zum Bau der Antahkarana (Regenbogenbrücke)

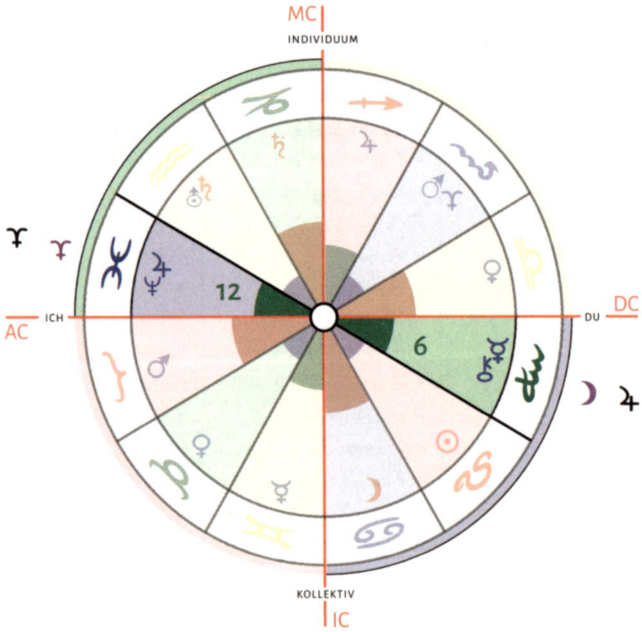

Der Weg deiner Bestimmung mit Mondknoten im Haus 6: Deinen Platz einnehmen

Altes Muster im Haus 12	Turning Point des Erwachens	Erfüllung in Haus 6
• Konfrontation mit der nüchternen Wirklichkeit. • Flucht in Scheinwelten. • Angst, den täglichen Anforderungen nicht gewachsen zu sein. • Wunsch nach der heilen Welt. • Suche nach dem verlorenen Paradies. • Rückzug in Kirchen und Klöster. • Rückzug in Rausch und Fantasiewelten. • Rückzug durch Krankheit. • Selbstmitleid, Enttäuschungen, Ohnmachtsgefühle	• Den eigenen Platz finden und einnehmen. • Erkennen, wie du dich für die Allgemeinheit nützlich machen kannst. • Dich in die alltäglichen Abläufe eingliedern. • Praktische Aufgaben bewältigen lernen. • Die Existenz »bewältigen« lernen. • Den Dienst an der Sache erkennen und würdigen. • Akzeptanz der eigenen Begrenzungen. • Mit Sachzwängen leben lernen. • Das Leben lieben lernen.	• In Freude die alltäglichen Pflichten erfüllen. • Die Arbeit tun, die von der Mitwelt gebraucht wird. • Mitgefühl im nüchternen Alltag. • Bescheidenheit pflegen; in Gelassenheit dienen, den Mitmenschen dienen, dem Leben dienen. • Den physischen Körper als heiliges Gefäß erkennen. • Verbindung von Spiritualität und physischer Existenz. • Die heilenden Fähigkeiten erkennen und anwenden. • Die feinstofflichen Körper anderer Menschen heilen.

Leitbegriffe für das 7. Haus

TRADITIONELL	SEELENZENTRIERT
• Offene Feinde • Partnerin, Partner • Partnerschaft und Ehe • Gemeinsam etwas umsetzen • Durch Schönheit anziehend sein und Gutes tun	• Seelengefährten • Unerschütterliches Gleichgewicht leben • Der Pfad der Vereinigung von Seele und Persönlichkeit • Karma neutralisieren und ausgleichen können

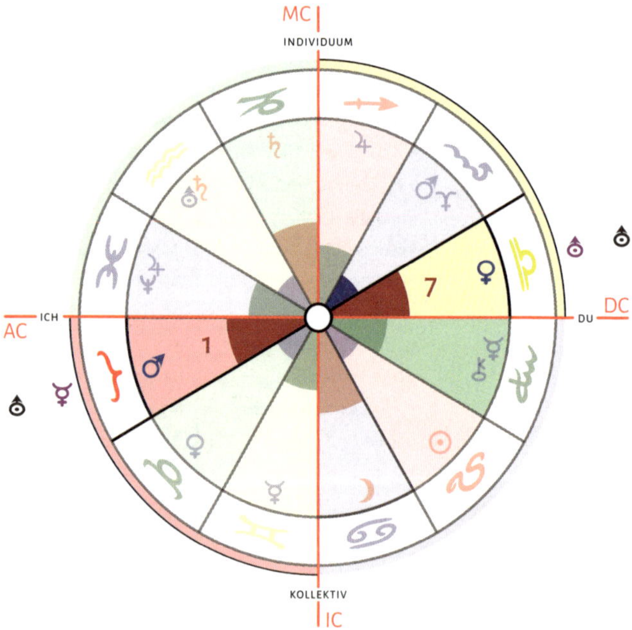

Der Weg deiner Bestimmung mit Mondknoten im Haus 7: In Beziehung treten

Altes Muster im Haus 1	Turning Point des Erwachens	Erfüllung in Haus 7
• Ein starker Drang nach Durchsetzung. • Geht oft im Alleingang; ist sehr auf das eigenes Ich konzentriert. • Das Wohl des anderen wird nicht im Auge behalten. • Misstraut anderen. • Übernimmt lieber selbst die Führung, als sich fremden Spielregeln anzupassen. • Beweist sich die eigene Stärke. • Verzichtet auf die Unterstützung durch andere. • Bricht Beziehungen ab, weil sie als einengend erlebt werden. • Zu viel Egoismus führt zu Beziehungsstörungen. • Oberflächliche Kontakte. • Egoistische Bestrebungen werden meistens durch den/die Partner*in vereitelt.	• Sich nicht um jeden Preis gegen andere durchsetzen müssen. • Kompromissfähigkeit entwickeln. • Partnerschaftsfähig werden. • Eigene Wünsche zurückstellen. • Du solltest von anderen nie mehr erwarten, als du selbst bereit bist, zu geben. • Rücksicht üben. • Nähe und Verbindlichkeit zulassen lernen. • Selbstüberwindung und Fingerspitzengefühl entwickeln, um die Toleranzgrenzen des anderen nicht zu verletzen. • Den Wert einer echten Beziehung schätzen lernen. • Sich im ganz persönlichen Sinne dem anderen zuwenden. • Innere Ausgleichung lernen.	• Wahre Stärke beweist sich in der Fähigkeit, auch nachgeben zu können. • Die Wünsche anderer respektieren. • Dem Du Verständnis entgegenbringen. • Die eigenen Bedürfnisse werden durch den anderen erfüllt. • Echte Zuwendung zum Du. • Sich dem/der Partner*in fürs Leben verpflichtet fühlen. • Sich liebend und sensitiv darum bemühen zu erfahren, was dem anderen guttut. • Verbindlichkeiten eingehen. • Versprechungen einhalten. • Gerechtigkeit oder Gleichberechtigung in allen Beziehungen.

Leitbegriffe für das 8. Haus

TRADITIONELL	SEELENZENTRIERT
• Transformation und Regeneration • Die Ressourcen und der Besitz anderer Leute • Erbschaften • Verstrickungen • Sexualität und Begierden der Persönlichkeit • Andere manipulieren und an sich binden • Prüfungen und größte Krisen • Macht, Ohnmacht und Tod • Tief sitzendes Karma aus der Ahnenreihe • Verwandlung der Werte • Höhere Gesetze des Lebens • Die Gesellschaftsstruktur, die uns schützt	• Der Pfad der Jüngerschaft • Der Träger zur Wiedergeburt in das Bewusstsein der Seele • Umwandlung des persönlichen Begehrens in die Wünsche und Erfordernisse der Gruppe • Umgestaltung der persönlichen und materiellen Ressourcen in Gruppen- und spirituelle Ressourcen • Umformung dichter Energie in subtilere Energien • Befreiung zum Weltdienst • Handeln im Dienst der Seele

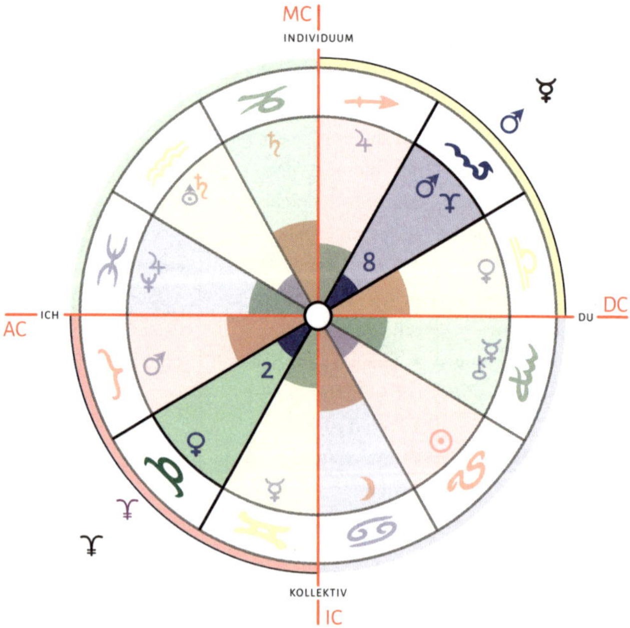

Der Weg deiner Bestimmung mit Mondknoten im Haus 8: Wachstum durch Krisen

Altes Muster im Haus 2	Turning Point des Erwachens	Erfüllung in Haus 8
• Starkes Bedürfnis nach Sicherheit. • Starkes Bedürfnis nach sinnlichem Genuss und Sex. • Konservative Lebenseinstellung. • Anhäufung von materiellen Gütern und Besitz. • Festhalten an Identifikationen und äußeren Werten. • Sinnlose Versuche, sich gegen notwendige Veränderungsprozesse zur Wehr zu setzen. • Angst vor der irdischen Vergänglichkeit. • Andere Menschen für eigene Zwecke missbrauchen. • Sich nur aus Berechnung mit den Gesetzen oder den uns verbundenen Menschen gut stellen. • Erbstreitigkeiten bis Enterbung. • Gefangener der eigenen Blindheit. • Tiefe Verlustängste.	• Extreme Läuterung der eigenen Motive. • Zwingende Persönlichkeitskorrektur. • Immer wieder durch Krisen gehen; Kampf mit den Dämonen. • Selbstüberwindung lernen. • Unnötigen Ballast abwerfen. • Sich aus festgefahrenen Verhältnissen lösen. • Überholte Gewohnheiten aufgeben. • Rückständige Vorstellungen überwinden. • Gefühle führen lernen. • Totale Konzentration lernen. • Persönliches und kollektives Karma endgültig auflösen. • Was ist wirklich lebenswichtig?	• Innere Stabilität durch Veränderungsphasen und die Bewältigung von Krisen. • Tiefes Vertrauen in die eigene Regenerationskraft. • Erkenntnis der notwendigen, natürlichen Zyklen des Lebens. • Immer wieder Wandlungen wie Phönix aus der Asche. • In der Gesellschaft den eigenen Platz finden. • Eigenen Status festigen. • Für Recht und Ordnung einstehen. • Krisenmanager. • Wahrer Magier. • Einblick in den göttlichen Plan. • Entwicklung von echten menschlichen Qualitäten.

Leitbegriffe für das 9. Haus

TRADITIONELL	SEELENZENTRIERT
• Große Reisen und fremde Kulturen • Religion und Philosophie • Das eigene Denken, die eigene Weltanschauung • Sinnfindung und Wahrheit • Höhere Bildung und Universität • Glaubenssysteme anderer Menschen • Prophet, Guru, Missionar, Kosmopolit • Gesetzliche Handlungen, Gerichtsbarkeit	• Der Pfad • Die Quelle der Weisheiten • Streben nach Erleuchtung • Vereinigung aller Glaubenssysteme • Synthese aller Religionen und Philosophien • Mentales, höheres Denken • Kenntnis der kosmischen Gesetze • Die Akasha-Chronik

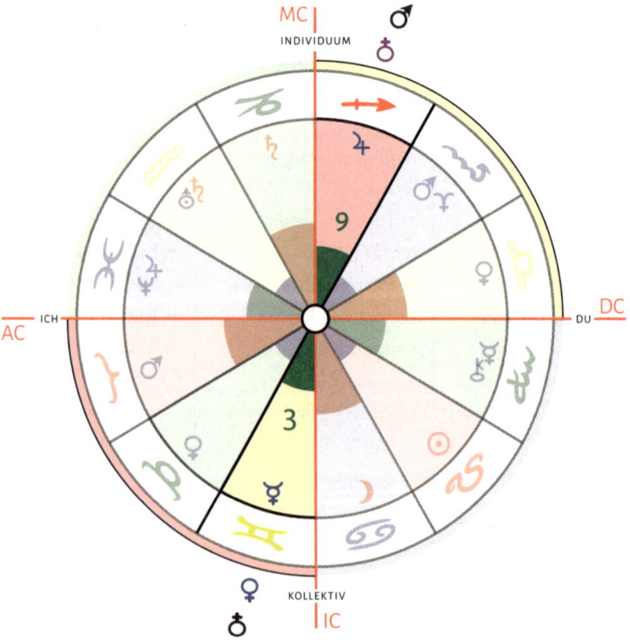

Der Weg deiner Bestimmung mit Mondknoten im Haus 9: Den Horizont erweitern

Altes Muster im Haus 3	Turning Point des Erwachens	Erfüllung in Haus 9
• Gibt den eigenen Standpunkt auf und beugt sich den kollektiven Denkstrukturen. • Muss das denken, was »man« so denkt. • Stark ausgeprägter Drang nach Informationen. • Sucht vielseitiges Wissen. • Rastlosigkeit oder Zersplitterung. • Oft fällt es schwer, sich verbindlich festzulegen, weil man fürchtet, etwas Entscheidendes vielleicht noch übersehen zu haben. • Angst, in seinen Möglichkeiten zu sehr eingeschränkt zu werden. • Ewige Suche nach immer neuen Aspekten und Details. • Der Sinn und der Blick für das Ganze gehen häufig verloren.	• Selbstständig denken lernen. • Nur mit Zivilcourage zur geistigen Autonomie. • Durch Autonomie im Denken zur bewussten Individualität. • Den Blick erweitern. • Sich über den Rahmen des Bekannten und rein Informativen hinausbegeben. • Sich sinnvermittelnden Einsichten und Zusammenhängen jenseits bekannter Denkmuster und populärer Meinungen öffnen. • Ein Fundament eigener Wahrheiten und gefestigter Überzeugungen entwickeln. • Es braucht viel Mut, wenn geliebte Menschen oder Autoritäten behaupten, deine Selbstständigkeit sei etwas Negatives.	• Autonomie des Denkens. • Geistige Unabhängigkeit und individuelle Freiheit. • Sich frei machen von Beeinflussungen; für den eigenen Standpunkt einstehen. • Weisheit mit Ausrichtung auf sinnvolle Ziele. • Anderen helfen, ihre eigene Orientierung und Wahrheit im Leben zu finden. • Sich voller Überzeugung für das einsetzen, was als richtig und wahr erkannt wurde. • Richtige Schlussfolgerungen führen zu einer Haltung, die sich nicht umwerfen lässt, auch wenn Verluste oder Schmähungen drohen. • Steht oft mit der Wahrheit ganz allein da.

Leitbegriffe für das 10. Haus

TRADITIONELL	SEELENZENTRIERT
• Karriere und Berufung • Selbstständigkeit und Selbstverantwortung • Soziale Verantwortung und das Wohl aller • Vorbildaufgaben und Authentizität • Der Staat, gekrönte Häupter und Herrscher • Führung der Menschheit • Ehre, Status, Ansehen und Würde	• Göttlicher Wille, enthüllt als Höhepunkt spiritueller Absicht • Die Meister, die Hierarchie, die eigenen Lehrer • Gelegenheit zu geistigem Fortschritt und zu Verantwortung • Ausführung des Planes der Meister • Einweihung zur wahren Macht des Göttlichen

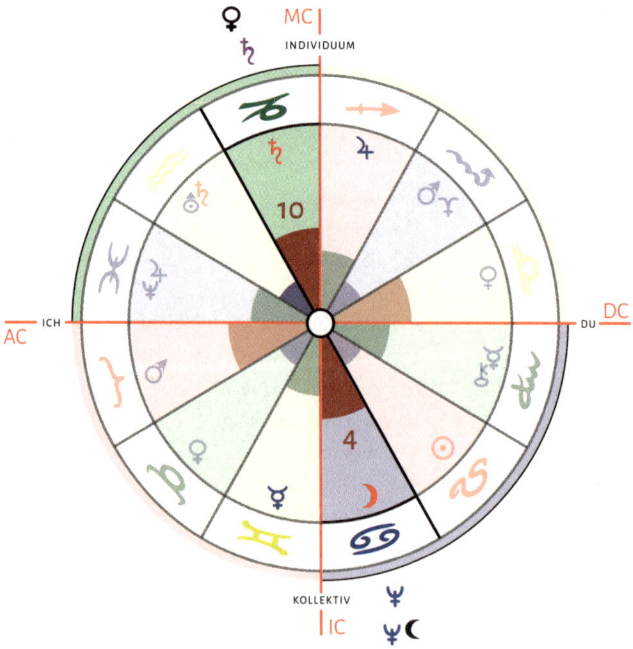

Der Weg deiner Bestimmung mit Mondknoten im Haus 10: Eigenständigkeit entwickeln

Altes Muster im Haus 4	Turning Point des Erwachens	Erfüllung in Haus 10
• Unstillbarer Hunger nach emotionaler Geborgenheit. • Herausforderungen oder berufliche Aufgaben werden gern gemieden. • Angst, den vertrauten und geschützten Rahmen verlassen zu müssen. • Suche nach Schutz und Sicherheit in der Tradition oder in der Familie. • Angst, selbstverantwortlich im Leben stehen zu müssen. • Weigerung, erwachsen zu werden. • Abhängigkeit von der kollektiven Meinung. • Immer neue emotionale Frustrationen und Abhängigkeiten. • Mit dieser Entwicklung ist meistens eine gewisse Isolation verbunden. Oft muss in einer Lebensperiode Einsamkeit oder Alleinsein gelernt werden.	• Zwischenzeitlicher Verzicht auf Nestwärme und Zugehörigkeit zu einem Kollektiv. • Wird eine Zeitlang allein gelassen. • Muss allzu fordernde familiäre Strukturen beenden. • Lernt, sich aus emotionalen Abhängigkeiten zu lösen. • Wird im Alleinsein unabhängig und stark. • Wird immer mehr der Trägheit eines sichernden Nestes widerstehen. • Alles persönliche negative Karma aufarbeiten. • Eigene Ziele definieren. • Übernimmt persönlich und beruflich Verantwortung. • Nimmt den Platz in der Gesellschaft ein durch Kompetenz und Würde.	• Geboren, um zu führen. • Lässt sich nicht beeinflussen. • Fähigkeit, den eigenen Raum klar zu definieren. • Kümmert sich verantwortungsbewusst um andere Menschen und gesellschaftliche Belange. • Lässt Nähe und Zuwendung entstehen, ohne Abhängigkeiten zu schaffen. • Tut nur, was der eigenen Überzeugung entspricht. • Mut zur individuellen Tat. • Bleibt konsequent und stark, auch wenn andere oder die eigene Familie dagegen sind. • Aufgaben stimmen mit den Fähigkeiten überein, ohne Über- oder Unterschätzung. • Vorbild durch Echtheit. • Handhabung geistiger Macht. • Der Weg zur Meisterschaft.

Leitbegriffe für das 11. Haus

TRADITIONELL	SEELENZENTRIERT
• Freunde und Gleichgesinnte • Organisationen und Vereine • Politische Aktivitäten und Revolution • Demokratie und Menschenrechte • Keine Hierarchien im menschlichen Sinn • Unabhängigkeit und Gleichberechtigung	• Mitglieder der eigenen Gruppe • Spirituelle Visionen und Bestrebungen • Die eigene Gruppe, die neue Gruppe der Weltendiener • Neue gesellschaftliche Entwicklungen einleiten • Dienst an der Menschheit durch Kommunikation

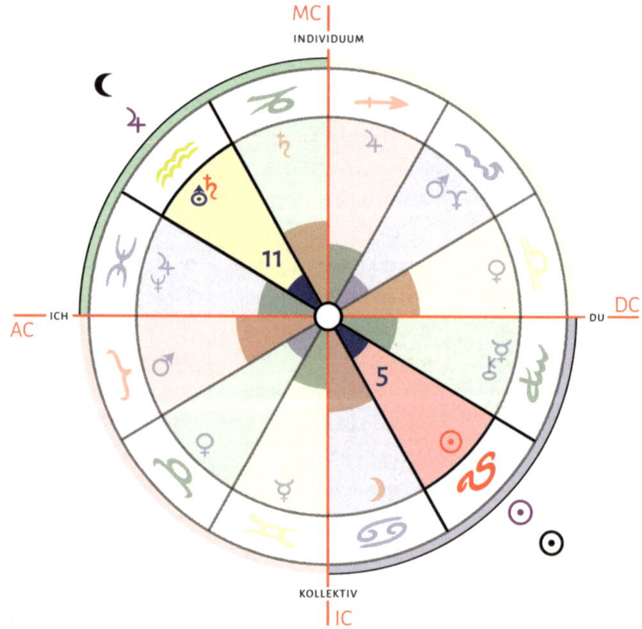

Der Weg deiner Bestimmung mit Mondknoten im Haus 11: Gesellschaftliches Engagement

Altes Muster im Haus 5	**Turning Point des Erwachens**	**Erfüllung in Haus 11**
• Ein starkes Bewusstsein der eigenen Wichtigkeit. • Hoher Anspruch auf Beachtung der eigenen Persönlichkeit. • Die eigene Person wird gern in den Mittelpunkt gestellt. • Angst, in einer Gruppe an Bedeutung zu verlieren. • Schwierigkeiten mit der Eingliederung in eine Gruppe oder Gemeinschaft. • Freunde werden für egoistische Zwecke missbraucht. • Permanente Selbstdarstellung führt immer mehr in die Isolation. • Besitzanspruch gegenüber Menschen, die man gern hat.	• Der Drang nach Beachtung und Erfolg wird gezügelt. • Verzicht auf Privilegien. • Es geht nur gemeinsam. • Teamgeist entwickeln. • Die eigene Kreativität und Kraft für gemeinschaftliche Ziele einsetzen. • Anderen das Recht zugestehen, das zu tun, was sie für richtig halten. • Toleranz gegenüber Andersdenkenden. • Erkenntnis, selektiver in der Auswahl der Freunde zu sein. • Verbundenheit fühlen durch ein gemeinsames Ideal.	• Konkreter Dienst zum Wohl aller. • Den Selbstausdruck für die Power der Gruppe nutzen. • Erfüllte Beziehungen mit Menschen gleicher Gesinnung. • Standhaftigkeit im Vertrauen in die Freunde, auch wenn Dinge dagegensprechen. • Freundschaften als Resultat der ethischen Einstellung. • Fairness und Menschlichkeit. • Sehr kultivierter Umgang. • Vereinigung mit jenen, die auf dem gleichen Entwicklungsniveau sind.

Leitbegriffe für das 12. Haus

TRADITIONELL	SEELENZENTRIERT
• Verborgene Feinde • Weltflucht, Süchte und Selbstzerstörung • Gefängnisse, Krankenhäuser, Anstalten, Klöster • Geheime Aktivitäten • Tabu-Haus der Familie, verborgene Ressourcen • Früheres Karma und chronische Krankheiten • Transzendente Welt und Stille • Wahres Mitgefühl • Erlösung	• Lichtkörper • Totales Urvertrauen • Selbstloser Dienst an der Menschheit • Auferstehung im Dienst der Seele • Zugang zu kollektiven Erfahrungen der eigenen früheren Leben • Karma anderer Menschen auf sich nehmen • Alle Arten von spirituellen Fähigkeiten • Geistige Welt, Engel und spirituelle Meister

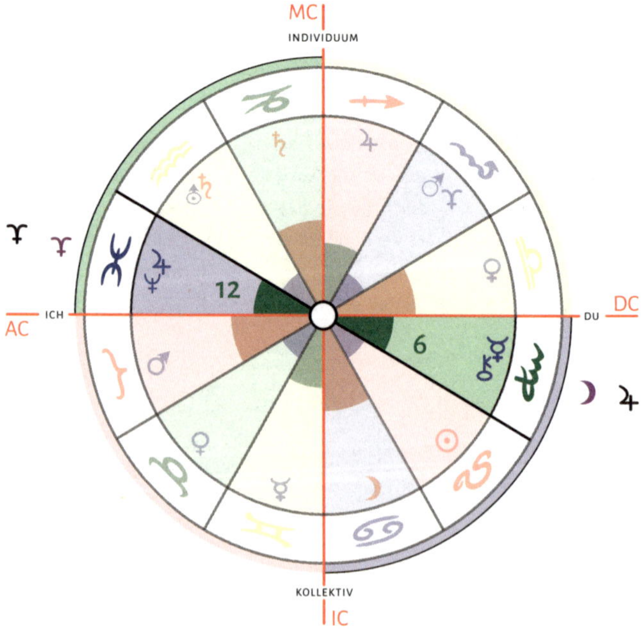

Der Weg deiner Bestimmung mit Mondknoten im Haus 12: Eintauchen in die Stille

Altes Muster im Haus 6	Turning Point des Erwachens	Erfüllung in Haus 12
• Starkes Bedürfnis nach Strukturen. • Starkes Bedürfnis nach geregelten Abläufen. • Drang, Unklarheiten oder chaotische Situationen zu vermeiden. • Drang nach Kontrolle. • Hoher Perfektionsanspruch. • Versagensängste. • Angst ums Überleben. • Körperliche Überforderung. • Schuldgefühle. • Hektische Geschäftigkeit. • Unsicherheiten. • Verlässt sich nur auf objektive Wirklichkeiten.	• Das Unfassbare einbeziehen. • Aufmerksamkeit für Gebiete jenseits des Messbaren. • Vertrauen in eine höhere Führung wird geweckt. • Vertrauen in die innere Stimme wird geweckt. • Die Intuition entwickelt sich. • Erforschen der eigenen Innensphäre. • Durch Krankheit in die Stille gezwungen. • Alle weltlichen Maßstäbe fallen lassen. • Alles freigeben, was an die diesseitige Welt bindet.	• Wahre Erkenntnis erschließt sich in der Stille. • Vertrauensvolle Hingabe an das schöpferische Chaos. • Sich in den grenzenlosen Raum fallen lassen. • Urvertrauen. • Geborgenheit im Großen Ganzen. • Mit sich allein sein, um neue Kräfte zu schöpfen. • Geistige Existenz. • Absolute Freiheit von Angst. • Tiefe Seins-Erfahrungen. • Hingabe an die All-Liebe. • Heimkehr zum Urgrund.

Wenn Planeten zur Lernaufgabe gehören

Planeten am aufsteigenden Mondknoten – deine Bestimmung.

		Gelebtes Potenzial	Lernaufgabe und Helfer auf dem Weg
Mond	☾	Zunehmende innere Freude	Die eigenen Bedürfnisse erkennen
Sonne	☉	Große Strahlkraft und Autonomie	Die eigene Identität finden und leben
Merkur	☿	Kombinatorik & hochgradiger Intellekt	Richtig kommunizieren lernen
Venus	♀	Künstlerische Kreativität, Selbstwertgefühl	Schönheitsempfinden schulen
Mars	♂	Konflikte managen, Mut zum Handeln	Sich durchsetzen lernen
Jupiter	♃	Die powervollen Gut-Menschen	Großzügigkeit und Wahrheit lernen
Saturn	♄	Prioritäten setzen, Vorbild werden	Disziplin und Struktur lernen
Uranus	⛢	Systemsprenger, Träger des Zeitgeistes	Experimentierfreude entwickeln
Neptun	♆	Liebe, Mitgefühl, Hingabe an die Kunst	Vertrauen in etwas Größeres schulen
Pluto	⯓	Macht und Einfluss als Bestimmung	Sich den eigenen Dämonen stellen
Chiron	⚷	Heilung und Erlösung für sich und andere	Durch den Schmerz in die Seelenkraft
Lilith	⚸	Tabus brechen und Schöpferkraft leben	Gesetze und Zyklen der Natur kennen

Planeten am absteigenden Mondknoten – Vergangenheit.

		Mitgebrachtes Wissen, Fundgrube an reichem Erfahrungsschatz	**Eine alte karmische Thematik, die es aufzulösen gilt**
Mond	☽	Außergewöhnlich einfühlsam und zärtlich	Angst vor Verlassenheit oder Nähe
Sonne	☉	Extreme Ausstrahlung und Präsenz	Angst sich zu blamieren, nicht zu genügen
Merkur	☿	Sprachbegabt bis Genie	Angst, nicht verstanden zu werden
Venus	♀	Tiefe Liebesfähigkeit und Treue	Angst vor Armut oder Zurückweisung
Mars	♂	Große Leistungskraft, erfüllte Sexualität	Angst vor der eigenen Machtlosigkeit
Jupiter	♃	Quelle der Wahrheit und der Weisheit	Angst vor Ideologien
Saturn	♄	Starker Wille in Perfektion	Angst zu versagen
Uranus	⛢	Echte Reformer der Gesellschaft	Angst nicht dazuzugehören
Neptun	♆	Echtes Mitgefühl, kreative Künstler	Angst vor dem Unbekannten
Pluto	♇	Unerschöpfliche geistige Krisenstärke	Angst vor Kontrollverlust
Chiron	⚷	Heilende Fähigkeiten	Unerklärliche Verzweiflung
Lilith	⚸	Starke magische, erotische Kräfte	Unerbittlichkeit, Missbrauch von Magie

Planeten – Deine Werkzeuge

Das Wort Planet wurde aus dem Griechischen abgeleitet und bedeutet »Wanderer«. Die Planeten unseres Sonnensystems sind Himmelskörper, die sich auf leicht elliptischen Bahnen um die Sonne drehen und selbst nicht leuchten. Je weiter sie von der Sonne entfernt sind, desto länger dauert ihre Umlaufzeit. Dadurch, dass sich ihre Positionen ständig ändern, wird jeder Moment in unserem Sonnensystem zu einem einzigartigen kosmischen Moment, was wir wunderbar mit Horoskopen sichtbar machen können.

Da wir Menschen von unserem Standpunkt auf der Erde in den Weltraum schauen, erstellen wir die Horoskope aus unserer menschlichen Perspektive, also geozentrisch. Das bedeutet, dass in einem Horoskop auch Sonne und Mond, deren Laufbahn wir mit bloßen Augen von der Erde aus beobachten können, als Himmelskörper in ein Horoskop eingezeichnet sind. Auch Pluto wird weiterhin als Planet berücksichtigt, obwohl er seit dem 24. August 2006 astronomisch nicht mehr als Planet gilt, sondern als Zwergplanet.

In der Astrologie bilden die Planeten mit den Tierkreiszeichen und den Häusern die wichtigste Deutungsgrundlage, da sie unsere direkte Verbundenheit mit dem Kosmos zeigen. Bis auf die Sonne und den Mond wurden alle Planeten nach griechisch-römischen Göttergestalten benannt und ihr Bezug zu dieser Mythologie wird in der Deutung berücksichtigt. So entsprechen die Planeten einer Grundenergie, die wir in unserem persönlichen Leben als »Werkzeuge« erkennen können, als Teile unserer Persönlichkeit. Das Zeichen, in dem ein Planet steht, beschreibt die Art und das Temperament, wie die kosmische Energie durch uns zum Ausdruck kommen möchte. Das Haus, in dem

ein Planet steht, zeigt einen der zwölf Lebensräume, in dem die Energie umgesetzt werden möchte.
Darüber hinaus sind jedem Tierkreiszeichen mehrere Planeten zugeordnet. Früher nannte man sie »Herrscher«, heute sprechen wir von Leitplaneten. Mit ihrer Hilfe lassen sich größere Zusammenhänge herstellen, die das Horoskop auf einzigartige Weise entschlüsseln. Je nach Bewusstseinszustand eines Menschen werden verschiedene Leitplaneten gedeutet. Wir beginnen immer mit den exoterischen Leitplaneten, die sich auf das allgemeine Bewusstsein eines Menschen als Persönlichkeit beziehen. Für Menschen im höher schwingenden Seelenbewusstsein kommen zusätzlich die esoterischen Leitplaneten zur Deutungsanwendung. Im noch wenig verbreiteten galaktischen Bewusstsein deuten wir auch die galaktischen Leitplaneten. Weitere Informationen findest du in meinen Lernvideos in der Community. Ich wünsche dir viel Freude beim Kombinieren und Forschen.

		Leitplaneten			Leitende Sternensysteme	
		Exoterisch	Esoterisch	Galaktisch		
♈	Widder	♂	☿	⛢	Großer Bär	
♉	Stier	♀	♇	♇	Plejaden	Großer Bär
♊	Zwilling	☿	♀	♁	Sirius | Großer Hund	Plejaden
♋	Krebs	☽	♆	☽♆	Sirius | Großer Hund	
♌	Löwe	☉	☉	☉	Sirius | Großer Hund	Polarstern
♍	Jungfrau	☿⚷	☽	♃	Großer Bär	Plejaden
♎	Waage	♀	⛢	⛢	Großer Bär	Plejaden
♏	Skorpion	♂♇	♂	☿	Sirius | Großer Hund	
♐	Schütze	♃	♁	♂	Plejaden	
♑	Steinbock	♄	♄	♀	Sirius | Großer Hund	
♒	Wassermann	♄⛢	♃	☽	Großer Bär	Alcyone | Plejaden
♓	Fische	♃♆	♇	♇	Anima Mundi | Weltenseele	

DIE SONNE – DAS ZENTRALE LICHT

Umlaufzeit um die Erde: 1 Jahr

PRINZIP	SYMBOLISIERT	VERWIRKLICHT
Geist	Sammellinse	Unser schöpferisches Potenzial, das uns frei macht und Vitalität und Lebensfreude erzeugt
Innerer Vater	Denken	
Brennpunkt unserer Lebensaktivitäten	Identität	
Leitplanet: Löwe/exoterisch, Löwe/esoterisch	Wesenskern	
	Zentrum, Mitte	
	Selbstbewusstsein	
	Vitalfundus der Lebensenergien	
	Mentalität	
	Willensmäßige Energiesteuerung	
	Vater	

DER MOND – DEIN INNERES KIND

Umlaufzeit um die Erde: 29,5 Tage

PRINZIP	SYMBOLISIERT	VERWIRKLICHT
Seele	Fühlen	Freier Ausdruck der inneren Gefühle, Bedürfnisse und empfangsbereit für Seelenbewusstsein.
Inneres Kind	Kontaktwunsch	
Grundbedürfnisse	Fähigkeit zur Emotionalität	
Leitplanet: Krebs/exoterisch, Jungfrau/esoterisch	Wohlfühlen	
	Bedürfnis nach Zärtlichkeit	
	Bedürfnis nach Verstehen	
	Anpassende Sensitivität	
	Mitschwingen	

SATURN – DAS MEISTERSTÜCK DES UNIVERSUMS ♄

Umlaufzeit um die Erde: 29,5 Jahre

PRINZIP	SYMBOLISIERT	VERWIRKLICHT
Körper Innere Mutter Manifestation Leitplanet: Steinbock/ exoterisch, Steinbock/ esoterisch	Körperlichkeit Bedürfnis nach Ordnung Abgrenzung, um das Leben zu sichern und zu schützen. Sicherheit, Ruhe, Klarheit Erhaltung eines Zustandes	Meisterschaft seiner selbst. In dem Haus, wo Saturn steht, erhältst du ganz besonders die Gelegenheit, dich selbst zu meistern.

SONNE, MOND, SATURN ☉☽♄

PRINZIP	SYMBOLISIERT	VERWIRKLICHT
Trinität von Geist, Seele, Körper	Die heilige Trinität: Vater – Mutter – Kind	Miteinander verwirklicht: eine reife Persönlichkeit

MERKUR – DER BOTE DER GÖTTER ☿

Umlaufzeit um die Erde: 88 Tage

PRINZIP	SYMBOLISIERT	VERWIRKLICHT
Logik Kommunikation Leitplanet: Zwilling/exoterisch, Widder/esoterisch	Gedankliche Kombinatorik Lernvermögen Unterscheidungsvermögen Analytisches Denken Wissensdrang Wissensvermittlung in Worten und Gestik Bewegungs- und Ausdrucksfähigkeit Informationsfilter	Umsetzung von Erkenntnissen in Handlungen Mitteilungen von Erkenntnissen Übermittler der Erleuchtung

VENUS – DIE REGENBOGENBRÜCKE ♀

Umlaufzeit um die Erde: 225 Tage

PRINZIP	SYMBOLISIERT	VERWIRKLICHT
Aufnehmen Ästhetik Wertesystem, das auf Harmonie und Genuss basiert Regenbogenbrücke der Liebe Leitplanet: Stier/exoterisch, Waage/exoterisch, Zwilling/esoterisch	Das »kleine« Glück Fähigkeit zur Perfektion der Schönheit Harmonie Ausgleichung Gleichgewicht Sympathie/Antipathie Auslese Kreativität Erotische Anziehung Weibliche Libido	Die Liebe fließt durch hohe Kreativität. Umstände gestalten sich glücklich. Bedürfnis nach Schönheit und Lebensfreude führt zum Teilen und zum Beschenken der anderen. Freude, mit anderen zu genießen.

ERDE – UNSERE KOSMISCHE ADRESSE ♁

Unsere Erde, Mama Gaia, ist einer von fünf nicht-heiligen Planeten und wird von uns als eine Menschheit bevölkert, damit sie durch unser steigendes Bewusstsein umgewandelt werden und aufsteigen kann. Durch die Erhöhung ihrer Schwingung wird die Erde in eine schöne Übereinstimmung mit der Planetenhierarchie kommen. So wird sich das Sonnensystem als Ganzes weiterentwickeln können, da es höher schwingen kann. Wir Menschen sind Gärtner*innen der Erde. Welch eine Ehre!

Der Schlüssel zum Aufstieg der Erde sind unsere physischen Körper, da sie in direkter Energieverbindung mit dem physischen Körper von Mutter Erde stehen. Das heißt, wir müssen sämtliche Erfahrung nicht einfach nur theoretisch verstehen, sondern bis in die allerkleinste Zellebene im physischen Körper erleben, dort transformieren und dadurch in Heilung führen. Alle körperlichen, seelischen und mentalen Schandtaten aus der Historie, die seit Generationen in unseren Feldern gespeichert sind, dürfen unsere Energiesysteme jetzt verlassen – durch die aktive Fokussierung auf unsere Herzkraft (Seele). Deswegen kommen viele dieser schmerzhaften Themen jetzt während des Übergangs in die Sichtbarkeit, damit wir berühren können, was zu transformieren ist.

Im Horoskop wird die Erde nicht eingezeichnet, da wir das Sonnensystem von unserem Standpunkt auf der Erde betrachten (geozentrisch). Die Erde befindet sich immer exakt gegenüber der Sonne. Wenn du also zu deinem Geburtstag zusätzlich noch deinen Erdgeburtstag feiern möchtest, dann schau, welches Datum exakt gegenüber der Sonne liegt. Beispiel: 29. Mai = 7° Zwillinge liegt vis à vis von 7° Schütze = 30. November.

MARS – DIE HEILIGE KRAFT DES KLEINES WILLENS ♂

Umlaufzeit um die Erde: 2 Jahre

PRINZIP	SYMBOLISIERT	VERWIRKLICHT
Tatkraft, Umsetzen der Absichten des Willens der Persönlichkeit (Sonne) durch konkrete Taten, Leitplanet: Widder/exoterisch, Skorpion/esoterisch	Antriebskraft, Fähigkeit, Energie in Leistung umzusetzen Aktives Zupacken Entschlossenheit Sich in eine Richtung bewegen, Durchsetzungsvermögen Initiative, Trieb Eroberung Wut, Aggression Konkurrenz Männliche Libido	Fähigkeit, mithilfe von Gedankenkontrolle schöpferisch aufbauend zu handeln (Energie folgt den Gedanken). Strahlt solch eine Energie aus, dass sich automatisch alles seinem Einfluss entsprechend ausrichtet.

JUPITER – FÜLLE UND WEISHEIT ♃

Umlaufzeit um die Erde: 11,8 Jahre

PRINZIP	SYMBOLISIERT	VERWIRKLICHT
Expansion auf allen Ebenen Leitplanet: Fische/exoterisch, Schütze/exoterisch, Wassermann/esoterisch	Alle Sinnesfunktionen, mit denen wir die Welt wahrnehmen Physische Augen Drittes Auge Urteilsvermögen Höhere Bildung Große Reisen (physisch, geistig) Bewusstseinserweiterung, Sinnfindung Toleranz, Gerechtigkeit Wahrheit, Weisheit Das »große« Glück Wohlstand, Reichtum	Ganzheitliche Betrachtung des Lebens. Verständnis für den tieferen Sinn des Lebens. Großes Vertrauen in das eigene Handeln. Andere über ihre Unvollkommenheit erhebend

URANUS – GÖTTLICHE IDEEN

Umlaufzeit um die Erde: 84 Jahre

PRINZIP	SYMBOLISIERT	VERWIRKLICHT
Universelle Intelligenz Erhöhung der Schwingung auf allen Ebenen Anregung der geistigen Schöpferkraft des Menschen Erneuerung Komplett neue Perspektiven Leitplanet: Wassermann/ exoterisch, Waage/ esoterisch	Geistesblitze Intuition Plötzliche Änderung Vorstoß in andere Dimensionen Unabhängigkeit Freiheit Individualität Geist und Materie im Wechselspiel Erfindung von etwas Neuem Technische oder geistige Systeme, Internet	Neutralisation der Pole, sodass ein höherer Strom von Lebensenergie durch die Form fließen kann. Vorübergehender Zusammenbruch der alten Strukturen. Ruft eine neue Ordnung auf einer höheren Schwingung hervor.

NEPTUN – GÖTTLICHE LIEBE

Umlaufzeit um die Erde: 164 Jahre

PRINZIP	SYMBOLISIERT	VERWIRKLICHT
Universelle Liebe Transzendenz Nichts mehr für sich wollen Leitplanet: Fische/ exoterisch, Krebs/ esoterisch	Überpersönliche Menschenliebe Gnade, Erleuchtung Hingabe, Sein Wunschlosigkeit Mitfühlen, Hellfühlen Soziales Verständnis Helferwille Fähigkeit zu Visionen Astralreisen Illusion, Täuschung Maya Lebenslügen, Skandale	Bewusstsein der unsichtbaren Einheit allen Lebens. Das Leben zutiefst so lieben, wie es ist. Eine Weisheit, die alles versteht und durchblickt. Lebt die höchste göttliche Liebe, die alles umfasst.

PLUTO – GÖTTLICHER WILLE

Umlaufzeit um die Erde: 248 Jahre

PRINZIP	SYMBOLISIERT	VERWIRKLICHT
Universelle Macht	Göttlicher Wille	Macht über die eigenen schöpferischen Werkzeuge und Gedanken, Gefühle und Handlungen, um einen sinnvollen Beitrag in das Kollektiv einzubringen.
Transformation	Wandlungsfähigkeit	Von der Dunkelheit ins Licht. Dein Wille geschehe durch mich.
Totalität	Metamorphose	Der Mensch ist mächtig, weil es in ihm keinen Gegenwillen mehr gibt.
Leitplanet: Skorpion/exoterisch, Fische/esoterisch	Umbruch	Machtvolle, gesellschaftliche Transformator*innen.
	Tod/Geburt	
	Katharsis, Ekstase	
	Der eigene geistige Weg	
	Die eigenen Masken	
	Manipulationskraft	
	Machtbedürfnis	
	Totale Kontrolle	
	Totale Ohnmacht	
	Missbrauch	
	Zwang	

VULKAN – DER SCHMIED DER GÖTTER

Umlaufzeit um die Erde: noch nicht bekannt

Leitplanet: Stier/esoterisch, Stier/galaktisch

SYMBOLISIERT

Vulkan ist ein noch verhüllter Planet. Er symbolisiert die am stärksten verdichtete Erscheinungsform in der physischen Welt.

CHIRON – SCHMERZ UND HEILUNG

Umlaufzeit um die Erde: etwa 50 Jahre

Leitplanet: Jungfrau/exoterisch

SYMBOLISIERT

Chiron ist ein Planetoid. Er steht für unsere innerseelische Verletzung und zeigt gleichzeitig die heilende Kraft in uns.

LILITH – WEIBLICHE URKRAFT

Umlaufzeit um die Erde: 8 Jahre und 10 Monate

Leitplanet: Krebs/exoterisch

SYMBOLISIERT

Lilith nennt man den schwarzen Mond. Er symbolisiert das machtvolle unerschrockene Ur-Weibliche in uns, die Große Göttin.

Aufbau eines Horoskops

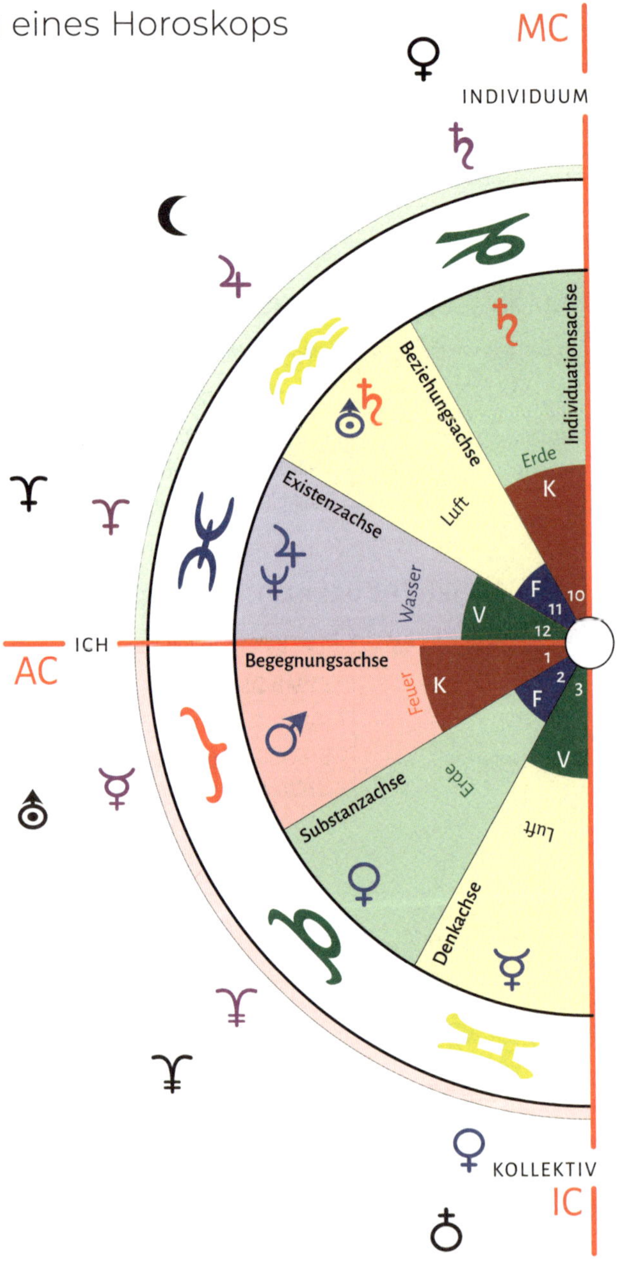

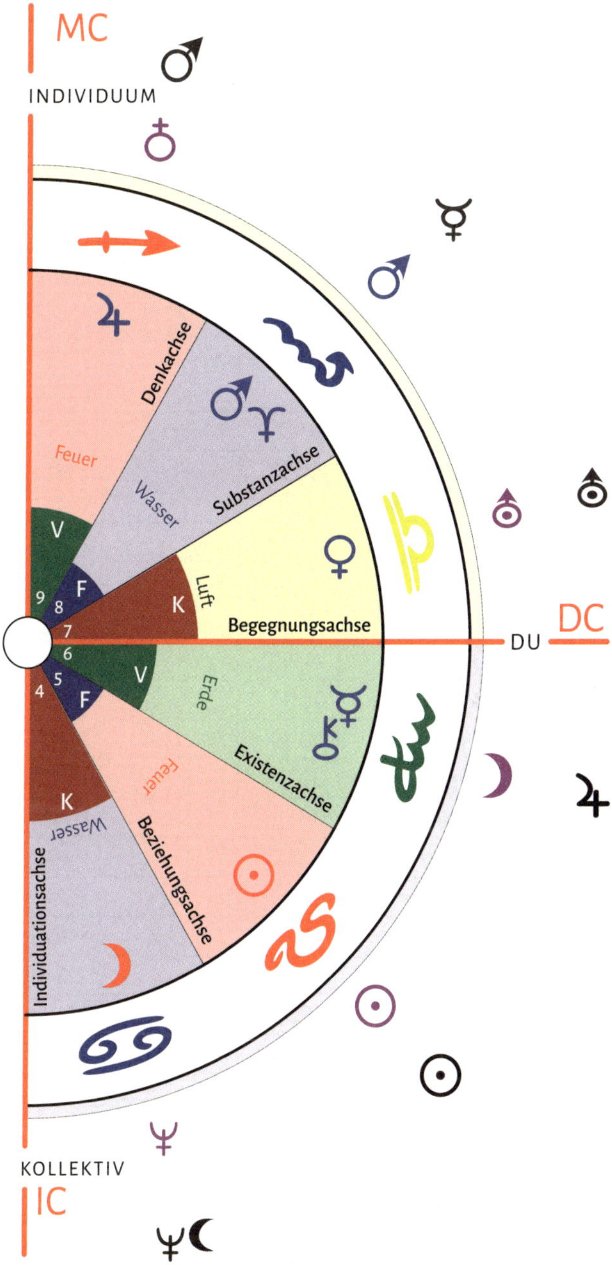
MC
INDIVIDUUM
Denkachse
Feuer
Wasser
Substanzachse
V
F
K
Luft
Begegnungsachse
9
8
7
6
5
4
DU
DC
V
Erde
F
Existenzachse
Feuer
K
Wasser
Beziehungsachse
Individuationsachse
KOLLEKTIV
IC

Sternensysteme und Fixsterne | Auswahl

Ephemeriden und Orb

	Sternensystem	Fixstern	Position 2022	Zeichen	Orb
1	Andromeda	**Alpheratz** | Sirrah	14°36	Widder	2°10
2	Cetus	Tau Ceti	18°07	Widder	1°30
3	Andromeda	Vertex M31Andrglx	28°08	Widder	1°30
4	Andromeda	Mirach	00°42	Stier	2°10
5	Andromeda	Titawin	08°51	Stier	1°00
6	Andromeda	Almaak	14°31	Stier	2°10
7	Plejaden	Maia	29°59	Stier	1°10
8	Plejaden	**Alkyone**	00°17	Zwillinge	2°00
9	Plejaden	**Alkyone**	00°19	Zwillinge	2°00
10	Plejaden	Taygeta	00°34	Zwillinge	1°00
11	Plejaden	Pleione	00°41	Zwillinge	1°00
12	Hyaden	Hyadum I	06°06	Zwillinge	1°30
13	Hyaden	Hyadum II	07°10	Zwillinge	1°30
14	Hyaden	Ain	08°46	Zwillinge	1°30
15	Taurus | Stier	**Aldebaran**	10°05	Zwillinge	2°30
16	Orion	Rigel	17°08	Zwillinge	2°40
17	Hase | Lepus	Nihal	19°58	Zwillinge	2°00
18	Orion	Bellatrix	21°15	Zwillinge	2°20
19	Auriga | Fuhrmann	**Capella** | Kleine Ziege	22°09	Zwillinge	2°40
20	Orion	Mintaka	22°42	Zwillinge	2°10
21	Orion	Alnilam	23°46	Zwillinge	2°20

22	Orion	Meissa	24°00	Zwillinge	1°00
23	Orion	Alnitak	24°59	Zwillinge	1°00
24	Orion	Orion Nebel	25°18	Zwillinge	2°40
25	Orion	Saiph	26°42	Zwillinge	1°00
26	Ursa Minor | Kleiner Bär	**Polaris**	28°52	Zwillinge	2°10
27	Orion	Betelgeuse	29°03	Zwillinge	2°40
28	Canis-Major | Großer Hund	Sirius B | Welpe	07°29	Krebs	1°00
29	Canis-Major | Großer Hund	**Sirius A**	14°23	Krebs	2°40
30	Canis-Major | Großer Hund	Procyon	26°05	Krebs	2°40
31	Hydra	**Alphard**	27°35	Löwe	2°20
32	Drache	Thuban	07°45	Jungfrau	1°00
33	Großer Bär	**Alioth**	09°14	Jungfrau	1°00
34	Jungfrau	Spica	24°08	Waage	2°40
35	Bootes | Bärenhüter	**Arcturus**	24°32	Waage	2°40
36	Zentaur (weiser Heiler)	Beta Centari | Hadar	24°17	Skorpion	2°40
37	Zentaur (weiser Heiler)	**Alpha Centauri**	29°47	Skorpion	2°40
38	Skorpion	Antares	10°04	Schütze	2°30
39	Milchstraße	Galaktisches Zentrum	27°10	Schütze	3°00
40	Leier | Lyra	Alathfar	10°31	Steinbock	1°00
41	Leier | Lyra	**Wega**	15°35	Steinbock	2°40
42	Leier | Lyra	Sheliak	19°10	Steinbock	1°20
43	Leier | Lyra	M57-Ring Nebula	20°18	Steinbock	2°40
44	Leier | Lyra	Sulaphat	22°12	Steinbock	1°30
45	Leier | Lyra	Aladfar	00°20	Wassermann	1°00
45	Aquila | Adler	**Altair**	02°05	Wassermann	2°40

WOHIN GEHEN WIR?

Kosmische Demut

Auch bei einer der wohl berühmtesten Fragen nach dem Quo vadis – »Wohin gehen wir?« – geht es um die Perspektive. Aus der Evolutionsforschung wissen wir, dass Krisen immer die nächste Welle der Evolution auslösen. So könnte die Frage aus der kurzfristigen Perspektive heißen: Was kommt nach dem denkenden Menschen? Da wir an der Schwelle eines neuen ganzheitlichen Bewusstseins, das die eigene Schöpfungsgeschichte erkennen kann, stehen, werden wir uns aus einer Phase der feindlichen Konkurrenz herausbewegen und in eine neue Phase erwachsener gereifter Kooperation wechseln, gefördert von den gigantischen Kommunikationsmöglichkeiten der neuen Technologien und Netzwerke. Die Grundlage für diesen nächsten Schritt der Menschheit ist die Transzendenz des Denkens, indem wir die Intuition als Teil unserer eigenen Göttlichkeit in unser Leben hereinnehmen.

Der konstante Bewusstwerdungsprozess lässt parallel zu steigender Intelligenz und Komplexität unser Verständnis füreinander in einem lebenden Universum wachsen und reifen, sodass sich durch den Wechsel in eine kooperative Welt vollkommen neue Möglichkeiten und kooperative Lösungen ergeben werden. Es wird uns klar werden, dass das in uns angelegte Potenzial so zu fördern ist, dass erkannt wird, wer welche Rolle in der Gesellschaft übernimmt und wie wir uns gegenseitig fördern und befruchten. Wenn wir beginnen, das zu tun, was unsere Herzen jubeln lässt, und dies mit einer integrierten Souveränität umsetzen, kann die Frequenz des vergifteten Verhaltens und der bösartigen Manipulation geheilt werden und unseren Planeten verlassen. Das heißt, alle Systeme, die nicht auf Liebe aufgebaut sind, werden zerbrechen.

Hinzu kommt, dass wir schon ganz bald erkennen, dass die Kinder und Jugendlichen des neuen Jahrtausends jetzt an den Start gehen und unsere Welt in ihre Zukunft führen. Diese weisen Seelen sind so jung wie das Internet und haben sich entschieden, ihre Aufgaben für diese Zeitepoche in diesen panikmachenden und herausfordernden Umbruchzeiten zu übernehmen. Sie wissen, dass viele Lösungen möglich sind, und sie werden sie abgreifen können, speichern und zum richtigen Zeitpunkt freilegen.

Insbesondere durch sie beginnt in den Jahren 2025 und 2026 eine neue Ära des Friedens, was jetzt schon an der wachsenden kollektiven Sehnsucht sichtbar wird. Unzählige Menschen sind des Krieges überdrüssig und erkennen, dass Kriege und Manipulationen im weltweiten Stil nur Profite für das alte Konkurrenzsystem schaffen, niemals aber dem Aufbau von gesunden Systemen dienen.

So treten wir mittelfristig gesehen in das Zeitalter der Meisterschaft ein, denn es sind gleich mehrere krisenhafte Entwicklungen, die uns zwingen, alle bisherigen Selbstverständlichkeiten als nicht mehr selbstverständlich zu erkennen. Durch den Klimawandel, die globale Erwärmung, das Artensterben und die Transformation des gesamten ökonomischen Systems werden wir lernen müssen, dass unsere bisherigen Gewohnheiten nicht weiterbestehen können, weil der Wandel ein derartiges Tempo aufnehmen wird, das wir heute schon gar nicht mehr wissen können, was morgen sein wird. Die Phase der spirituellen Beschleunigung kann an den Jahren von 2012 bis 2032 erkannt werden, die in den Beginn eines Goldenen Zeitalters münden, wie es in vielen alten Prophezeiungen bereits geschrieben steht. Dieser Übergang wurde am 12. Januar 2020 durch die historische Saturn-Pluto-Konjunktion auf 22° Steinbock verstärkt, wodurch ein markanter 34-Jahre-Zyklus begann, der uns bis 2054 auf allen Ebenen des Seins in die Verantwortung führt, in die Demut und in die Ehrfurcht vor dem Leben.

Diese spirituelle Beschleunigung wird zudem in der Zeit von 2024 bis 2034 nochmals an Geschwindigkeit zunehmen, wenn es zur Verdichtung der Energien der beiden Giganten Neptun und Pluto im Sextil kommt. Der natürliche Drang, sich physisch in den Weltraum auszudehnen, andere Planeten zu besuchen und nach neuen Ressourcen zu forschen oder dorthin auszuwandern, wird sich ganz natürlich verstärken. Dies fördert das Interesse am Einsatz von Kernenergie (Pluto), durch die atomgesteuerte Raumschiffe für interplanetarische Reisen entwickelt werden.

Parallel hierzu – und das darf niemals unterschätzt werden – werden die kollektiven paranormalen Fähigkeiten (Neptun) stärker, wodurch intuitives und hellsehendes Denken sowie die Telepathie bei Kindern und Erwachsenen geschult und gefördert werden. Der kreative Spielraum, der hierdurch eröffnet wird, und dessen bereichernder Impact auf ganz neue Kunstarten ist absolut unermesslich! Und Kunst (Neptun) hat immer schon das Kollektive sichtbar gemacht (Pluto).

Da sich bis 2044 mit Pluto in Wassermann die ultraschnell schwingenden Wassermann-Frequenzen verstärken, wird neben Weltraumforschung, Telepathie und einem neuen Bewusstsein für Multiversen auch die Astrologie (Wassermann) zu einer neuen Blüte kommen, da sie klar zeigt, dass alle Teile eines lebenden Natursystems in sich gleichermaßen wichtig sind und sich als kooperatives System in ihren Chancen für Harmonie und Frieden vervielfachen, wodurch das alte Konkurrenzdenken abgelöst wird.

Auch werden wir in der Neuen Zeit fähig sein, über das Horoskop die Entwicklungsstufe und den geistigen Status der Menschen mit allen einfachen bis intergalaktischen Einflüssen genau zu bestimmen. Der Einbezug der Asteroiden, der Objekte des Kuipergürtels, der Sternensysteme, der Fixsterne und unserer paranormalen Fähigkeiten werden die Seelenthemen hervorheben und unsere Verbundenheit mit den Sternensystemen und darüber hinaus erkennen lassen. So ist davon

auszugehen, dass die intuitive Astrologie wieder als Wissenschaft anerkannt und an Schulen und Universitäten gelehrt wird.
Langfristig müssen wir aber in Kategorien von Milliarden Jahren denken. Hierfür höre ich gern den Astrophysikern zu, denn sie beschönigen nichts! Ihre wichtigste Botschaft lautet: Es wird heißer auf Planet Erde, da unser Heimatstern, die Sonne, mit zunehmendem Alter heißer wird. Sie ist heute bereits 30 Prozent leuchtender als zu Beginn der Erdgeschichte vor 4,5 Milliarden Jahren, und sie taucht die Erde in immer größere Hitze. Dies wird dramatische Konsequenzen nach sich ziehen in den Bereichen des Klimas und der Geografie, da die Bioproduktivität des Planeten abnehmen wird, egal wie viel Klimasteuern wir dem Staat bezahlen. Bereits in etwa 2,5 Milliarden Jahren wird der Sauerstoff der Erde aufgebraucht und die Herrschaft des vielzelligen Lebens vorbei sein. In 5,5 Milliarden Jahren wird sich die Sonne so weit ausgedehnt haben, dass sie zunächst Merkur und Venus verschluckt und schlussendlich die Erde durch ihre stellare Chromosphäre zu sich heranzieht, bis unser Planet im Feuer der Sonne verbrennt und zu seinem Schöpfer zurückkehrt. Dann werden wir sagen:

> »Es war eine schöne Zeit. Wir lebten auf Planet Erde in dessen glorreichen Tagen. Wir hatten die Ehre, während der bewohnbaren Phase von etwa 20 Prozent der gesamten Lebenszeit der Erde hier anwesend sein zu dürfen – als ein Wimpernschlag innerhalb einer immensen kosmischen Geschichte.«

Wir wissen heute, dass das blaue Juwel, der Ort, wo wir im Kosmos leben, etwas Besonderes ist. Und noch bilden sich fortlaufend neue Sterne und Galaxien, genau jetzt. Das Ende unseres Planeten werden wir jedoch nicht abwenden können. Wir können nur wählen, wie wir von hier aus weitergehen. Wollen wir unseren Untergang beschleunigen, indem wir gegen die eigene Spezies Krieg führen? Oder werden wir beginnen, Gedankenhygiene zu pflegen, uns umeinander zu kümmern und das Leben zu feiern? Denjenigen, die das Leben wagen, wird das Universum nach wie vor unendliches Potenzial bieten – unter einer Voraussetzung: Immanuel Kant gab den Maßstab vor, als er 1788 darauf hinwies, die Ehrfurcht vor einem unendlichen Kosmos mit einem moralischen Auftrag zu verbinden. So wird unser Weg zum kosmischen Menschen dann beginnen, wenn das Bewusstsein für kosmische Demut einschwingt. Wir werden es erschaffen. Gemeinsam. Denn das Leben ist großartig und wir sind eine enorm kreative Spezies. Diese Neue Zeit ist gerade im Begriff zu erscheinen. Denn:

Wir sind viele.
Voller kosmischem Potenzial.

Glossar

3D-Bewusstsein: Das dreidimensionale Egobewusstsein in der physisch dichten dritten Dimension.

5D-Bewusstsein: Das fünfdimensionale Seelenbewusstsein auf den inneren Ebenen der fünften Dimension.

AC: Aszendent. Der Beginn des 1. Hauses und des 1. Quadranten. Vis à vis vom DC. Ich-Punkt. Seelenaufgabe.

IC: Imum Coeli, die Himmelstiefe. Der Beginn des 4. Hauses und des 2. Quadranten. Vis à vis vom MC. Seelentiefe. Bereich der Ahnen. Lebensfundament.

DC: Deszendent. Der Beginn des 7. Hauses und des 3. Quadranten. Vis à vis vom AC. Du-Punkt. Kontaktpunkt.

MC: Medium Coeli, das Himmelszentrum. Der Beginn des 10. Hauses und des 4. Quadranten. Vis à vis vom IC. Berufung. Aufgabe in der Gesellschaft.

Alterspunkt: Standort auf der Lebensuhr im Horoskop (Koch-Häuser). Der Alterspunkt benötigt für jedes Haus sechs Jahre und zeigt die psychologische Entwicklungsdynamik des Horoskop-Eigners.

Haus/Häuser: Zwölf Lebensräume, in denen die Potenziale verwirklicht werden.

Horoskop: Ein Horoskop bildet den kosmischen Moment ab und ist die Arbeitsgrundlage der Astrologie. Griechisch: *hora* (»Stunde«, »Zeit«) und *skopein* (»blicken«, »schauen«) = »die Stunde schauen«.

Kreuze: Sie beschreiben die drei unterschiedlichen Qualitäten kardinal, fix und veränderlich. Es bilden immer vier Tierkreiszeichen aus vier verschiedenen Elementen, die im 90-Grad-Winkel zueinander stehen, ein Kreuz (siehe Kapitel: »Die drei Kreuze: Unsere Motivation«):

- Widder, Krebs, Waage, Steinbock bilden das kardinale Kreuz und setzen den Anfangsimpuls.
- Stier, Löwe, Skorpion, Wassermann bilden das fixe Kreuz und stehen für die erhaltende, verdichtende, stabilisierende Kraft.
- Zwillinge, Jungfrau, Schütze, Fische bilden das veränderliche Kreuz und stehen für die auflösende Kraft, die Themen zu Ende bringt und vollendet.

Leitplaneten – exoterisch, esoterisch, galaktisch: Jedem Tierkreiszeichen sind mehrere Planeten zugeordnet, die man auch »Herrscher« nennt. Sie dominieren das Zeichen auf ihrer Ebene. Mithilfe der Leitplaneten lassen sich größere Zusammenhänge herstellen, die das Horoskop auf einzigartige Weise entschlüsseln. Je nach Bewusstseinszustand eines Menschen werden verschiedene Leitplaneten gedeutet. Im Persönlichkeitsbewusstsein finden die exoterischen Leitplaneten Anwendung. Im Seelenbewusstsein kommen die esoterischen Leitplaneten zur Deutungsanwendung. Im galaktischen Bewusstsein kommen die galaktischen Leitplaneten zur Deutungsanwendung.

Mondknotenachse: Die Achse im Horoskop, die den aufsteigenden und den absteigenden Mondknoten verbindet. Diese Achse wird mit der Reinkarnation in Zusammenhang gebracht und bildet in der Deutung den wichtigsten Schlüssel für die gesamte Inkarnation. Die Richtung des aufsteigenden Mondknotens zeigt den Weg der Bestimmung. Der absteigende Mondknoten gibt Hinweise über die karmische Vergangenheit und das mitgebrachte Potenzial.

Progression: In dieser Prognosemethode werden die Planeten gemäß ihrem individuellen Fortschreiten nach der Geburt dirigiert und gedeutet. Es wird jeweils ein Tag nach der Geburt einem Lebensjahr gleichgesetzt. Zeigt die größeren inneren Entwicklungen eines Menschen an.

Return (Saturn-Return): Ein Return ist ein abgeschlossener Zyklus eines Planeten während des Durchlaufs durch den Tierkreis. Im Fall von Saturn dauert der Zyklus 29,5 Jahre. Im Fall der Sonne dauert ein Durchlauf ein Jahr, dann feiern wir Geburtstag.

Sternfiguren: Geometrische Muster von atemberaubender Schönheit, die die geometrische Ordnung des Kosmos sichtbar machen. Sie werden durch die rhythmischen und zyklischen Bewegungen eines oder mehrerer Planeten erzeugt, wenn man ihren Weg verfolgt und grafisch darstellt.

Strahlen: In der Kosmologie der Zeitlosen Weisheit gibt es sieben Strahlen, die als sieben große Strömungen aus der Quelle die Grundlage für die Natur der Göttlichkeit bilden und eine besondere Rolle in der Struktur der Welt spielen. Wir können sie als sieben Haupteigenschaften der Lebensenergie, als Ur-Informationen, verstehen, die allem, was ist, innewohnen. Als Energiemanifestation des Lichtes produzieren sie sieben verschiedene Arten von Seelenstrahlen und beeinflussen sowohl die Tierkreiszeichen, die Planeten als auch den Menschen. Der Seelenstrahl eines Menschen bleibt über mehrere Inkarnationen derselbe. Der Persönlichkeitsstrahl wechselt von Inkarnation zu Inkarnation. Die sieben Strahlen entsprechen den Frequenzen der sieben Farben, die entstehen, wenn weißes Licht durch ein Prisma geschickt wird.

Transit: Die Bewegungen der Planeten am Himmel werden Transite genannt. Sie bilden immer wieder neue Winkelbeziehungen zueinander und zu den Positionen in einem Geburtshoroskop. Die Deutung der Transite ist eine der ältesten Prognosemethoden, mit der die wechselnden astrologischen Einflüsse erkannt und weise genutzt werden können.

Literaturempfehlungen

Alice A. Bailey: Esoterische Astrologie. Karl Rohm

Alice A. Bailey: Vom Intellekt zur Intuition. Karl Rohm

Andreas Beutel: Mer-Ka-Ba. Lichtkörper, Herzensraum und heilige Geometrie. Koha

Deepak Chopra: The Soul of Leadership. Unlocking Your Potential of Greatness. Harmony

Edwin Courtenay: Reflexionen. Die Meister erinnern sich. Hans Nietsch

Hans-Peter Dürr: Geist, Kosmos und Physik. Gedanken über die Einheit des Lebens. Crotona

Frank Felber: Astrologie Anfänger bis Profi. Jupiter + Uranus

Alex Grey: Sacred Mirrors. The Visionary Art of Alex Gray. Inner Traditions

Bruno und Louise Huber: Astrologie und die Sieben Strahlen. Neue Methoden zur Ermittlung der Strahlen im Horoskop. API

Bruno und Louise Huber: Mondknoten-Astrologie. Innerer Kompass der Evolution. API

Aart Jurriaanse: Philosophie der Synthese. Eine Einführung in die zeitlosen Weisheitslehren. Verlag Hans-Jürgen Maurer

Michio Kaku: Die Physik des Bewusstseins. Über die Zukunft des Geistes. Rowohlt

K. Parvathi Kumar: Der Weg zur Unsterblichkeit. Das Venusprinzip. Edition Kulapati

Charles W. Leadbeater: Die Meister und der Pfad. Die geistige Hierarchie und ihr Wirken auf Erden. Edition Adyar

Geseko von Lüpke: Zukunft entsteht aus Krise. Riemann

Nelson Mandela: Meine Waffe ist das Wort. Kösel

Lynne McTaggart: Das Nullpunkt-Feld. Auf der Suche nach der kosmischen Ur-Energie. Arkana

Caroline Oblasser, Martina Elrich: Luxus Privatgeburt. edition riedenburg

Caroline Oblasser, Ulrike Ebner, Gudrun Wesp: Der Kaiserschnitt hat kein Gesicht. edition riedenburg

Joseph Chilton Pearce: Der nächste Schritt der Menschheit. Die Entfaltung des menschlichen Potenzials aus neurobiologischer Sicht. Arbor

Silke Schäfer: Raus aus der Angst! 13 Grundformen der Angst aus Sicht der Astrologie und der Geistigen Welt. Books on Demand

Barbara Schlochow: Gesucht. Mein verlorener Zwilling, Books on Demand

Hans Edo Schwerin: Kybalion. Eine Studie über die hermetische Philosophie des alten Ägyptens und Griechenlands. Edition Akasha

Evelyne Steinemann: Der verlorene Zwilling. Wie ein vorgeburtlicher Verlust unser Leben prägen kann. Kösel

Brian Swimme: Das Universum ist ein grüner Drache. Ein Dialog über die Schöpfung und die mystische Liebe zum Kosmos. Aurum

Steve Taylor: Der Fall. Vom Goldenen Zeitalter über 6000 Jahre Niedergang zu einem neuen Bewusstsein. Sphinx

Eckhart Tolle: Eine neue Erde. Bewusstseinssprung anstelle von Selbstzerstörung. Arkana

Tijn Touber: Time Bender. Der Mann, der kam, um die Erde zu retten. Govinda

Klaus Volkamer: Die feinstoffliche Erweiterung unseres Weltbildes. Weißensee

Ken Wilber: Halbzeit der Evolution. Der Mensch auf dem Weg vom animalischen zum kosmischen Bewusstsein. Scherz

Ken Wilber: Mut und Gnade. In einer Krankheit zum Tode bewährt sich eine große Liebe. Goldmann

Gary Zukav: The Seat of the Soul. Simon and Schuster

★

Silke Schäfer

Im Alter von 29 Jahren hatte Silke Schäfer ein markantes Naturerlebnis unter dem Sternenhimmel in der Wüste Australiens, was ihr Leben vollkommen veränderte. Unerwartet fiel sie in eine tiefe Krise durch das Verschmelzen mit dem Kosmos – und entdeckte, dass sie kosmische Codes lesen kann. Alles in ihr wurde ruhig. Unterdessen ist die frühere Profifotografin und heutige Bestsellerautorin eine der einflussreichsten Astrologinnen im deutschsprachigen Raum. Auf ihrem YouTube-Kanal spricht sie zu einem Millionenpublikum. Durch ihre monatlichen Meditationen mit eigens komponierter Musik fördert sie Gedankenstille als nächsten Schritt der Menschheit. Mit ihren Videos, Vollmond-Livestreams, Büchern und Sternen-News deutet sie die Sprache der Sterne und versteht es, das komplexe Universum in seiner Unermesslichkeit nicht nur zu sehen, sondern die großen Zusammenhänge gut verständlich und facettenreich zu beschreiben. Dadurch gibt sie vielen Menschen Sicherheit und Orientierung, insbesondere in Richtung »Höheres Wir«. Mit Freude und Feingefühl unterrichtet die Netzwerkerin online in ihrer Community »Lebendige Astrologie« und unterstützt als Mentorin alle, die im Crowd Learning selbstständig sehen, fühlen und deuten lernen wollen, um mehr über sich und das Universum zu erfassen und gedanklich unabhängig zu werden.
Silke Schäfer wurde 1962 in Norddeutschland im Zeichen Waage geboren, wuchs in einer Großfamilie auf einem Bauernhof auf, lebt und arbeitet in der Schweiz und ist Mutter einer Widder-Tochter Jahrgang 2005. Silkes großes Bestreben ist es, ein tieferes Verständnis für die Generation des neuen Jahrtausends zu entwickeln, spirituelle Räume zu öffnen, kollektive Kräfte zu bündeln und Bewusstsein im Dienst des Weltfriedens zu erschaffen.

Website: SilkeSchaefer.com
Website zum Buch: **DerKosmischeMoment.space**

LIEBE LESERINNEN UND LESER,
wir wollen Ihnen mit diesem Buch Informationen und Anregungen geben, um Ihnen das Leben zu erleichtern oder Sie zu inspirieren, Neues auszuprobieren. Wir achten bei der Erstellung unserer Bücher auf Aktualität und stellen höchste Ansprüche an Inhalt und Gestaltung. Alle Anleitungen, Übungen oder Rezepte werden von unseren Autoren, jeweils Experten auf ihren Gebieten, gewissenhaft erstellt und von unseren Redakteur*innen mit größter Sorgfalt ausgewählt und geprüft.

Haben wir Ihre Erwartungen erfüllt? Sind Sie mit diesem Buch und seinen Inhalten zufrieden? Wir freuen uns auf Ihre Rückmeldung. Und wir freuen uns, wenn Sie diesen Titel weiterempfehlen, in Ihrem Freundeskreis oder bei Ihrem Online-Kauf.

Sollten wir Ihre Erwartungen so gar nicht erfüllt haben, tauschen wir Ihnen Ihr Buch jederzeit gegen ein gleichwertiges zum gleichen oder ähnlichen Thema um.

KONTAKT ZUM LESERSERVICE
GRÄFE UND UNZER VERLAG
Grillparzerstraße 12
81675 München
www.gu.de

IMPRESSUM

Postfach 860366,
81630 München

unum

unum ist eine eingetragene Marke der GRÄFE UND UNZER VERLAG GmbH, www.gu.de

ISBN 978-3-8338-8252-4
5. Auflage 2023

Projektleitung:
Anja Schmidt
Lektorat:
Diane Zilliges
Bildredaktion:
Simone Hoffmann,
Nele Schneidewind
Umschlaggestaltung und Layout: ki36 Editorial Design, München, Daniela Hofner
Herstellung: Renate Hutt
Satz: Uhl + Massopust, Aalen
Repro: Longo AG, Bozen
Druck und Bindung: Livonia Print, Lettland

GRÄFE UND UNZER

Ein Unternehmen der
GANSKE VERLAGSGRUPPE

Umwelthinweis

Nachhaltigkeit ist uns sehr wichtig. Der Rohstoff Papier ist in der Buchproduktion hierfür von entscheidender Bedeutung. Daher ist dieses Buch auf PEFC-zertifiziertem Papier gedruckt. PEFC garantiert, dass ökologische, soziale und ökonomische Aspekte in der Verarbeitungskette unabhängig überwacht werden und lückenlos nachvollziehbar sind.

Bildnachweis

Grafiken: Nadia Gasmi: S. 9 (nach Alan Oken), S. 11 (nach Dr. David Hawkins), S. 38/39 (nach Alan Oken), S. 45 (nach Polarity PBZ), S. 278 (nach Alan Oken); alle anderen Grafiken: Harald Zittlau (Nachbearbeitung: Nadia Gasmi)

Portrait Silke Schäfer (S. 334): Ronny Barthel

Aufmacherfotos: Creativemarket: S. 20, 64, 72; Unsplash: S.4; Getty Images: S. 322; Istock: S. 30, 274; Giordano Bruno: S. 25

Syndication:
www.seasons.agency